疯狂阅读 | 青春励志馆 ②

人生不如意，万岁！

杜志建 / 主编

> 我冲到聚光灯下去拼斗一场，
> 却赫然发现，
> 当初害怕到不敢去改变的那些东西，
> 其实也不过如此。
> 这世上每个人都与众不同，
> 凭什么懦弱又平凡的我，
> 就不配更加勇敢一点点？

汕头大学出版社

图书在版编目(CIP)数据

疯狂阅读. 青春励志馆 2 / 杜志建主编. -- 汕头：汕头大学出版社, 2023.3
ISBN 978-7-5658-4951-0

Ⅰ. ①疯… Ⅱ. ①杜… Ⅲ. ①阅读课—中学—教学参考资料 Ⅳ. ① G634.333

中国国家版本馆 CIP 数据核字（2023）第 038102 号

疯狂阅读. 青春励志馆 2　　FENGKUANG YUEDU. QINGCHUN LIZHIGUAN 2

主　　编：杜志建
责任编辑：黄洁玲
责任技编：黄东生
策　　划：多艳萍
封面设计：张　羽
封面绘图：HARE6
出版发行：汕头大学出版社
　　　　　广东省汕头市大学路 243 号汕头大学校园内　邮政编码：515063
电　　话：0754-82904613
印　　刷：河南瑞之光印刷股份有限公司
开　　本：787mm×1092mm　1/16
印　　张：10
字　　数：280 千字
版　　次：2023 年 3 月第 1 版
印　　次：2023 年 3 月第 1 次印刷
定　　价：22.80 元
ISBN 978-7-5658-4951-0

版权所有，翻版必究
如发现印装质量问题，请与承印厂联系退换

声明

　　基于对知识和创作的尊重，本书向所选文章、图片的作者给予补贴。因条件所限未能及时联系的作者，我们在此深表歉意，当您看到本书时，请与我们联系，以便我们向您支付补贴和赠送样书。因篇幅有限，部分文章有删节，敬请谅解。

　　联系方式：0371-68698032

目录 CONTENTS

▼ 你好，坏时光

002	成长的学费是长夜、笑和眼泪	/ 何 安
005	给少年的答案	/ 谢鹤醒
008	女孩子，不漂亮也没关系	/ 杨熹文
011	体育渣的亚军	/ 张大春
012	退学	/ 马 叛
014	世界始终欠胖子一个宽容的拥抱	/ 红耳兔小姐姐
016	致懦弱又平凡的你	/ 怪奇塞高
018	当我不再是唯一	/ 莫笑君
020	你不是生来的懦夫	/ 聆 思
022	每朵雪花里都有一个月亮	/ 麦淇琳
024	主角也可以没有漂亮衣服	/ 李柏林
026	一个"差生"哺育了我	/ 刘小念
028	中学生活，我没什么可怀念的	/ 吴天天

▼ 在陌生的城市,被一只虫子吓哭

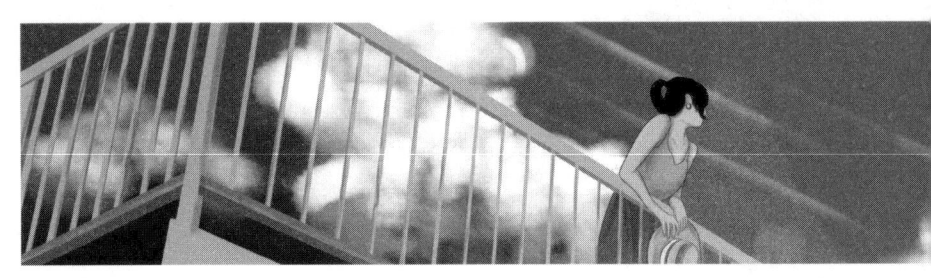

032	那女孩对我说	/一十一
035	陪向日葵度过夜晚	/水生烟
038	你要允许自己的冰激凌融化	/欧阳晨煜
040	最好的天堂,其实是烟火人间	/婉 兮
042	十年一觉留学梦	/王小猫可爱多
045	与那些练琴的苦日子,握手言和	/沈泽清
048	既然看不见世界,那就让世界看见我	/曹晟康
050	高跟鞋	/张晓晗
052	我在央视做实习生	/王 潇
054	社交倦怠怎么办?	/文长长
056	我曾狠狠地撞向世界	/田永其

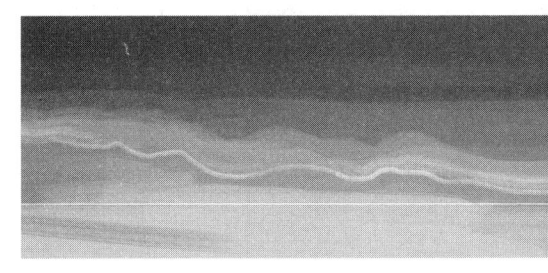

目录 CONTENTS

▼ 长大真的是件很扫兴的事情

060	岁月如刀，此间年少	/午 歌
064	妈妈都可以	/王宇昆
066	父亲去世后，我在他的游戏账号里游荡	/庄晓波
070	世界是我的牡蛎	/金 带
072	无从告别的告别	/里则林
074	游到海水变蓝	/程天慧
076	藏钱记	/李 娟
078	再见，总有一天	/路 明
080	你弯成一张弓，而我成了弦上的箭	/喵个不停
082	如果天上有颗星，我想摘给你	/浮海沉鱼
084	姥姥家	/林特特

请善待不完美的自己

088	隧道尽头的那道暖光，是你	/ 一两贰两
091	十五岁	/ 八月长安
094	痛苦的礼物	/ 秋 微
096	含石	/ 孙振宇
100	会隐身的少女	/ 奔放的招财猫
104	查无此岸	/ 冷 莹
108	像麦子一样爱过一个人	/ 陆小寒
111	愿待天星祝明月	/ 游溯之
114	星球过客	/ 田 密
116	少女的祈祷	/ 程慧玲
119	高塔	/ 顾一灯
124	大象、波斯菊与粉色的云	/ 云 宽

我要重新喜欢上我自己

132	在我成为井井有条的大人之前	/ 闫晓雨
134	迷茫的时候更要动起来	/ Z 姑娘
136	别停下，更美的世界在前方	/ 潘云贵
138	考砸了，生活也不会被毁掉	/ 李尚龙
141	我要成为女侠，仗剑走天涯	/ 莉莉鲸
144	如果很苦，说明还来得及	/ 胡姚雨
146	格外长的那个夏天	/ 赵 鲤
148	每个少年都能成长为英雄	/ 琦 惠
150	我高中的最后一小时	/ 刘墨闻
152	以恰如其分的自尊度过青春	/ 沈十六

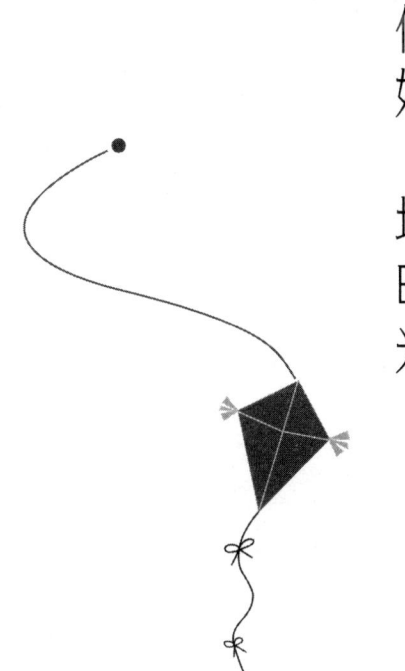

你好，坏时光

闷热,潮湿,混着蝉鸣声声,让人难以忘却。

成长的学费是长夜、笑和眼泪

✽ 何 安

1

遇到岑溪的那年我度过了人生中最黑暗的一个夏天。

那年高考录取分数线公布的第二天,我就迈进了复读中学的大门。

记得那个午后,天空阴沉,乌云密布,像是要下雨。带着潮气的闷热空气和耳边的声声蝉鸣让我越来越烦躁。我背着鼓鼓囊囊的书包,提着行李箱独自来到报到处。

负责维持秩序的是个穿着志愿者马甲的长发女生。她拿着喇叭有条不紊地组织学生排队,脸上带着浅浅的微笑。

不知道是不是暑热和蝉鸣催生了我的恶意,看着女生的背影,我不怀好意地腹诽:"肯定是个高考成绩不错的学生为了在我们面前展现优越感才来当志愿者的?"

报到完毕后,我拿着宿舍号码牌,径直到了110宿舍。我心烦意乱地推开寝室门,还没收敛一脸的烦闷神情,就对上了一张笑脸。

竟然是她。

我一愣神的工夫,就听她笑着冲我打招呼:"你好,我是岑溪。以后咱俩就是舍友了。"

或许是因为方才在报到处的恶意揣测让我心生惭愧,我尴尬又僵硬地朝她笑了笑,然后问出了那句后来想想有些欠扁的问题:"你也是复读生吗?"

说完她明显愣了一下。我瞬间反应过来这个问题有些欠礼貌。我正想道歉,就听岑溪笑了一声,用开玩笑的语气说:"对啊!这栋楼所有双人间住的都是难姐难妹。"

坐进高四教室的第一天,看着周围埋头苦读的同学们,我忽然一阵恍惚。

我像是刚刚才有了自己落榜并且开始复读的真实感。那瞬间我的心里抛却了烦躁,只剩下说不出的难过和迷茫。

我还没有适应高四生的身份,就被迫站在了"高四"战场。最让我恐慌的是,周围同学都已经拿起了"武器"心无杂念地开始了学习,好像只有我还停留在缓冲阶段。

上午浑浑噩噩的课堂终于结束，同学们都三三两两地成群走出了教室。我略带无措地起身，正准备跟着人流去餐厅时肩膀被人轻轻一拍。

"走吧！一起去餐厅，然后回去午睡！"岑溪笑着冲我说。

后来我很多次想起那一瞬间，却不知道怎么描述当时我的心情。

有惊讶，有欣喜，甚至有感激……

最恰当的描述是——百感交集。

我们的友谊，自此开始。

2

我开始调整自己，并且把学习生活轨迹向岑溪靠拢。我学着像她一样早起背书，午休前完成一篇英语阅读，晚自习后去图书馆学习。

忙碌的生活让我不那么彷徨无措。我心里也越来越感激岑溪，感激她大度地给我讲英语语法，感激她善意地提醒我一起学习，感激她的自律，感激她没有嫌弃毫无规划的我。

然而7月底的那场月考给了我狠狠一击。

我再次被无力感淹没。原来这一个月来我一直在自我蒙蔽，自我感动。我没有脚踏实地地学习过，我也不知道怎样才能摆脱这种迷茫无措的状态。

我捏着成绩单，深夜缩在被窝里默默消化着难过。

泪水打湿了被角，我却毫不在意，我也顾不上去想岑溪会不会听见，只独自抽泣着。

次日我颓废地没有早起背书。我缩在被窝里装睡，听见岑溪关门离开的声音。

宿舍瞬间安静下来，我不知为何突然想起去年冬天因为我执意要参加艺术生类高考而和父母争吵的那个早晨。

争吵以我摔门躲进房间，父母无奈妥协宣告结束。

但那场争吵产生的恶果就是我高考落榜。这恶果让我尝尽后悔和无奈的滋味。

我自我放逐般到中午才起床，准备洗漱时路过课桌，才发现上面粘了一张便利贴。我走近一看，瞬间湿了眼眶。

是岑溪的字迹。

"进退维谷之日，正可能是别有洞天之时，这差不多能算规律。——史铁生"

我小心翼翼地把便利贴撕下来，夹到了书里。

这张便利贴对于岑溪来说可能只是举手之劳的小小善意，但真真实实给了我摆脱迷茫的勇气。

后来，我在岑溪的影响下成了彻底的"史铁生迷"。我们在学习到疲惫不堪时会不约而同读史铁生的文字。

后来我在课桌右上角贴了一张便利贴，上面的文字成了无数次激励我坚持走完整个高四的动力。

"仁慈在于，只要你往前走，他总是给路。""在神的字典里，行与路共用一种解释。"

3

重新投入学习的我，终于开始为自己树立目标和制订计划，真真正正地想要冲一把。

我和岑溪每天6点起床一起去操场跑一圈，醒神后就回宿舍背书到7点，再匆忙去餐厅各买两个包子一杯豆浆，路上囫囵吞枣地吃完，7点半到教室上课。

中午两个半小时的休息时间，我们各自攻破自己的薄弱科目。她总埋头写写画画，应该是在写物理受力分析题。我伴着窗外的蝉鸣声，和英语各种从句的句式语法作着斗争。

晚上9点下晚自习后我们一起去图书馆学到10点半，然后一起迎着夏夜的晚风回到宿舍。

越是熟悉岑溪，我越惊讶于她的学习能力之强，也越好奇为什么她会高考失利。

那天我扭捏着有点不好意思地低声问她。

岑溪明显一怔,回忆着什么,半晌后说:"早恋害人啊!"

和她认识3个多月以来,我从未见过岑溪那样落寞的神情。在我心里她是乐观开朗的,脸上时常挂着真诚的笑容。我大为震惊,也有些后悔自己的冒失。

还没等我想好怎么安慰她,岑溪就抬头看着我笑了,又转身走到窗台前望着远处的蓝天,语调轻快地说:"不过,谢谢他的不喜欢,把我还给我自己。庆幸一切也没有太迟,我还能从头再来。"

说完,她转身递给我一本练习册,笑道:"走吧!自习去!"

繁忙的学习生活让我很快就把这段谈话抛之脑后。

直到国庆假期前的一场班会课上,我又将它回忆起来。

那场班会课,班主任老师特意邀请了今年高考成绩的佼佼者来给我们进行经验分享。

我和很多同学一样认为这次班会是在纸上谈兵浪费时间,所以都装成听讲的样子,实际上偷偷拿出练习题学习。

恰逢我遇到一道百思不得其解的数学题,习惯性地轻推到同桌岑溪的桌上让她来解。片刻后,她压低声音,轻声开始为我讲解。忽然,她毫无征兆地停下了书写,抬头看向讲台。

我随着她的目光看去。

长相俊朗的男同学开始进行数学经验分享。

岑溪抬头又瞬间把头埋得很低,没有接着给我讲那道数学题。

我疑惑地听着台上男生的讲述,豁然发现他的数学方法和岑溪一直给我讲的很像。

班会课后一整个下午岑溪都显得心不在焉。我察觉到什么,又想起岑溪第一次安慰我的场景,心下一动,拿起一张便利贴。

我轻轻把写了字的便利贴放到岑溪桌上。

她拿起后看着上面的字发了片刻呆,然后冲我笑了笑把便利贴夹进书里。

"遗憾只有一次就够了。"

后来岑溪告诉我,那个男生是她曾经的同桌加学习伙伴。他们也曾互相帮助,互相学习。但是临近高考岑溪发现自己总是无心学习,那个男生总是占据她的大脑。那个男生或许察觉到什么,间接拒绝了她。

年少的自尊发挥作用,岑溪开始整日想着怎么千方百计躲着那个男生。直到高考她都没有调整好自己的状态,导致了高考失利。

岑溪说以前她说不在意有些自我欺骗的成分,是我那张便利贴让她真正开始对过去的自己释怀。

4

这个夏天似乎格外炎热,也格外漫长。

第一片树叶落下前,我们进行了四次考试。岑溪的成绩一直稳定在班级前列,我的分数也在稳步提升。

但我们没有丝毫松懈,也无时无刻不在互相监督着。

整个高四我们两个都退步过、伤心过、无措过,但都咬牙坚持,从未放弃过。

又一个夏天来临,我们一起迈进了高考考场。

高考结束那天,我和岑溪相约回到了宿舍。

高考前我们把所有的物品都搬离了宿舍。那晚看着空空荡荡的房间,我们都红了眼眶。我们坐在光秃秃的床板上,谈初见,谈只有我们懂的玩笑,谈无数个夜晚的互相鼓励,谈那些抱头痛哭的瞬间。

夏夜依旧燥热,窗外不知什么时下起了雨,几只鸣蝉在为雨声伴奏似的叫着。

我和岑溪没有打伞,牵着手冲进了雨里。

有人说成长的学费是长夜、笑和眼泪。

后来的我回头想想,那天晚上奇妙地占全了。

伴随着那场淅淅沥沥的雨,我走完了那段异常艰辛又充满美好的高四路。

之后的岁月里我再也没有遇到过那样的一个夏天。

闷热,潮湿,混着蝉鸣声声,让人难以忘却。

那是属于我们的限定夏日。

给少年的答案

※ 谢鹤醒

那些走过的路,每一步都算数。

在认识彭帛之前,我对"特长生"存在着一条偏见"鄙视链"——学乐器的小孩似乎比学画画的小孩儿更灵动,而那些四肢发达、头脑简单、终日训练的体育生是我最不待见的群体,他们总是表现出一副对学习满不在乎的样子,在课堂上不是睡觉就是接话茬儿,一点儿也不符合我心目中"美好少年"的设定。

但彭帛像个异类:他除了身材挺拔,几乎没有半点儿体育生的影子,清秀得像刚出道时的黎明。

我最初对他有印象,源自他与众不同的打招呼方式——别的学生在走廊遇到我都是一句简单问好或者害羞地跑掉,唯有彭帛每次都会对我做鬼脸……

当集齐7次他不同风格的鬼脸后,我去他的班主任那里召唤出了他的更多信息:9班的班长,体育特长生,主练足球,因为文化课成绩还可以,所以应该能考上高中。

哦,原来四肢发达并不一定头脑简单啊。

仔细回想一下他在我的课堂上的表现:身为班

长,多数情况下行事低调,但管理班级的方式比较"粗暴冷漠",同学们都有些怕他,用大家的话说就是"彭帛凶起来跟变了个人似的",搞得我还挺迷惑——这跟那个爱做鬼脸的调皮男生是一个人吗?然而不久后的一个小插曲让我意识到,其实我完全不了解他。

那天我在9班上课,彭帛一直在和前后桌分享自己即将外出比赛、不用上课的"喜悦",半个教室都被他影响了。

因为他这个班长没有以身作则,我罚他下课后来办公室帮我给上次的测验录分。结果,他要了个小聪明,偷偷把自己的选择题改成了全对。

我忍到办公室其他老师都下班走了才举着卷子问他:"彭帛,你为什么要改你的选择题答案,还改成全对?"

不出所料,他的第一反应是一脸无辜地否认:"没有呀。"

我忍不住笑了。当我站在30岁的人生高度俯瞰15岁少年的拙劣小把戏,在嗔怪之余,不禁感慨:原来他不过是个少年。

身为老师,我自然要对此严加惩处,撒谎和造假是品质问题啊,但同时我也忍不住反思:即便他已经被贴上"班长""特长生"等大家觉得不错的标签,也还是不足以弥补他在学习成绩上缺失的自信。

彭帛见我揭穿他,不好意思地挠头。我怕伤他自尊心,于是没多说什么,主动帮他把错题分析一遍,他头一次认真记起了笔记。

好不容易讲完,临走时他一步三回头,最后憋出一句:"老师,其实选择题我错了4个……"到底还是没说实话——明明错了6个,太小瞧"老谋深算"的我了吧!

我觉得彭帛不笨,品性上也并不油滑,他可以变得更好。

于是,那次小测验我干脆没有讲评,而是装作很随意地让课代表把试卷发下去,把标准答案投屏公布出来,自己对照改错。

学生们免不了左顾右盼,毕竟甭管大考小考,但凡批了成绩,一定要四处对比:你多少分?谁考第一?谁没及格?只见涨红了脸的彭帛正在被一群同学围观——

"哇,班长考这么高!"

"彭帛,你的选择题全对!咱班是不是只有你全对?"

"哈哈哈,你抄的吧?比课代表都考得好!"

没错,录分时他偷偷改过的错题、改过的分数,我原封不动地保留了。

我站在讲台上任由大家讨论,想起平日里身为班长的彭帛总是一副凶巴巴不好惹的模样,此刻却被同学们多面夹击,还真是难得一见。他向我投来害羞而求饶的眼神,我先是闪躲,感觉给他的"惩罚"差不多了,才让全班安静下来,开始上课。

如我所料,那天之后的彭帛像换了一个人。

身为体育生,因为经常外出参加比赛,每天有固定的时间训练,原本有"充足"的理由来逃避写作业和上晚自习,但彭帛的时间管理做得非常好,他不仅作业交得勤、几乎没落过课。

那天以后,他再也没有扰乱过课堂纪律,甚至在课堂上皱着眉头努力听讲——虽然我知道,以他的基础,听讲再认真也不会一下子就能完全跟上,但最起码,他为自己可能发生的蜕变开了个好头。

正巧学校实行"帮扶临界生,责任到个人"计划,我把自己的帮扶名额给了彭帛。而所谓的"帮扶",老师不仅要负责自己的学科,还要全方位地服务目标学生,帮助其提升全科成绩。

于是,每个课间、每天放学后的时间,几乎都被我用来"接待"彭帛。一开始,他从一些很简单的题目问起,我耐着性子帮他解答,好在他悟性高,许多知识点讲一遍就理解透彻了。

余下的时间,用来苦攻对他来说最头痛的数学,而我为了帮他补习,也不得不重拾令人头痛的二次函数。

那段时间，除了课本知识外，彭帛问我最多的问题便是："老师，你说我能考上高中吗？现在补习来得及吗？"

每次我都不置可否，即使我知道他考上高中问题不大，也从来没有给过他任何保证。因为我相信，除了"考上高中"这个小目标，他还有无限潜力，能塑造更好的自己。

很快，他的努力得到回报——在一模考试中，他的道法成绩位居全班第二！要知道，从前他可是倒数第二的水平。为了鼓励他继续保持，我特意送了他两支水笔，他受宠若惊："老师，这笔看起来很贵的，你可别因为我变穷啊！"

瞧，别看人长得挺"着急"，一张嘴还是小孩子。

令我意外的是，他也并不是看上去那样大大咧咧的，而是有着非常细腻柔软的一面。

比如，我去上课忘记拿水杯，是他帮我添好水放在讲桌上；我因为学生气得够呛，是他安慰我消消气；我腰肌劳损复发，是他第一时间从他妈妈工作的药店给我拿膏药；甚至有一次，我正伏案工作，突然闪过一个人影，而后桌上多出一块巧克力，抬头，只听到他小声说了句"给你的"，又留下一句"哎呀，上课了"……我对着那块小小的巧克力乐了半天。

彭帛偶尔会在我面前流露出脆弱敏感的情绪。我才发现，少年的烦恼谁也逃不脱：在彭帛的世界里，"体育特长生"和"班长"是他仅有的保护壳，一回到家，他就会变成毫无话语权的可怜虫。

据说他的爸妈很宠妹妹，对他格外严厉，他的QQ签名隔三岔五地换，一会儿是"今生的心碎开始了"，一会儿又是"从此我将不惧任何事情"，仿佛青春期该遭遇的各种困境都落在了他的身上。

我好像懂了，为什么我对彭帛稍微好一点儿，他都会尽其所能地回报我：他在最渴望被关注的年龄没有得到足够的理解和包容，却总是被强行寄予厚望，不被允许脆弱和彷徨……有时想想，是不是每个男孩子的少年时代都是这样粗糙地度过？

如果说，和彭帛的相处给了我什么收获的话，那就是，因为他，我重新认识、接触了许多体育特长生。

原来他们并不像我想象的那般不学无术和空洞乏味，反而非常热情、宽容、有大局意识。相比某些被早早植入"考个好学校，找个好工作多赚钱"之类"远大理想"的"优等生"，体育生的志向要浪漫许多：有人想要成为第二个刘翔，有人视篮球为生命，还有的人坚信自己能带领国足冲出亚洲走向世界……

我本以为，彭帛和他的小伙伴们一样也有一个明确的、和运动有关的梦想，但没想到，我对他的了解还是太肤浅了——他铆足了劲儿要考上高中，真正动机竟然是想甩掉"体育特长生"的标签……

"老师，如果我能考上高中，你说我以后好好学习能考上好大学吗？我不想再踢球了，当初是我爸替我选择当体育生的，但我好像也不是真心喜欢足球。我甚至有时会憎恨它，都是踢球害得我学习不好。"

"那你有其他喜欢的事情吗？"

"我爸说，以后让我跟他经商，他是做医疗器械的，他说那很赚钱，不过我也不太懂。"

我没有正面回答他为时尚早的疑问："不着急，先做好眼前最重要的事情吧。至于你真心热爱的、擅长的领域，只要你愿意，什么时候开始都不算晚，也永远没有期限。"

他专注聆听又似懂非懂的神情，是专属于少年的热切与懵懂。

而我更希望无论到什么时候，他都不要忘记自己曾是一名体育特长生——可能他自己都没有觉察到，艰苦的体能训练早已磨砺出他坚韧的意志，对胜利的渴望也促使他在面对学业上的挫败时不会轻易投降。

有时，恰恰是我们被动选择的方向成就了逐渐掌控主动权的自己。其实，那些走过的路，每一步都算数。

我相信，不用我揭晓答案，总有一天他会懂。

女孩子，不漂亮也没关系

* 杨熹文

我一直都知道自己不漂亮。

初中英文课上给自己起了和班花同样的名字，在班上做自我介绍时遭到哄堂大笑；高中时给暗恋两年的男孩子写字条，男孩子竟然笑着把字条揉成一团扔进了垃圾桶，后来逢人便把我指给他们看，"瞧，就是那傻妞喜欢我"；大学时交往的男朋友，总是嫌弃我，经常旁敲侧击地教育我，"女孩子还是瘦一点好看啊！"就连后来男孩子跟我表白，说的都是，"我喜欢你，因为你长得很朴实，看起来很单纯，应该是个好姑娘。"

因为不漂亮，我一直很自卑，很介意别人对我的评价。多少次我心情难过地看着镜子里的自己，失望地打量着那张没有任何闪光点的脸，塌鼻子，厚嘴唇，带着浅浅褶皱的大额头，还有一颗发育不完全的小小牙齿，挤在门牙边，让我连笑的时候都很难看。更可怕的是，我从青春期开始，用一顿晚餐能吃掉三碗饭的速度，迅速地发胖。于是在那个女生都开始介意身体是否苗条的年纪，我把吃当成发泄自卑的渠道。班主任在每年运动会前都会毫不犹豫地对我说，"×××，你代表班级去投铅球吧！"而我也记得十六岁时的冬天我穿着厚厚的羽绒服走在路上，后面追来一个二十多岁的小伙子，礼貌地问我："大姐，您知道××路怎么走吗？"

这种不漂亮，对于一个青春期的少女，简直是一场毁灭性的灾难。那么美好的年纪，不敢穿暴露的衣服，连闷热的夏天都把运动服披在身上，好像这样做就不会有人知道我有厚厚的脂肪。我害怕出丑，不敢在课上发言也不愿在集体中讲话，

任何一种相貌，都来自灵魂的修行。

下课时也只是静悄悄地去厕所。我拼命嫉妒班花，以及班花受到的各种优待，甚至希望从回家的巷子口捡到一只神灯，可以让我郑重地许愿，拿我一切的好东西去交换班花的那副美丽的外表。

那时候的用功读书，是唯一一件可以让我用来对抗自卑的事。班主任的赞扬和同学羡慕的眼神，成了我灰暗生命里唯一的一束光。除了努力成为班级里的第一名，我尝试写作，投稿给杂志社和报社，每一封寄来的稿费单里都藏着一个青春期少女的自信心。我代表班级参加竞赛，站在操场中央成为升旗手，也组织同学参与各种社会活动。一个人在年轻时候得到的鼓励，往往会有长久的作用，在我之后的人生里，我也习惯用这种创造优异成绩的方式，来维护自己的自尊。虽然没有受到同班花一样的优待，却也得到很多尊重。

这种靠成绩维持自尊的方式，一直延续到我的大学时代。可是后来，我恋爱了，就像张爱玲爱上胡兰成时写下的，"见了他，她变得很低很低，低到尘埃里，但她心里是欢喜的，从尘埃里开出花来"。我也把自己埋进尘埃里。于是，我的自卑，又神不知鬼不觉地回来了。

我的重心从课本上的 ABC 转移到瓶瓶罐罐的化妆品和减肥药。我学着室友的样子在脸上涂涂抹抹，又喝着减肥茶半夜蹲在厕所里呕吐。你大概可以想象得到，一个不太好看的女孩子，脸白得跟刷了白粉一样，还要在小胖腿上套上黑丝袜，穿着高跟鞋一瘸一拐，这是多么滑稽的形象。我东施效颦的做法，很快遭到男友嫌弃，我歇斯底里地哭闹过挽救过，也最终敌不过一个美貌女子的笑容。我把睡眠和薯片当作失恋的解药，任由身材和悲伤一同膨胀，只要一想到前男友和美貌女从此过上了幸福美满的生活，我就用眼泪把自己淹没。室友把纸巾递给我，劝我："别哭了，假睫毛都掉了。"我怒吼："活都不想活了，还管美干什么。"

后来真正开始意识到自己的不美，不仅是因为我那塌鼻子和厚嘴唇，还因为自己气急败坏地作践这副不美的身体。那时我妈去参加小学同学聚会，见到分别了三十几年的伙伴，回家后惋惜地说，"天哪，当年××那么好看的一个人，怎么能胖成那样？""哎，本来特别贤淑的人，现在脏话连篇，骂起自家老公简直出口成章！"却也有这样的感触，"对了，当年我班一个其貌不扬的女生，也不知道怎么保养的，身材和皮肤都挺好的，说起话来轻声细语，句句在理，很有气质，一看就是活得特别有质量的那种人！"

说者无意，听者有心。在这一瞬间，我忽然就特别想成为"那种人"，想成为在岁月中越变越好的那种人。之后的日子里，我用不同的方式让自己成为更好的自己：用知识充实自己的头脑，慢慢重塑身材，磨炼粗糙的性格，培养生活技能，陶冶女人情怀，学会用能力讲话……这一切的后天努力都让我意识到，上天给予人们的资源并不公平，可是你却可以有权利决定把它运用到何种程度。

随着年龄的增长，我渐渐发现身边有这样一个现象：在我所认识的颜值较高的优秀男性朋友中，十八岁时大多喜爱貌美女子，只要对方有一张明媚的脸庞，就甘愿做二十四孝男朋友，而后来到了谈婚论嫁的年龄，结婚对象却往往是一个样貌普通的女子。这常常引起人们"鲜花插在牛粪上"的感慨。可是一场婚姻，最重要的不是一张绝世的容颜，而是那些不容易被时光带走的东西。这些美好婚姻中的太太们，有在工作中独当一面的精干，也有烧得一手好菜的柔情，能够为伴侣作出适当的牺牲，也会为自己保持学习的热情，可以穿着礼服得体地出席一场聚会，也能够穿上跑鞋在清晨跑上五公里……就是这些长得不漂亮却活得很漂亮的女孩子，让我停止对上天的埋怨，心安理得地接受自己的平凡，保持内心的能量，把外在维持在最好的状态，做一个勤奋善良乐于分享的人。这才是一个不漂亮的女孩子，应该有的美丽。

有人在网上发起过这样的问题，女孩的相貌到底有多重要？美了一个世纪的女神奥黛丽·赫本讲，"若想红唇诱人，请多讲善意的话语。若想明眸善睐，请多看他人的优点；若想身材苗条，请将食物分给饱受饥饿之苦的人们；若想拥有美丽秀发，请让小孩子每天抚摸你的头发；若想仪态优雅，走路时要铭记：你不会独行。"

我曾经认为，一个女人的美丽，是完美的脸庞，紧致的皮肤，高挑的身材，然而看看身边的女性朋友，那些能够被称为岁月美人的姑娘，大多是这样的人：她们懂得用读书去丰盈内心，用智慧和理智讲话，在工作中努力上进，对朋友乐善好施，坚持健康的生活方式，用欣欣向荣的人生告诉我们，美丽若在岁月中长存，完善内在是比美化外在更持久的方式。

我不常看电视，却发现了这样一条规律。人们可以记得住的明星大多不美，而当人们记得一个美貌的明星时，大概又不仅仅是因为她美。我十八岁时，爱张柏芝，因为《喜剧之王》里的她美得不可方物，我还爱洪晃，爱她说"我心眼有点小但不缺，我脾气好但是不是没有"的幽默和睿智；爱金星，爱她"我一直是女人，只是在男人的世界卧底28年，仅此而已"的坦率和洒脱；爱徐静蕾，爱她的才气，爱她的电影，爱她小人物的壮烈爱情里，藏着有情人才看得懂的包袱。

在我最近十年的人生里，美貌的缺失，使我错失很多东西，公主般受宠的待遇，忠贞的爱情，唾手可得的工作机会，以及那不曾意识到的更多。但是曾经耿耿于怀的自己，对于"首先你要长得美"的言论，也终于可以一笑而过。如今依旧会有舆论在探讨女人的容貌在生活与社交中有多么重要，也有糊涂的姑娘们前赴后继地把整容当作一种重生。可是，对于有能力去改变生活的女人来说，美貌怎么可能是唯一的出路？

前一段时间看《非诚勿扰》，居然看到当年的班花站到了相亲的舞台上，她穿着短裙，露出白皙笔直的长腿，依旧是同龄女孩中最漂亮的那一个。站在舞台中央，耀眼的班花和男嘉宾跳了一段撩人的拉丁舞，我守在电视机前，刚刚和男友分享掉一个大西瓜。看着电视里的班花娇羞地讲，"我想要一个能和我一直走下去的人"，那份青春期时心驰神往的美貌，让如今的我依旧羡慕，却不再会有"拿我一切的好东西去交换那副美丽外表"的蠢主意了。我还是塌鼻子、厚嘴唇，小牙齿挤在门牙旁，大额头上的皱纹更深了一点，鼻尖上又多了几点雀斑，笑起来仍旧很难看。可是站在镜子前的这一刻，我发现自己没什么可埋怨上天的。我被人拒绝过，挑衅过，也舍弃过，但是却终究没有辜负时光，我找到了一个深爱的人，读懂了他深邃的内心，并且活出了自己最美的模样。

任何一种相貌，都来自灵魂的修行，我相信读书的力量，相信奋斗的力量，相信善良的力量，就像我相信，那未知的未来中一定会有更美的自己。

女孩子，不漂亮也没关系。

体育渣的亚军

※ 张大春

我中学的时候参加过1500米跑步比赛。练习的时候,我就自己胡乱跑,也没有老师指导。有一天跑晕了,250米的跑道,本来应该跑6圈,我毫无知觉地跑了20圈,第二天脚踝就肿得不能走了。这时候离比赛还有大半个月。

接下来我只能休息,不能再练习。直到比赛那一天,脚踝消肿了,也不疼了,感觉可以跑了。

可我一起跑,立刻又疼了起来。

我眼见着外圈起跑的人都纷纷超过我,不出两圈就已经落到了很后面的位置,心里特别着急。眼看着已经没有起死回生的可能了,这时候路旁边有个男生的声音传来:"这些女的跑什么1500米,等一下全都脱一层皮!"我突然就不服气,发了狠,使劲跑!

这时看到前方一个女生,两条胳膊分别被一个男生架着,抬着跑!本来我不是应该赶时间,绕过他们上前去吗?哎呀,感觉当时脑子晕了,狗脾气上来,冲过去硬是把他们一个一个地扯开,从他们中间穿过去。我至今还记得他们三个无比诧异的眼神。

我的狗脾气发作到了无以复加的地步,突然想到口袋里有块手帕,我掏出来咬在嘴里!

那一幕是很激动人心的,我飞快地掠过了赛道上的人,掠过了许多熟悉和陌生的面孔。

可能我这个咬着手帕的造型实在太有型,大家都疯狂地上蹿下跳,为我加油。那一刻,我感觉自己真的是一个英雄!

接下来,很多原本在前面的人都被我一一超过。尽管她们已经脱了一层皮,但仍然不得不在擦肩时看向我。我沐浴在这种眼神中一路向前,直到看到了那位全校的人都认识的稳拿冠军的练体育的同学。

她和我之间只有两个人了。我做梦也想不到,作为体育渣的我,脚踝严重受伤的我,竟然可以离她,这么近!

再!拼!一!下!吧!少年!

我拼尽全力死死地咬着手帕,已经感觉到了嘴里有血腥味,我做到了,我又超过了一个人!围观的人群都在看我了!

我又做到了!我又超过了一个人!到达了她的身后!

这时她已经到达了终点,路旁的老师举起手上的秒表喊:"冠军!"我紧跟着她越过了终点,嘟囔了一句"亚军",带着巨大的甜蜜的自豪感,瘫倒在站在终点迎接的同学怀中。

休息过后,我心情非常宁静,咽着带血腥味的唾沫,一瘸一拐,迎着秋日清爽的风,回味着这美好的胜利,去查看可能是自己有生以来最好的成绩。

我的老师笑着告诉我:"你没有成绩啊,你少跑了一圈。"

退学

* 马叛

我退过两次学,第一次是在14岁的时候,读初三。那时候年少轻狂,觉得自己这么牛的一个人,怎么能天天待在教室里做卷子、背单词呢?

但是不做卷子、不背单词,我又能干些什么呢?说文艺点儿就是很迷茫,知道自己不喜欢什么、不想做什么,却不知道自己喜欢什么。

有一天我走在街上,看到路边的家具城开业,请了个乐队,几个披头散发的人抱着吉他、贝斯在台上一顿狂吼。一瞬间,我的激情被点燃了,我心想,这不就是我梦寐以求的生活吗?后来我才知道,他们唱的是黑豹乐队的《无地自容》。

回到家我就跟我妈说:"我要去上艺术学校,学乐器、做歌手、组乐队。"

我妈摸摸我的额头,语重心长地说:"你现在正处于考高中的关键时期,别东想西想,好好考一所重点高中、读一所名牌大学才是正经路,等你考上大学再学乐器也不晚。"

我跟妈妈解释:"我不想读高中、考大学,觉得那是浪费时间,我就想学乐器,做歌手、吉他手,组乐队,当明星。"

我妈说:"学乐器能当饭吃吗?"

我说:"我仔细想过了,前期需要你给我出点学费、买些装备,学两三年我就可以组乐队了,婚丧嫁娶的活儿我都接,挣了钱我就去大城市,等出名了就能赚大钱。"

我爸给了我几个耳光,我一气之下离家出走了。

我先是在一家洗浴中心当保安,那真是被人当狗使唤;后来做保洁,洗地毯,在北方的冬天用冷水洗地毯,那种冰冷让我一生难忘。

实在吃不了那些苦,半年后我就回家了。我做好了被痛骂一顿的准备,结果爸妈看到我时竟然泪如雨下,我这才知道我走后他们找了我很久，还通过电视台发布了寻人启事。

这半年里我妈埋怨我爸打我，我爸埋怨我妈没有拦住我。我在外面吃苦，他们在家更苦。现在我回来了，他们说："你想干什么都行，我们都依着你，只要你别再离家出走了。"

于是，我就去了艺术学校。我千算万算，觉得自己考虑得够周全了，但万万没想到，我竟没有音乐天赋，别人一天就学会的歌，我学了一个月也没有学会。

在艺术学校待了一年，我受不了同学和老师的鄙视，再次退学。这次退学我不好意思告诉家里。因为艺术学校离家远，爸妈也不知道我退学了，还给我提供生活费，我拿着生活费在朋友的乐队里混着。混了两年，一转眼我就17岁了。

在这两年里我认识了形形色色的人，终于明白，人生最重要的事不是做自己爱做的事，而是做自己擅长做的事。我热爱音乐，可是我不擅长，再坚持下去，我的人生就是一场悲剧。

于是，我开始寻找自己擅长的事，因为我在网上发的小段子和回忆录被杂志转载，我觉得也许我能写作。于是，这一写又是两年，偶尔也有文章发表，但是稿费根本不够维持生活。

爸妈知道我再次退学时，我已经18岁了。我不好意思再向爸妈要钱，就开始四处流浪。有稿费的时候还好，没稿费时就饿肚子，有时候被逼得没办法，还去地下通道里卖唱，因为唱得难听，也赚不到什么钱。

那段时间我有点后悔自己退学了，我在学校的时候，成绩还是挺好的，每次考试，成绩总是排在年级前10名。我想如果我不退学，也许我会过上不错的生活。流浪的路上有时候路过校园，看着里面嬉笑打闹的学生，作为同龄人的我，特别难受。

但因为爱面子，难受也只能挺着，自己选择的路，即便跪着也要走下去。只是走的过程中特别伤父母的心，我从好学生变成反面教材，爸妈都抬不起头来。

虽然后来我陆续出书，发表了无数作品，但我还是没赚到什么钱。直到24岁的时候，我觉得自己不能再流浪了，大半个中国被我走遍了，爸妈的心也被我伤透了。出于对年迈父母的愧疚，我找了一份正式工作，尽管过去的我特别鄙视朝九晚五的生活。就这样一晃又过了3年。

后来我27岁了，3年的工作让我赚了足够的钱，我日夜不停地写，出版了十几本书，买了房子、车子。有了稳定的收入后，我辞掉了本来就讨厌的工作，彻底变成自由撰稿人。

这时候再看当年的选择，我当然不后悔。但我很清楚，退学的人无数，坚持写作的人也无数，但最终能够实现梦想的人却寥寥无几，我算是幸运儿。只是关于音乐的梦想，我永远也无法实现了。

人有时候必须认识到自己的短处，承认自己的短处，才能扬长避短，避免悲剧的一生。未来还很长，我想也许有一天，我还是会后悔自己人生中没有高中和大学这一段经历，还是会像父母规劝我一样规劝我未来的孩子。但回首曾经吃过的那些苦，我并不后悔。因为若没有那些苦，我就不可能在写作上开出花儿来。

若再来一次，我可能还会退学。但若再来一次，我未必会成功。

世界始终欠胖子一个宽容的拥抱

✽ 红耳兔小姐姐

很早以前有一部韩国老电影,叫《丑女大翻身》,主角是一个超级自卑的胖女孩。

她生来被上天赐予了两样别具一格的礼物:一副被天使吻过的嗓子和一身无法阻挡的肥肉。

因为胖,她虽拥有美妙绝伦的嗓子,却只能终日躲在不能见光的地方,为一个拥有天使面孔和魔鬼身材的假唱歌手做幕后替唱。

一直以来,胖女孩有一个跟她自己一样不能见光的梦想,就是嫁给节目策划导演,那个光芒万丈帅气逼人的男人。只因为那个男人从不会直白地嘲笑她,相反,处处照顾,温情鼓励,没有人能够抵挡这样的暧昧。

当胖女孩满心欢喜地以为,也会有帅气王子愿意剥开丑陋外表喜欢内在自己的时候,她无意中偷听到,这个导演处处照拂自己的意图不过是想一直廉价地利用她,替公司卖命。

丑女孩伤心欲绝,没打招呼就出走一年,整容成一个绝世美女再次出道。

这次的世界仿佛一下子为她颠倒过来,身边所有人所有事都变得顺心顺意,那个梦寐以求的帅气导演也成了她的男友。

当粉丝知晓这位天仙歌手曾经是一个胖到让人吐的丑姑娘后,一切又回到了当初,大家的嘲弄和抗议如浪潮涌来。

胖姑娘最后被迫含泪在台上忏悔自己不应因为虚荣而丧失本性。台下观众这才满意地流出同情的眼泪。

所以,胖是原罪,丑是邪恶,人间只容得下"美丽"和"善良"。这就是真相。

我是从初二开始发胖的,青春期的发育使然,一发不可收。

真正意识到自己胖,是有一日班主任跑到我边上,语调怪异地说:"天啊,你怎么可以胖成这样。"

后来,班主任钦点我参加学校运动会,项目是铅球。我跑过去拒绝。

班主任惊讶地说:"我这是不想埋没了你的天赋啊。"

最后成绩出来了,果然还不错。身边有围观学生说:"嘿,你看,胖子果然力气大。"

后来我有个外号叫张大力。

胖的结果很忧伤,虽然我从初二开始,因为成绩突出而被班主任钦点为班长,但我依旧是最没有存在感的班长。组织班级活动,被无视。上台管理纪律,被哄笑。早晨终于有机会在晨跑中当领队,后面有声音传过来,"看,她跑步的姿势,像头大象。"

胖子不能上厕所,因为后排的同学需要不厌其烦地让位置。有时是"好意",有时是"无心",但在我看来,拥有比别人更自由的宽度,不过是一再提醒自己,你真的好胖啊。

当然,胖子也有一个好处,那就是可以心无旁骛地学习。当别的姑娘可以收到满抽屉情书和零食的时候,我只能假装认真念书,假装毫不在意,假装自己是个没有性别的胖子。因为胖子连暗恋都不配。

18岁之前，我有过两次被迫当众称体重的经历，一次是中考，一次是高考。

中考那次是一辈子的梦魇，犹记得那天四周的嘲讽像是立体环绕的音响，炸得我自尊心碎了一地。

但到了十八岁时的高考，我不再战战兢兢地把自己缩成一个胖球，而是大大方方地冲上去，坦然地接受所有真心或假意的注目礼。

四周是笑而不语的暗潮涌动，我站在上面像一个直面惨淡人生和淋漓鲜血的勇士。

上大学前，我特意拉直了长发，留了刘海，不过依旧是个长发胖子。

九月军训结束后，我又变成一个黑红黑红的胖子。大一第一次暗恋学长，却不敢表白，躺在宿舍悲痛欲绝装尸体，成为传说中的"死胖子"。大二暗恋失败后，我决心做一个敢于革命的胖子。

于是，每晚操场十圈慢跑成了我的终极目标。那些年，当来来往往的情侣在操场上卿卿我我、你侬我侬时，我是那个擦肩而过挥汗如雨的胖子。每顿只能吃一小碗米饭的习惯就是从那时候开始的，所有跟肉类沾边的菜品也成了我的眼中钉。

我的QQ签名亘古不变：要么瘦，要么死。

两年后，肥肉渐渐离我而去，在图书馆上个自习，会有人丢纸条过来搭讪，叫我美女。

我诚惶诚恐，作为一个与异性绝缘了很多年的胖子，内心依旧敏感脆弱，下一秒我丢下纸条跑得像只惊慌的兔子。

胖子不配拥有爱情，瘦下来的胖子仿佛胆子也跟着瘦下来。我完全不相信异性的赞许，不相信会有人喜欢一个曾经的胖子。

所以，直到大学毕业，我依旧是个精神上没有减肥成功的伪胖子。

工作后，因为跟后排的姑娘同一日进公司，我跟她关系处得极好。有一日，我又跟她不厌其烦地抱怨自己满身蠢蠢欲动的肥肉。

她一脸真诚地说："你一点都不胖啊，你看起来非常正常。"那是第一次，我听到有一个人这么斩钉截铁地告诉我，其实你不胖。

我飞快地跑去公司的洗手间照镜子，这是十年后，我第一次这么认真这么仔细地端详镜子中的自己。

还是一成不变的长发，配上规规矩矩的工作装，并无多大的出彩。

我轻轻撩开了眼前厚厚的刘海，曾经模糊的面容像是推开了层层迷雾，在我眼前一点点地清晰起来，却也一点点地陌生起来。它跟我记忆中的那个臃肿的样子并不相同。它精神，利落，敏锐，清晰。

我红着眼回到座位上，对后排姑娘说："今晚你陪我好好吃顿饭。"

"为什么？"后排姑娘抬头瞪大眼睛不解地看着我。

"我已经五年没有吃过饱饭了。"我说。

后排姑娘眼睛瞪得更大了，像看见了鬼。我转过身，感觉身体里有一种东西在飘飘荡荡地远离我。

那是我漫长而自卑的年少时光。

再后来，我遇见了老周。

一开始的很长时间，我从不敢在他面前亮出身份证，因为那里有我十八岁时的模样，脸大如盆。

有一回，他陪我去买火车票，出示身份证的时候，他就站在我后面。我用大拇指从头到尾摁着照片上的脑袋。票买好了，工作人员随意丢回了我的身份证。老周手长，人也热情，"嗖"地从后面伸手取走了身份证。我赶紧扑上去，但还是慢了一步。

我眼睁睁地看着老周拿起我的身份证，仔细端详着十八岁的自己。我在旁边佝偻着背，恨不能找个地缝钻进去。

我仿佛又变成当初那个敏感多疑的胖子。

老周看了一会儿，表情并无波动，又把身份证塞进了我的口袋。我看着他，期待他能说出点什么。

老周见我死死盯着他，惊讶地问我要干吗？

"你难道不想发表点感想吗？"我问。

"嗯，那时的你真的好可爱。"

我的鼻子很酸，有眼泪要涌出来。

人群外有清新的风拂过，抬头，是落霞和夕阳一起坠落的黄昏。我想起十年前的那个傍晚，也是在这样的天空下，我曾绝望地以为，生活对于一个胖子来说，就像眼前的日落，除了毁灭，别无其他。

那时的我，还太小，以为胖就是人间失格。而现在，我想说，世界始终欠胖子一个宽容的拥抱。

（摘自"红耳兔小姐姐"公众号）

致懦弱又平凡的你

✽ 怪奇塞高

尽管不愿承认，但我从小一直算是个怯懦的人。

虽然总是将怯懦自我安慰为"低调"，想着所谓"不鸣则已，一鸣惊人"，但其内心深处何尝不明白，平凡如我，这辈子大概也只能在梦里才有得偿所愿的机会。这自卑的性格让我的童年生活少了许多独占鳌头光彩夺目的机会，却也避免了不少争执扰攘的麻烦，多少年来我就这么一直安安心心在教室角落里当着一个乏善可陈的小透明。

时日一长，家长、老师乃至同学，所有人似乎也都习惯了这样的我——没什么优点也没什么缺点，有我不多，无我不少。我自己呢？虽然心底隐隐压抑着不甘，但其实身体却也很诚实地习惯了——所谓"习惯"就是开始害怕任何一点改变，不敢去想象若是某一天不再扮演一直以来的角色，会不会遭遇什么意料之外的变故？

既然现在也没什么不好，那么与其要担惊受怕，倒不如一直就这么窝窝囊囊地活下去。

但哪怕是这么没有存在感的我，也总免不了会偷偷向往同龄孩子都向往的那些快乐——比如"悠悠球"风行于大伙儿之中时，我也没忍住手痒偷偷买了一个回家。"悠悠球"是难得可以在一个人默默练习和玩耍时也能感到快乐并获得成就感的玩具，从此独自在家时，我便多了这么个隐秘的爱好。

这不起眼又与世无争的快乐原本也并不碍别人的眼，但这个世界或许就是这样的吧——平素张扬恣意的家伙忽然间变得低调会被夸赞懂得了谦和，但平素就低调安静的孩子哪怕谨守本分也会被指责："你只配在旁边羡慕我们玩而已，只能看，不配碰，更不配玩。你这种人，只配这样。"

诸如此类的指责霸道又蛮横，虽然如今想来程度并不算特别严重，但毕竟遇上就足够不幸了。不巧在那次，我就成了那位可悲的不幸者。

其实事情原本说来也不大，不过就是某日我藏在书包里的悠悠球被一个家伙无意中翻出来而已。他如获至宝，大肆嘲弄我这样的人怎么可能学会那种花哨的技术，我一时有些不忿便想抗辩，大约这态度惹恼了对方，或许是认为班级里从来没有存在感的边缘人物竟然反抗，我的悠悠球当场就在所有人面前被恶狠狠地踩碎。

彼时我环视四周，不出意料，我本来就是个没什么朋友的人。在一片瑟瑟发抖唯恐波及自己的安静之中，哪里会有人敢出头？

孩子的世界某种意义上也很残酷，因为他们的好恶如此鲜明，势利得甚至根本不需要任何借口去掩饰，一切都显得那么理所当然，一切都仿佛"本该如此"。

大概是我在这小小的玩具上投注了太多的时间与热情，每天偷偷练习失败时的懊恼与多练出一个技巧的欣喜一层又一层混杂起来，我脑海中头一次闪现出反抗的念头。

从那一刻起，我想我的心底多了某种尚未萌发的微小种子。只不过是玩个悠悠球而已啊！我玩得好或者玩得不好，也只是一个人在角落里默默地玩，又不在任何人面前炫耀，为什么我就连玩都"不配"呢？

一直以来对世界已有的粗浅认知在这痛苦的呐喊中一点点崩解消散，我越来越无法再用迄今为止已经习惯的"忍耐"安抚自己，不知过了多久，这份不甘终于冲破了临界点，稍稍打破了名为"懦弱"的桎梏。

我咬咬牙，重新又买了一个崭新的悠悠球，闲来无事时默默练习——也说不清是为什么，但这就像是某种做给我自己一个人看的行为艺术，至少可以暂时让自己心情平静。

而事情最终的转机是在一场元旦班会上。平素里这种时候的风头自然与总是坐在角落里默默嗑瓜子的我无缘，但这回或许真是冥冥中的某种天意——那家伙竟然也上台表演了节目，还偏偏就是悠悠球。

平心而论，他的表演谈不上技艺精湛也说不上乏善可陈，换做平日里我实在不该吝惜和大家一起献上礼貌的掌声，但此刻心中芥蒂着实难消，我的身体虽然鼓了掌，但这时已经冲到嘴边来的不甘却终究没有忍下去：

"什么嘛，说得好了不起似的……不也就这样而已吗？"

任何一个有理智的人都明白这话除了说给自己听就是明明白白在挑衅，但无论如何我偏偏还是没忍住说了出来，于是接下来的发展也如所有人所料：恼羞成怒的反派角色反唇相讥，而故事的主人公不慌不忙面露微笑，高深莫测地掏出自己的悠悠球，以一番宛如动画主角附体的神乎其神的技艺惊呆众人，扬眉吐气……嗯，动画里都是这样演的，我也确实是这样做的——然而问题在于，现实要是能和动画一样，那还需要动画做什么？

哪怕经常的练习让我的悠悠球技巧比那家伙熟练不少，可从未习惯在人前招摇的我，根本没法克服初次在人前炫技的紧张，那一点不入流的小学生技巧耍到后面时手都在抖，又能比那家伙强到哪里去？

然而出乎意料的是，明明口出狂言却拉胯成这丢人模样，想象中的嘲笑和羞辱却并未发生，同学们似乎都对这场本该按部就班的无聊班会上突然乱入的挑战戏码十分满意，哪怕挑战者的表现远远未到翻盘之境，却也足够大伙儿抱着看热闹不嫌事儿大的心思，以暴风雨般的掌声和欢呼声对我示以鼓励。

我万万没想到现实故事竟会如此魔幻可笑，明明从比试水平而言两人根本都烂到难分胜负，却因着奇怪的气势与场合，我这个从来不起眼的小透明，好像莫名其妙头一次变成赢家。

慢慢地，我发现，随之改变的远远不止这小小的一场班会——你看，当我自暴自弃般抱着同归于尽的觉悟当真冲上聚光灯下去拼斗一场时，却赫然发现，当初害怕到不敢去改变的那些东西，其实也不过如此而已。

从那以后我才终于真的开始明白，毕竟这世上明明每个人都应该有着独属于自己的与众不同，凭什么懦弱又平凡的我，就不配更加勇敢一点点？

当我不再是唯一

❋ 莫笑君

讲台上,科学老师又开始朝我发射"冷箭"了。

说来你可能不信,我甚至还有点喜欢他的冷嘲热讽。

这一切,大概要从我"走上神坛"的那一刻说起。

那年,我进入我们小县城的H中学就读,这是一所刚刚建成的私立中学,正忙着招收第一批生源。为了招揽尽可能多的优秀苗子,H中推出了一套奖励机制:根据入学考试的成绩,前20名可免一切学费……

全年级一共14个班,我被分配到了5班,成了班上唯一一个免费生,班级学号也是1。开学报到那天,讲台上负责签到的老师问我名字,我自报家门后,老师忍不住称赞:"哦,1号!真棒!"

我小小得意了一把。

这种感觉持续没多久,现实就让我狠狠摔了个跟头。

初一的首次月考,我退步严重。虽然还留在第一梯队,可对身负厚望的我来说,这已经是非常大的失利。我被老师约谈,在办公桌旁,老师对着试卷、耐着性子,一道一道地帮我分析讲解错题。

虽然老师是为我好,可办公室正对着教室,这两扇大敞的门,让我的背影不加遮挡地暴露在前排同学的视野中。我虽然没有回头,但永远记得这屈辱的感受——众目睽睽下,真的很丢脸。

我相信是自己失误了,把希望投注于下一次月考。谁知考得更糟糕了……有个同学和我开玩笑:"你的免费生资格不会是作弊得来的吧?"

我深吸一口气,却一句话都说不出来。

我难过了很久,自己也不知道,为什么一直考不好。更令我不解的是,别人怎么那么轻易就超过我了呢?真的是我实力不济,只是恰好在入学考试时超常发挥了吗?

这样的窘境持续了一年多,虽然我也有"死灰复燃"冲进班级前列的时候,可我在老师和同学心中早已"跌落神坛",当初考得好,倒更像歪打正着。

初二那年,学校民乐团成立,并开始招生。

初一入学不久,我在喜迎国庆、中秋双节晚会上表演过竹笛。不算多么出彩的表演,却让民乐团的夏老师注意到了我。

民乐团还没成团,夏老师就特地来办公室和班主任商量了一番,请我去试演一段。毫无悬念地,我被邀请加入了民乐团,为明年的校庆曲目做准备。

民乐团的同学们来自各个年级,我是初二年级唯一的笛手。得知这件事之后,我的心里产生了一股久违的感动——我又是唯一一个了!我并不是那么差的!

校庆曲目需要两个笛手一起演奏来强化主音。另一个吹笛子的男生比我小一级,是初一新生——他连吹奏技巧也很"新":乐曲结尾处,有一个用来提升气势、收束全篇的高音"5",他居然"哑"了!

竹笛的高音说难不难,说简单也不简单,除了气流要够快,还得抿紧嘴唇,往吹孔里灌得够准。每到这个高音,他的竹笛只剩下"呼呼"的漏气声,那嘹亮、高亢的"5",只能从我的笛子里迸射而出。

那短短的两拍子高音，成了独属于我的高光时刻。

夏老师笑着对哭丧着脸的新生说："你再多练练。"

只有我在心里不易察觉地微笑：我，依然是唯一能做到的人。

我丢失已久的信心和勇气，通过民乐团又被渐渐找了回来。

很快，我有了别人没有的特权：可以少上一节晚自习，去民乐团排练；也可以不参加班会活动，提前离场去合练。

班主任默许了我的这些特殊行为，唯独科学老师常常在课堂上不着痕迹地对我提出批评："涉及实验操作的，谁都不许搞特殊，都得乖乖去！"

由于实验室比较紧张，有些实验只能在晚上做，科学老师也是迫不得已。有时候，他甚至会把话说得有些尖酸："你们的目标是什么？是参加中考，还是上街去吹拉弹唱？"

我听到有人在座位上笑出了声，大家都知道老师在说谁。即便如此，我心里依然有着某种不足为外人道的快乐：这表示两边都需要我，两边都离不开我。

大概是对自己不断倒退的成绩产生了心理阴影，连科学老师这样直白的批评，都被我看作一种变相的肯定。青春这棵植物呀，真的一不小心，就会朝着意料之外的方向生长。

四

一个民乐团排练的晚上，我不敢忤逆科学老师的要求，乖乖跟去实验室做高锰酸钾氧化还原的实验。甚至，都没敢去跟夏老师请个假。

下一次去民乐团排练的时候，夏老师笑着对我说："你上次没来，咱们那个高音都出不来了！"虽然夏老师旁敲侧击地表达了对我无故缺席的不满，但我心里却乐开了花，我就知道，民乐团确实离不开我！

而意外的种子，也在这个过程中悄悄发芽。

又一个需要做实验的夜晚，我向夏老师请了假。等下一次再去的时候，他依然按照老规矩，让我们先完整来两遍，"预热预热"。

第一遍，快到结尾处，我深吸一口气，朝笛孔里猛吹。突然，耳畔竟然传来一模一样的笛音，与我的高音和谐地混在一起，犹如奔突而来的水流，带着迅猛干脆的气势，汇入了主干道，让曾经单薄的高音势如洪水，涨满、跃升……

在我耳朵里，这不啻一声炸雷！

我看向身旁的学弟，惊讶道："你……这就能吹出来啦？"

学弟腼腆地笑笑："得看时候，有时候行，有时候又不行……"

怎么可能呢？怎么我做了几次实验没来，他就吹响了呢？我在心里不断反问。

第二遍，开始了。快到结尾的时候，我的心高高地悬了起来，竟不由自主地开始害怕，害怕他会再次成功——就像那些在学习上一个个出其不意超越我的人，那种悲伤、失落、恐惧的复杂感觉，又一次占据了我全部的心房。

"5——"完整的两拍，嘹亮的音符，由我们二人共同完成。

夏老师对这天的排练十分满意。这是一个在夏老师眼里无比完美的收尾，也成了我记忆中难以抹去的一次打击。

我又不再是唯一了。

我假装开心地和大家道别，在通往教室的路上，心里很难过。

在这哀愁的夜里，我彻底醒悟了过来：只要别人一直在默默努力，你就不可能是那个永远的唯一。

青春的跑道很短，也很残酷。我大概是被最初的胜利冲昏了头脑，竟忘记了一个最简单的道理——逆水行舟，不进则退。

那些轻松超越我的，那些让我"跌落神坛"的，那些质疑的、嘲笑的、尖刻的声音，都是这样来的吧。

不要高看自己，更不要轻视别人。

回教室前，我在清凉的月光下静静地站了一会儿，抬手揉了揉眼睛，不想让任何人看出我的情绪。

那一晚，在同学眼里，我依然是最后一个来上晚自习的，没什么变化。

那一晚，只有我自己知道，有些变化，已经悄然发生了。

你不是生来的懦夫

✤ 聆 思

01

大熊最近新看了一部电影,叫《西游降魔篇》。是前些年周星驰亲自导演的,剧情很好。

在看完电影的第一时间,他就微信我:"哥们在不,推荐你部电影,《西游降魔篇》。好看。"

我回:"老片子了,你才看啊?"

他说:"我觉得你特像里边一角色,天残脚,还有印象不?"

我回忆了一下,那好像是个老头,有一只脚天生就特别小,但一发功却又能变成几层楼高的一只大脚丫。

我微微一笑,给大熊回了个消息:"没错,一模一样。"

02

我也有一只脚天生残缺。据说在我出生那天,我爸听完护士的消息后不顾一切地闯进了产房,把我高高举起来,盯着看了半天,然后号啕大哭:"我儿子的左脚呢?!"

我小时候最苦恼的事情有两件,一是穿鞋。由于没有脚掌,我在将鞋套在左脚上时,鞋会很顺畅地滑下来,而我又不愿意穿那种我妈特质的"圆鞋"。后来我妈无奈,换了个方法,让我穿高腰鞋,鞋帮处缝上松紧带,鞋里用软布团填满。效果不错,既不会掉,又会让所有人都以为鞋里面有一只脚。

二是脱鞋,自打我意识到我和别人的不同后我就没有在公共场合脱过鞋。从小到大,凉鞋之类的鞋一次没穿过。

不过哪怕如此谨慎,我左脚残缺的事情还是被玩伴们发现了。他们经过讨论给我起了一个非常恰当的外号,"倒立猫",全称为"倒立着的哆啦A梦猫"。

哆啦A梦的手是一个白色的圆球,倒立过来跟我的脚非常像。"倒立猫",何其形象,充满着小孩子无尽的想象和深切至极的恶意。

在我的整个童年时期,除大熊以外的所有玩伴都曾这么喊过我。

03

大熊是我见过最可靠的人。

在上高一那年,我家经济条件好转,爸妈下决心给我定制了一个假肢。假肢很实用,我装假肢之前最多能快走,现在平常就能慢跑,逼急了甚至能快跑一阵子。

同样是在高一,我喜欢上了一个很漂亮的女生。她学习成绩优秀,身材高挑,眉清目秀,很难不让人产生向她表白的冲动。

于是我就去做了。

她接过了情书,但没有说话。只是用略带嘲讽的眼神从上到下打量了我一遍,然后将目光缓缓固定在我那只该死的左脚上。

随着她目光的移动,我的脸缓缓变红,先是愤怒,对自己的愤怒。然后是羞愧,对自己左脚的羞愧。最后我落荒而逃。

在逃回来之后，我痛苦地跟大熊说了这件事。

他安慰了我许久，最后说："其实，我觉得你现在的状态只有做一件事能改变：在运动会上跑赢一千米！"

我满怀希冀地问道："这能帮我追到那个女生？"

对于一个陷入恋爱的瘸子来说，与追求爱情相比，似乎跑赢一千米不值一提。

他认真道："有戏。你想想她为什么拒绝你？"

"因为……这只脚？"

"没错！"大熊肯定道，"所以如果你能跑赢一千米，那你就能证明自己的脚没问题，然后她就有可能喜欢你。"嗯，没毛病！逻辑严谨，有理有据！

后来想想，大熊的这个提议简直是坏透了。如果说有比猛踹瘸子那条好腿还恶毒的事，那一定就是哄骗瘸子去跑一千米。

不过，也许是那天太过燥热，也许是当时确实恋爱脑上头，又或许是瘸子自出生以来就一直想要靠奔跑来证明自己。

总而言之，我脑袋一热就答应了下来。

04

大熊是我见过最有行动力的人。他只用了半个小时便为我订制了一整套备战计划。

距离运动会还有一个月零三天，训练时间自第二天开始。在训练期间，我需要每一天都坚持锻炼，强化腿部肌肉。左右腿分开练，每天右腿用叶问蹲蹲五十次。左腿在小腿上绑沙袋负重，做踢腿和向上屈腿锻炼各五十次。除此以外，运动会前每周再跑一次完整的一千米。

我当时很兴奋，兴高采烈地跟大熊讨论着锻炼的种种细节，从几点起床到几点锻炼，从怎么起跑到怎么冲线，虽然我一次一千米都没跑过，但我一定要赢！

可是现实不是热血动漫，光是大喊一声"天元突破！"并不能让我战胜物理定律。就在训练开始后的第一次一千米试跑后，我的心就随着那七分半钟的成绩凉了下来。

伴随着最初狂热的褪去，我开始冷静下来，并逐渐意识到这件事情的荒谬。

我瘫倒在地上，"且不说一个瘸子跑赢正常人是多么不可能，就算跑赢了……她真的在乎吗？"

"我是生来的残废。"我摆了摆手，无奈道。

"可没人是生来的懦夫。"大熊冷酷而又轻蔑地看着我。

他向我伸出手，"她可以不在乎，你可以不在乎。这就是你为什么得跑。"

他的眼神太过锐利，说出的话又太过坚定。我被他的目光生生地刺痛了，同时也被他的话深深地激励了。

他向我伸出了手，将我拉起来。我无法躲开，我无法拒绝，我只有起身，一个念头像岩浆般从我心底迸发，那是我从未真正想到过的：

也许，我真的可以！

05

后来到了运动会那天，那个漂亮女生请假了，观众席里没有她。

不过大熊也报名了，以一个足以在运动会留下记录的慢速度，陪着我跑完了全程。

当我们跑最后一段时，裁判脸色铁青，不住地喊着，"快一点，快一点，给一百米腾跑道。"但我俩稳如泰山，始终不骄不躁，冲线后击掌庆贺，仿佛得了第一。

这次运动会后来成了所有高中同学对我的记忆点。无论是赞扬还是嘲弄，是当传奇看还是当笑话看，提起我，他们总会提起这次运动会，而提起运动会又总会提起我的这次长跑。

但事实上对我而言，这次长跑本身其实并不重要。重要的是那个有些沉闷和低沉的下午。当我正打算在天命的残缺面前低头时，有个声音对我说："站起来，没有人是生来的懦夫。"

我于是起身。开始用人生来的勇气，抵抗命运的神威。

每朵雪花里都有一个月亮

麦淇琳

1

15岁念高一的时候,我还不认识赵美棠,但那时班里好多人都已经认识她了。常常会听到有人说:"赵美棠真是个奇怪的人,逃课、迟到、早退,一个坏学生的典范,居然是个手工爱好者。"

后来分班,有一天老师点名,点到最后,我听到一个熟悉的名字:赵美棠。因为经常听到她的大名,却没有见到真面目,我不禁转头看她。一个瘦瘦高高的女孩自教室最末一排的位置站起,她穿着黑色外套和运动裤,有一张很干净的脸庞,嘴角微微上扬,大声应了一声"到"。就在她坐下的那一刻,她的眼睛忽然看向我,对我微微一笑。

周末闲来无事,我骑车在街上闲逛。出门时还只是多云,谁知道骑到半路,就下起了雨。我一眼瞥到路边有家包子店,店主揭屉出笼,好看的白气蒸腾而起。我赶在头发湿透前到包子店的屋檐下躲雨,不经意间,正好看到赵美棠在店里帮忙。我正想离开,赵美棠突然叫住我:"杨井然,你等等。"然后,她把一个粉色的纸盒塞到我手里,匆匆跑开了。

我打开纸盒,里面是一朵绢花做的鸢尾,恣意、昂扬、明媚,不是鲜花却胜似鲜花。赵美棠在纸片上写了一句话:"我喜欢你。赵美棠"。

2

在包子店相遇之后,我就躲着赵美棠。下课后赵美棠拦住了我,笑嘻嘻地说:"你喜欢我送你的鸢尾花吗?"

我说了一句"扔了",便径自绕开她,到操场上和伙伴们一起踢足球。但我渐渐发现,赵美棠最大的本事就是,不管别人怎么对她,她都不会因此做出改变,她不是一个容易受别人影响的人。

"好巧啊。"在骑车上学的路上,赵美棠故作惊讶跟在我身旁打招呼,"上次你扔掉了鸢尾花,这次我又做了一株指甲花,喏,送给你。"

到达学校门口时,我停下来等她:"你这样跟着我不累吗?"

赵美棠两手拼命在一旁扇风,气喘吁吁地说:"我就是想送你一朵绢花,你骑这么快干吗呀。"她额前的刘海凌乱地搭着,眼里写满了执拗。我开口说:"我是个男孩子,要什么绢花?你别再跟着我了!"

很明显,我的话并不能打击赵美棠,她反而毫无芥蒂地跟我说:"谁说男孩子就不能喜欢花啦。这可是中国的传统手工艺品,寓意又美好。你说,有谁会不喜欢美好的事物呢?"说完,她把那盒热情洋溢的指甲花放在我手里,就扭头离去了。

赵美棠幼年沉迷手工,曾跟一位流浪艺人学了点儿绢花制作的皮毛,从此便对绢花念念不忘。然而,她似乎忘记了学生的主要任务是学习,时常借着坐在最后一排的有利地形,悄悄研究手工绢花。

有一次赵美棠在课上做绢花的扎枝,被班主任当堂捉住了。课后,我忍不住问赵美棠:"你怎么回事,班主任的课你也敢拿来玩?"赵美棠一脸认真地说:"做绢花,我从来都不是闹着玩的。"

后来几天的早读课,赵美棠没有来。后来我才知道,那个晚上,赵美棠去她妈妈的包子店帮忙,路上出了事故,被一块不大不小的铁片扎伤了眼睛。

两个月后,赵美棠出院。医生告诉她妈妈,赵美棠的左眼视力丧失,只剩下隐约光感。赵美棠的同桌陈丽珊抱着侥幸心理,捂住她的右眼,指着隔壁教室的号码牌问她:"这是几零几?"赵美棠的答案让我们的表情瞬间失去了光亮。

进入高三的第一学期,我收拾心情准备发奋读书,赵美棠已经决定到一家绢花作坊当学徒。临行前,我们和赵美棠在学校的樱花树下聊天。赵美棠说:"我曾追随一束光很久,是它让我学会什么叫坚持。所以我也想把自己变成一束光,去做自己真正热爱的事情。"她眯着眼望向天空,仿佛在追随那束看不见的光,嘴角弯起倔强的弧线。

在以后的岁月里,我的眼前多次出现过赵美棠的影子。我一直保留着那个装着绢花的纸盒,盒里有隐约的一行字:"我喜欢你。赵美棠"。

这年仲秋,我回到了阔别已久的家乡。一个有风的午后,我在这座南方小城闲逛,发现了一个有趣的地方——绢花博物馆。我在一架名为《夜空下的雪原》的绢花前驻足沉默。画面上的白雪被做成刚开始融化的样子,旁边有一棵枯树,树的枝枝丫丫都落满了雪。一轮明月高高挂在有些灰暗的天空上,圆月下半部搭着一道薄薄的灰云,使月亮显得更加皎洁。展架旁边的介绍牌上写着这么一句话:"你一定要做一棵生机勃勃的树苗,独自生根,独自开花。"我的心底有一种预感,这个绢花的作者就是赵美棠,环顾四周,果然发现不远处站着赵美棠。忽然的重逢令我措手不及,就连赵美棠也无法置信地挑起了眉,高喊着:"你、你……"

这么多年,我以为那个失去左眼视力的少女,一定与我一样,被生活改变得面目全非。我想起她时,眼前只有她失去光明呆滞的目光。然而,事实不是这样。眼前的赵美棠素衣布履,容颜姣好,那只失去视力的瞳孔里有着超脱于凡尘的无忧无惧。

当天晚上我读到周作人的一段文字:"每天的报里,总是充满不愉快的事情,见了不免要起烦恼。或者说,既然如此,不看岂不好吗?但我又舍不得不看,好像身上有伤的人,明知触着是很痛的,但有时仍是不自禁地要用手去摸,感到新的剧痛,保留他受伤的意识。但苦痛究竟是苦痛,所以也就赶紧丢开,去寻求别的慰解。"或许,我们往往不能做到"赶紧丢开",但幸好,还有"别的慰解"来照亮生命。

透过窗户,我似乎望见了《夜空下的雪原》,那披了一身银装的枯树在月光的照耀下,每朵雪花里似乎都有一个月亮,盛着寒凉,散发光芒。

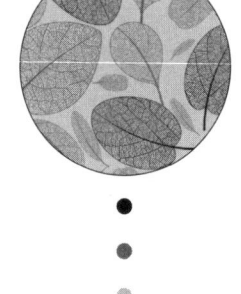
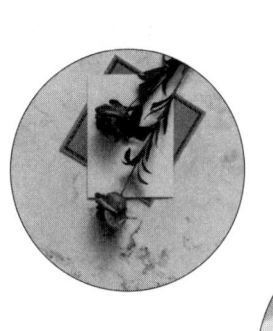

主角也可以没有漂亮衣服

*李柏林

1

初中的时候,我像一棵疯长的树,向全世界宣告着自己的成长。随之而来的,是每季都要换的衣服,春天穿还正合适,秋天穿便不合身了。于是,我妈开始给我买大码的衣服,那样可以穿得久一点。

同时,她更害怕,随着身高一起变化的,还有我的心理。所以,她除了给我买不合身的衣服,还尽量选择一些特别土的款式,让我的青春暗淡一些。暗淡到,不会有一个男生注意到我。可那时候的我比较晚熟,欣然接受着她的安排。

初二那年秋天,镇上赶会,来了一个卖皮衣的摊贩,嘴里喊着大甩卖,买一送一。我妈给我爸挑了一件稍暗的土黄色皮衣,老板送了一件亮色的,她便把那件亮色的给了我。

穿上那件皮衣后,我仿佛瞬间老了二十岁。虽然身边的同学也吐槽过,问我是不是穿错了衣服。但是当时我却无所谓,衣服乃身外之物,穿得不好看,又有什么关系呢?

2

也是在那年,我加入了学校的文学社。社团开会的时候,我遇见了一个很阳光的男生。大家讨论着那个男生,不光人长得好看,文章也写得很好。

看着他白色的外套,我却在那一刻,因为衣服生出了自卑。我躲在人群最后面,不敢让他看到穿皮衣的我。

但是青春期的心理总是矛盾的,我又希望他知道我的存在。于是,我给自己起了一个好听的笔名,然后拼命地往校报投稿,希望他能够通过这个笔名认识我。

后来,我如愿以偿地成为校报期期不落的作者,并且和他出现在一张报纸上了。但是我总想再努努力,能够成为他青春里的一个配角。

3

可是,我不想让他看到我穿皮衣的样子。听说,如果皮衣受潮,皮衣上就会鼓起一个个小包,皮子就会脱落。于是每晚，我都会用清水擦洗衣服。

皮衣果然受不了潮，不久后，那件劣质的衣服上就鼓起了一个个小颗粒，像我那密密麻麻的小心思。我在数学课上用圆规头扎破一个个小包，撕下来一课桌的皮屑。

回家后我跟我妈说："送的皮衣质量好差啊，你看都起皮了，穿上让人笑话。"我妈纳闷了，为什么两件皮衣同时买的，我爸的还好好的，我的这么快就起皮了呢？

她不知道，我的皮衣里藏着心事啊。

虽然我妈带我去买了新衣服，但仍然是宽大的、暗色的。但是比皮衣好看，我便知足了。

我会在上午的大课间，和同桌去厕所，或者去小卖部。我知道，我总有机会和他擦肩而过。每次，我都会扭着头和同学说话，心脏扑通跳，却不敢看他。

我会在校报贴在公告栏上的时候，站在他的身边假装欣赏那些文章。听着身边的人和他讨论那些文章，他一定不知道，他文章旁边的那个作者就在他旁边啊。但是，我始终不敢大大方方地认识他。

4 ///

初三那年冬天，我跟我妈据理力争，她才答应给我买一件青色的袄子，很长很长的那种。尽管我妈提醒，这种颜色太扎眼。可是它与众不同啊，我想我穿着这样的袄子，他一定能在人群中立马就看到我。

因为太长，无论是跑操，还是上课，我都要先把下面的拉链拉开。久而久之，拉链被我拉坏了。因为颜色太少见，裁缝店也没有买到配套的拉链。于是，我妈只得找来青色的针线，然后把拉链坏了的地方用针线牢牢地缝住。

穿上这样的衣服，我特别害怕站起来，怕别人看到我拉链底端那密密麻麻的针脚，尤其是他。所以那段时间，我只要穿着那件袄子，就走在离他远远的地方，像一片叶子，在他的不远处飘呀飘。

有一天，我恰巧穿着那件袄子在食堂和同学吃饭，他路过食堂恰巧看到了我们。他走过来，问我们是不是文学社的，感觉很面熟。闺蜜站起来，热情地说着对他的欣赏。我看着闺蜜穿着娃娃领的毛衣，外面是一个玫红色的小袄，还穿着紧身牛仔裤。我多么希望我也有一套那样时髦的衣服啊，那样我也可以骄傲地站起来，告诉他，我就是那个校报上的神秘作者。

但是我终究不敢站起来，我把腰弯得很低，头也趴得很低，一口又一口地扒着米饭，用余光一直看着他从我面前走过去才停止。

我还是没有勇气认识他，我想再等一等，等我穿得漂亮一点，再认识吧。

5 ///

临近毕业，那时候大家都流行写同学录。我的同学录在班里传完后，也拿到了文学社，让那些校友也写一些留言，留一下联系方式。

同学录还回来后，已经临近期末考，我没有细看，直接塞进了书包。等到毕业，我才开始慢慢欣赏同学们给我的留言，却在那厚厚的留言中翻到了他的名字。

那薄薄的一张纸上写着："当我在校报上第一次看到你的文章时，我就到处打听这个作者是谁。我喜欢在公告栏和你一起看文章，我喜欢在大课间的走廊与你擦肩而过。虽然我们不认识，但我还是想告诉你，你和你的文字一样闪耀，是我青春的主角。"

读完之后，我的心里却有着说不出的滋味。想起曾经我们并排站在光荣榜下面，细碎的阳光洒下来，我们不言不语，却都藏着心事，是那样美好。那些因衣服生出的自卑，也在那一刻被彻底自愈。

后来，我再也没有见过他。虽然有时想起年少时的一次次擦肩而过，不免心中充满淡淡的遗憾，但每当我怀疑自我的时候，想到曾经即使灰头土面，也能成为别人青春里的主角，心里便会生出一些自信来。好像一枚青涩的果子，因为遇见了他，在慢慢变甜。

因为他，我明白了主角也可以没有漂亮衣服。也许让青春美丽的，从来都不是衣服，而是那时的我们！

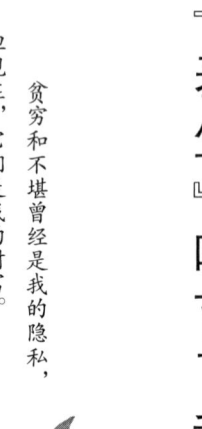

一个"差生"哺育了我

刘小念

贫穷和不堪曾经是我的隐私，但现在，它们是我的财富。

传统意识里，大家都觉得是老师在哺育学生。事实上，生命中遇到的每一个孩子，也在哺育着老师。

所以，如果你问我，热爱我的职业吗？我的回答是："不，我敬畏它，因为这是一个生命工程。"

孩子是个好孩子，就是命不好啊

刚接手李慧的时候，她是个令人头疼的学生。

从来不交作业，各科成绩都不及格，除了体育，其他课上一律睡觉。每次找她谈话，她既不顶撞，也不吱声，从头到尾盯着脚尖。要不是知道她会说话，我真怀疑她是个哑巴。

当我决定跟她爸妈联系，做一次家访时，才发现家校通信录上，她爸妈的电话都是空号。

一个周六，我按照通信录上留的地址找过去，家里却没人开门。我又敲了邻居的门，一问才得知，李慧是一个很可怜的孩子。

在她上小学三年级时，本来做生意的父母遭遇投资诈骗，欠下将近三百万的巨债。一时间，家里的房子被法拍，一家三口只好搬来与李慧姥姥同住。在巨大的打击面前，李慧妈妈患了严重的抑郁症，姥姥跟着着急上火生病去世。

李慧上五年级时，爸爸狠心跟她妈妈离了婚，远走他乡。留下李慧又要上学，又要照顾情绪特别不稳定的妈妈。

邻居说，有一段时间，李慧妈妈时常在夜里犯病，邻居不堪其扰报了警。李慧吓坏了，生怕警察把妈妈带走。打那之后，她每天晚上八点半左右，在妈妈犯病的时间，准时带她出去遛弯。

据邻居说，有时都遛到下半夜才回来："孩子是个好孩子，就是命不好啊！"

李老师，希望您可以替我保密

那天，我一直等到下午五点，才见李慧领着妈妈回来。她左手领着妈妈，右手拎着一个硕大的黑袋子。

看到我，李慧丝毫没有请我进家门的意思，还本能地把黑袋子尽力往身后藏了藏。我瞬间从那种物品碰撞的声音里猜到，那里面应该装的是各种纸壳和饮料瓶子。

我们仨就尴尬地站在那里。

最后，还是我打破沉默："李慧，老师今天来，就想跟你说一句话，如果你需要帮忙，我随时都在。"说完，我带着几分不甘准备离开。

大概过了几秒钟，我听见李慧喊："李老师……"我惊喜地转过身去，她对我说，"我们家的情况，希望您可以替我保密！"

我郑重地向她承诺："嗯，我不会跟任何人说。"

晚上遛得晚一些，能多捡点

家访之后，我一直默默观察李慧。她有一个巨大的变化，就因为我答应为她保守秘密，她"知恩图报"地不在我的课堂上睡觉了。

那时候，学校每月末会统计班级学生午餐费用，然后从他们的卡里扣钱。我第一次做统计时才发现，李慧没有订午餐。于是，从第二个月开始，我帮她往卡里存了钱，希望她至少中午可以吃顿饱饭。

令我没想到的是，当生活委员给她分发盒饭时，她居然很快明白是我帮她交了午餐费。那个月末，放学后，她等同学都走了，将一个信封交到我手上，里面是一个月的午餐费。

我忍不住问她："这些钱，从哪儿来的？"她说："把他留给我的手机卖了。"

直到那天，我才得知，李慧嘴里的"他"指的是她的爸爸。

那天，我努力说服李慧接受我的帮助，但她不同意。没办法，我只能问她："那可不可以告诉我，你和妈妈靠什么生活？"她低着头，两只手用力抓着衣角。

"是不是晚上一边带妈妈遛弯，一边捡废品？"她点点头，甚至带着几分安慰对我说："晚上遛得晚一些，能多捡点，而且我妈累了，就会好好睡觉，不惹事。"

我是愚公的比较级

有一次，她被巡视的教导主任叫出教室，在走廊里骂了十多分钟，我实在听不下去了，冲动地把李慧拉回教室，并对教导主任说："我班里的学生，我会教育好她的。"

当天放学后，我把李慧留下，跟她进行艰难的谈判。

我开出的条件是每月支援她1000元的生活费，同时替她保守秘密，但她必须答应我从此好好学习。我也向她声明，这钱不是我给她的，是借，等她将来有能力了，必须还我。

打那之后，李慧变了一个人。

上课时，她再也没睡过觉，不管是主科，还是副科，都是听讲最认真的一个。

作文是她的软肋，她就从校图书馆借来范文书，将每篇作文都背下来，然后，再试着仿写。

她的数学极差，别人书上的习题做一遍，她做十遍，做到一看到题，就能条件反射地写出解题过程。别人刷一本卷，她刷三本，别人一道题做一到两遍，她做十遍、二十遍。

当时讲《愚公移山》那一课时，我让学生们举例，他们在生活里看到的愚公。结果，全班有三个同学都举了李慧。

课后我问她："同学拿你举例，你介意吗？"她说："不介意，我不聪明，能够仰仗的就是笨功夫和毅力，我是愚公的比较级。"

曾经的贫穷和不堪，现在是我的财富

初一期末，李慧从入学时倒数，逆袭成全班第八，年级第三十九名。到了初二下学期，不管是日常小考还是期中期末考，李慧都是年级第一。

中考时，李慧毫无悬念地考进本市最好的高中。

上高中之后，我依然每月给李慧打生活费。可是，高一下学期后，她就再没接受过。学校免了她的学费，而且她开始利用周末给初中生做家教，并在圈里做出了名气，找她的家长越来越多。

她还告诉我，她的第一目标是北大，如果去不了，就去浙大。

可是，高考前最后一个月，李慧妈妈突然病倒，肺部感染引发心衰，生死一线。李慧一边照顾妈妈，一边复习。最终，她与北大失之交臂，去了浙大。

大学四年，李慧把妈妈带在身边，半工半读完成了学业，而且，大三期间，她便还完了当初我借给她的全部生活费。

2022年夏天，李慧就要大学毕业了。

我问李慧："老师想问问，咱俩当年的那个秘密啥时可以公开？我很想跟现在的学生聊聊你。"

李慧哈哈大笑："老师，随时啊。贫穷和不堪曾经是我的隐私，但现在，它们是我的财富。"

中学生活，我没什么可怀念的

✼ 吴天天

现在距离高考已经过去六个多月，时间过得真快呀！这段时间，从某校一毕业生在网上发布百日誓师视频掀起热度开始，各大社交平台几乎被此类视频"霸屏"。他们带着"怎么会不怀念高中呢""炙热的青春""热烈的不是青春，是我们"等等这样朝气蓬勃的话题，来怀念自己的青春。

我喜欢跟风热门话题，渴望被关注，期待有更多的观众，但这次我就不违心地跟风了——因为我不喜欢我的高中生活，也不喜欢我的初中生活。"悲伤的故事总比快乐来得刻骨铭心"，在我的回忆里，这六年是痛苦的，这六年像噩梦一样，我不想回去，我也不想怀念。上初中时我每每都要爆哭一场，岁数长上去，我还是胆小懦弱，感到难受、抗拒，我看不得高中的课本、熟悉的气氛，我会重复有那种窒息感。

01

在村里上小学的时候，我是所有人眼中的好学生，当时全校只有两个人考上了县第二中学，我不负众望成为其中一个，我对新的环境、新的生活充满了无限期待。

在这里，我遇到了一群女生。她们借钱借电话卡，第一个都是想到我，她们都是亲切地叫我的小名儿——天天，助人为乐是从幼儿园就学会的道理，我很乐意帮助她们。初一刚来到新环境，思乡之情时时涌动，我经常用电话卡给妈妈打电话，有一次我找不到了，我要急哭了，尽管是一点小事，我也很着急，最后只能放假让我妈又办了一个，结果在很多天后，她们若无其事地还给我了一张余额为零的电话卡。初三我不怎么用电话卡，几乎都是她们在用。她们中有人是班干部，有时候莫名其妙地凶我，但是我觉得可能真的是我做错了，我只简单地解释一下。

后来我发现她们在背地里一直说我坏话，传我的谣言，将我的缺点无限放大。她们讨厌我上课回答问题太过张扬；嫌我向英语老师提问没有礼貌；看不惯我中午吃完米饭还要吃馒头。初三的时候，她们中有一个人成了我的同桌，我辅导她作业，她

> 请你务必,一而再,再而三,三而不竭。千次万次,毫不犹豫地救自己于这世间。

对我有了很多好感,她是个仗义的人,有次为了我和室友们吵起了架。

有一天晚上,带头孤立我的女班长向我道了歉,我有点吃惊,但还是说了句"没事"。同桌问我,之前是不是向班主任告了班长的状。她说刚才班主任训了班长,因为有同学举报班长欺负同学,班主任没有透露举报人的姓名,让她主动道歉,她们宿舍都猜是我。我连忙否认,我从来不打小报告。

02

初中毕业后,我很幸运地考上了县里最好的高中,最好的班。我又遇上一群男生。他们学习优异,是未来能上 985、211 的人。

"她可真臭啊,臭死我了。"他们当着我面直接说我,我头一直往下低,好像一件赤裸的展品,接受人们的指指点点。从那天起,我最害怕下雨天了,下雨天的衣服都会有很大的味道,我身上也会有令人厌恶的味道。他们觉得只是玩笑,可我觉得一点都不好笑。

在吃饭的路上,我都要避着他们走,他们瞥见我,都要用轻佻的眼神瞟两眼,然后几个人相视一笑,我成了他们调和气氛的笑料。在逐个上台领语文奖状队拍照的时候,一个男生先一步迈到了我的旁边,然后再迈一步,带动原先的那只脚,轻轻一转,动作很夸张地站在离我很远的地方,台下男生一阵哄堂大笑。

物理老师不喜欢我,他一向偏心好学生,他吵我的时候,我反驳得语无伦次,他们尬笑。体育委员故意挑我跑操的错,当众喊我的名字,他们也笑。我问那些简单的问题,钻牛角尖,他们也笑。他们笑得我好害怕。我唯唯诺诺,只有委屈,我不知道该怎样反抗,我没有好的口才,也没有宽广的心胸。

高一上网课的时候,老师让在群里交资料,我一时不明所以,就随便点了一个同学,想加他好友,问一下他情况,这是一个男生,但我对他印象很不错,我看他平时和别人相处都很友善,我想应该很好说话。我这边儿好友申请已发出,QQ 群就弹出那人的消息,他发了一张我好友申请的截屏,并打字说:"求救!在线急!!"我很无语,我在群里啊!你这样尊重我吗?我是瘟疫吗?

人都会受流言的影响,在不认识我本人的情况下,就开始对我有很不好的印象,甚至恶语相向。

还有一次朋友发消息,让我看 QQ 群。我看到有人发,"我喜欢 xxx(我的名字)。"接着是"给你我的刀",下面是一个猥琐的表情包。

我点开那人的头像,他的所有信息都是保密的,群里其他的人也一样,应该是群主或管理员设置的。我到现在也不知道,当时到底是谁在恶作剧,我也没必要一个一个去问他们。当时我给所有人都发了好友申请,通过的人没有一半,而且他们肯定早就忘记这件事,因为这件事对他们来说根本无关紧要,他们又不是只做这一件事,他们又不是只欺负这一个人，很多年后，他们可能连我是谁都不知道。

03

我是一个卑微的人。毕业后我本不该与他们联系。高一有一天，我竟然思念起了初中同学，我想再聚一聚，我发消息给女班长，问她有没有时间。她一直都没有回复我。后来她生日，我送了个小礼物，她跟我说谢谢，还说以前事不要放在心上。我回她，我知道你挺好的。

你挺好的，你对你的好朋友很仗义，我之前就说过很佩服你，只是你不喜欢我而已，毕竟我是个没有意思、还什么都不解释的人，我总想着，我不说，别人会理解的。

可事实是，我不是俞伯牙，我也没有那么多的钟子期，我不说，别人怎么会懂呢？

上大学后，我发了第一个关于大学的说说，高中欺负我的头头儿给我点赞，这是他第一次给我点赞。他确实对我很有意见，我能看见他对我的其他好友点赞很积极、评论很积极。后来我也有在他抖音下面评论，说他唱歌好好听。我期望得到回复，但实际上并没有。

04

高考前，我有凌云壮志，想去大城市看看，想尝试与现在不一样的生活；高考后，我也慢慢地去接受，我也是一个普通人的事实。

我的过往经历，全程没有什么反转。没有什么我受到刺激就发奋图强，最后考上名校。我学的是理科，但我不擅长物理，高考也并没有超常发挥。

我不是一个很爱和人聊天的人。

请不要担心我，我并没有很不幸。初中，我遇到了要认定一辈子的好朋友，她总是能轻而易举地表达出我叙述不下来的感受，用她独特的方式对我好，并且让我感受不到压力，两三句话就能消除我心头的郁闷。高中前两年我在好班，女孩子们真的很好，她们可爱活泼，性格开朗，是真的优秀，在很多地方也帮助了我不少。最后一年在普通班，每个人都很有爱，我也渐渐有了自信，还是很开心的。懂得道理已经很多了，但还是不能够宽慰自己，这时最需要的就是热情而赤诚的朋友。

只是我对人淡薄，与人相处总有隔膜，没有找到真正相处轻松的，也就并没有怀念太多了。

"时间真的会冲淡一切"，人总要往前看的，我也该释怀了。有些事情可能真的只是小事，是因为之前我被保护得太好了，才把它当作是天要塌下来了。中学的经历就当是一次教训，下次就记住反抗吧。我不会低头，我还年轻，我有足够的时间和精力去完成我生命的意义。

我在一个不错的二本，读的公费师范专业，学的化学，以后毕业直接到老家的公办初中当化学老师。正好，我高中的时候就想着做个老师，做个好老师，当时我说，我要拯救我的同学们。我要教给同学们"已识乾坤大，犹怜草木青"，教会他们做正直之人，行正直之事；我要告诫他们，大家要团结互助、友爱相处；告诉他们，要热爱生活、珍爱生命。

最后，送给大家一段来自罗翔老师的话："珍惜你的低谷，你会看到很多真相。时间能度的都是愿意自度的人，没有谁的人生一帆风顺。低谷期的苦难就是为了积蓄力量，哪怕是裂缝里透出的光，也要牢牢抓住，然后生出向阳而生的勇气。"

请你务必，一而再，再而三，三而不竭。千次万次，毫不犹豫地救自己于这世间。

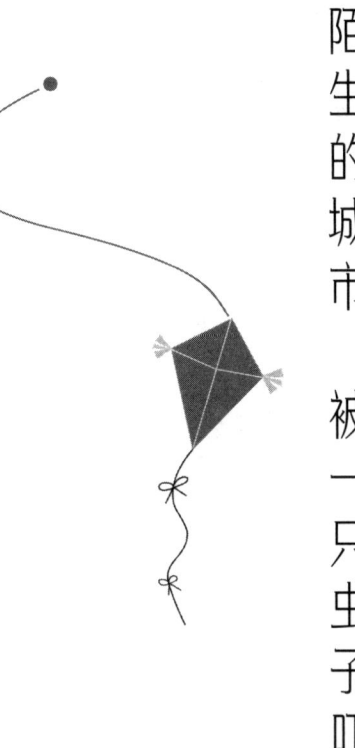

在陌生的城市，被一只虫子吓哭

1

事实上,我们很难听清她在说什么。

她声音那样小,大概是普通人音量的十分之一。每当她被老师点名发言,必定是全场安静。大家都屏气凝神,集中注意力想听清楚她到底说了些什么,因为通常点她起来答题的老师都会紧接着做一件事情:请另一位同学"复述一下孙妮同学的回答"。

这样的音量注定了她无法融入集体的喧嚣——集体要么是喧嚣的,要么就是沉默的。一旦有人开口说话,全班就像一壶坐在火上马上要烧开的水,在顷刻间沸腾起来。当然,"集体"的概念只存在于下课之后,一旦上课铃响起,我们便各自为政。

初二下学期,某个阳光普照的午后,她踩着午休结束的铃声走上讲台。"转校生",多么偶像剧式的词,我幻想着,一个桀骜不驯的帅小子,一个我行我素的冰美人,抑或一个不通人情的天才少年,都会是一块巨石砸破冰面,一滴颜料晕染一碗清水。

我强撑起困意,抬起眼皮望她一眼:平平无奇。遂又趴回桌面睡觉了。

我们睡眼蒙眬地等着她发言,然后例行公事地鼓掌。忽然间,有什么不可捉摸的东西钻进耳朵里,一个激灵,所有人都清醒了,比最大声的闹铃还要有用。大家都将身子前倾,像是黑板上写着一道升学必考的高分大题。

时至今日,我依旧找不到一个词去形容她的声音,"清风拂柳"这个词太美,"蚊声嗡嗡"又颇为怪异,"细语呢喃"则显得暧昧。但正因此,之后很长一段时间里我时常会想起她,会斟酌那个还未有定论的、恰如其分的形容词。也许当某天灵光一闪找到了,挂念也就到了尽头。所幸还可慢慢再寻,慢慢再想。

2

起初我与她并不怎么说得上话。初中女生有自己的小团体,经过前两年无数次的分拆重组,已基本定型。下了课和谁聊八卦,和谁同去洗手间,陪谁去小卖部,都是固定的。和某位从如胶似漆到争吵决裂到和好如初又到形同陌路的有过,与某位自始至终未言语一句的也有过。这些有缘无缘大部分是随着老师调配座位而产生的,只不过我与她从不曾坐得近过。

某一日放学,临出校门时,她忽然推着自行车从后面追上来。

那女孩对我说

✳ 一十一

"我有事要告诉你。我想了很久,还是决定要告诉你。"她像是下了很大的决心,"有人说你坏话,我在厕所听到的。"

她从来都是一副与世无争的性情,说出这些话时,她的表情像是比自己嚼人舌根更觉羞愧。

"谁?"

"我不认识。"

"讲我什么?"

她不出声。

"讲啊!"

"侮辱诽谤,何堪一听。"她说,"反正我不信。"

我决定把她们找出来。她记住了她们的声音。下课后,我们常一起去洗手间守株待兔,或在走廊上巡回,辨认我疑心之人。

"如果找到了呢?"她问我。

"是误会,就解释清楚;是恶意中伤,就追究到底。"我回答。

但一个又一个星期过去,我们没有任何线索。我的那口气渐渐消了,不再执着于为自己平反。而坦率地讲,她实在算不得一个有趣的朋友。她谨小慎微,唯唯诺诺,又没有自己的主见,胆子还很小,从不与人辩驳。而我习惯与人聊天形同辩论,与她着实话不投机。故而在临时组建的"战时同盟"瓦解之后,我们又回到平淡如水的同学关系。

往后学业渐繁,言谈更少,直到初中毕业。我们各奔东西,有了新的旅程和伙伴,慢慢与过去断了联系。

3

再次得知她的消息,是在7年之后,临近春节的某一天。

她的名字出现在一条众筹平台的募捐链接里。她已经切除了子宫,但癌症再次复发,手术及后续治疗费用需要几十万元,家中还有残疾的父亲和幼妹。她还不到20岁!大学没念完,为贴补家用打了好几份零工,每一天都忙到昏天黑地,最后在路边疼痛昏倒,醒来时已被病魔判处极刑。

那些描述苦难的字眼从募捐介绍里爬出来,在我脚边集合,一个叠一个爬高,上升到我的膝盖,我的腰,我的脖子,最终与我的双眼齐平,压迫着我。我知道又或许我根本无法知道,同情、悲伤,旁观者所有的情绪,根本比不上亲历者的千万分之一。我隔着屏幕遥望已觉得胸口沉闷,那么她呢?

照片里是她日常生活中的样子,她和家人,她和朋友,她穿着军训服装,她在阶梯教室与朋友谈笑。和我的生活又有什么两样呢?从前觉得,致人死亡的疾病离年轻的我们无限遥远,如今警醒,并非他人恰巧不走运,而是幸运暂时地关照着我们。

我找到她的联系方式,再三思量,打了过去。我报出自己的名字,听见她在电话那头温和地笑出声。

我小心翼翼地同她聊天,斟酌词句,内心煎熬。她忽然说:"我那时很喜欢你,很希望可以和你成为朋友。"

她开始自顾自地说起来,声音轻柔,说那些我并不怎么记得的事。说我在课堂上与老师据理力争永不服气;说我面对班上恃强凌弱的男生面无惧色豪气冲天;说我们一起路过操场时,篮球砸到她而肇事者不道歉,我发狠将人又将篮球丢远;说我胆子大,说我底气足,说我说了她不敢说的话,做了她不敢做的事。

我一时哽咽,无言以对。几次张嘴,也想说一说对她的记忆,说我也很喜欢她,说她也曾叫人印象深刻。

我说不出。我未曾将她如同朋友一般存入心底。

初中的同学们因她而集结在一起,为她发动捐款,也躲在屏幕后回忆往昔,追忆青春。聊着聊着,不知谁说起她转学到我们班那天的情景。

那天下课后,教室里正此起彼伏地热闹着。呼喊、追逐、嬉闹、喧嚣,像是为了彰显存在感,一个人的声音总试图盖过另一个。她插不上话,就静静地在座位上坐着。忽然,她身边的人好像问了她一句什么话。

接着，她骤然成为世界的中心。从她所在的那个角落开始，一种神奇的默契蔓延开来，静默如水波般层叠有致地扩散。不知不觉我们都安静下来，像发觉老师悄然立于门后那般。直到有人意识到这场面太过怪异，扑哧一声笑出来。

我回想起曾听过的一个故事：无论贴多少"请大家脚下留情"的标语都会被人踢坏的铁门，换成脆弱的玻璃门之后，反倒可以安然长存。那些年少时扯破了嗓子想给人留下深刻印象的人，如今大家根本无从记起；但那个用小小的声音讲话的人，却如同一道抓痕落在心里。

后来我偶尔在微信上和她聊天，听说她手术还算顺利，也约定好等她痊愈就去看她，一起回我们的母校去。我们没有再聊起当初的"战时同盟"。我想那个"背地里说我坏话的人"，或许只是如同调配座位一样，是我和她产生交集的一个契机。

再后来，大部分时间都是她家人回我消息。她有时已经睡着了，有时去做某种检查了，之后又有一场手术。那年春节结束之后，我又忙碌起来。两个月后的某一天凌晨，我躺在床上玩手机，刷到她的微信"朋友圈"，一个激灵坐起身。

是她妹妹发的，说她已于昨日去世，多谢大家关心。

4

晴天霹雳。那是我生平第一次切实嗅到死神的气息，惶惶然不知所措。

我还没来得及去见她，没来得及回忆起她最闪耀的时刻，没来得及亲口对她说"我觉得你也很厉害啊"。

初中同学在群里为她哀悼。因为她，七零八落的我们又重新有了交集。一位曾有几分交情但已许久不联系的同学突然私聊我。

"我突然想起一件事，关于你的。我曾在厕所里听到有人说你坏话。"

我心里一紧："什么时候的事？"

"不止一次。但最后那次是初三上学期。"

原来确有其事。那时我与她的"战时同盟"早已瓦解。

"讲我什么？"

"讲你性格乖张，讲你目中无人，讲你两面三刀，讲你勾三搭四……你还要听？我翻翻成语词典再给你寻。"

我气笑了。

"看见是谁了吗？"

"我当时在隔间里，没看见是谁。我总是等到她们离开了才敢出来，怕对方是我认识的，且知道我与你交好……我没胆子出来帮你消灾挡难。"

对话框提示"对方正在输入"，于是我静默地等。

"但最后那次，她们讲着讲着，隔壁忽然插进来一个声音，平地惊雷一般，吼道：'她才不是那样的人！'你不知道那个瞬间她有多威武，整个世界都清静了，真叫人忍不住拍手称快。"

我顿住。

"我还是第一次听见那样的声音。明知是扯破了嗓子在喊，但发出的声音还是很小；虽然声音那么小，但就是把其他所有声音都镇住了……是她吧？"

还能是谁呢？还有谁竭尽全力也只能发出那样微弱的声音；而即便声音微弱，她也还是用尽力气在说。那个谨小慎微、唯唯诺诺、没有主见、不敢同人辩驳的不起眼的女孩子，曾经鼓足了勇气维护我。

她暗淡地中途出现，又先于我们悄然离场。可她并非从不曾散发光芒。

眼下又是一个冬春之交，我被困在家中，近两个月足不出户。起初我惶恐、愤怒，情绪反复，后来浑浑噩噩。直到今天我又想念起那个我无法形容的、能让喧闹平静下来的声音；想起那个下午，当她开始说话时，教室里默契地安静；想象自己躲在厕所的隔间里，默不作声忍受着旁人的窃窃私语时，那个声音突然跳出来，发出渺小的怒吼。

陪向日葵度过夜晚

※ 水生烟

平淡和平庸是人生常态，不如意和不快乐也是。但即便如此，谁说幸福就不会像花儿一样噼噼啪啪地团团盛开呢

××❶××

遇见江岭的那天下午，冯薇的心情很差，整个人失落得不行。

在刚结束的数学课上，冯薇忍着智齿发炎的疼痛，站在讲台上讲得口干舌燥，坐在后排的男生却趴在桌子上睡着了，还打了几声香甜的小呼噜，惹得全班哄堂大笑。

男生站起身，足足比冯薇高出了一个脑袋，他一脸诚挚地说："冯老师，你讲课我完全听不懂……"

这是冯薇来这所郊区中学工作第三周，她差点儿当场就哭了。

从郊区中学自驾回家需用时一小时十分钟——当然，这是冯薇的车速。而一个稍有经验的老司机在不违反交规的情况下，大约只需要五十分钟。

没错，冯薇的车技很烂，她不得不开得慢条斯理、小心翼翼。然而这天下午，她刚出门就把江岭的车给剐了。

那条路本来就不宽，又被他的车占去了半边，冯薇想要从车旁边挪过去的时候，她几乎听见了类似粉笔摩擦黑板、手指挠玻璃的刺耳声响。她心里一慌，赶忙倒退，于是她仿佛再次听见了粉笔摩擦黑板、手指挠玻璃的刺耳声响。

两辆车接触的位置出现了惊人一致的划痕，冯薇看着那辆车的车标，再想象一下车主可能会有的怒气和难缠，她的智齿就更疼了，连带着半张脸、整个脑袋都开始一抽一抽地痛。

江岭出现时，冯薇的情绪已经近乎崩溃了，她冲着他发火："你到底会不会停车？"

江岭看了她一眼,平静地蹲下身察看划痕,随后站直身体,抬手向路上一指,既无奈又好笑地说:"你还好意思说我?这么宽的路啊,你往哪里开?"

只是这么一句话,冯薇忽然就哭了——就是纯粹不管不顾地哭,一点儿梨花带雨的气质都没有。

江岭服了。他退后两步,看了她好一会儿,终于憋出一句话来:"别哭了,我不用你赔。"

后来,他们很熟很熟之后,江岭说:"那天你那张脸拉得老长,简直跟'乌拉'有一拼!"

"乌拉"是江岭的狗,一条威尔士跳猎犬,矫捷而健壮,整天耷拉着耳朵耷拉着脸。

他说完这一句,冯薇立刻抬手打他,他也不躲,就那么笑吟吟地看着她。

当然,这是后话。当时的江岭有些头疼,因为冯薇哭得挺厉害,让他迷糊到底哪个才是受害者——行吧,力的作用是相互的。

江岭指着不远处的一排小楼,"我家就住那边,你要去洗个脸吗?"

大约怕她误会,他立刻补充:"我爸妈都在家,我在市区医院工作,平时不太回来的。"

"对不起,修车钱我转给你。"冯薇抬眼:"你下次回来的时候,别再把车停在这里了。"

"好!"江岭的笑容很大,显得没什么诚意。

确实。两天后,他再次把车停在了这里。而他就坐在车里,像是在等着"碰瓷"。

×× ❷ ××

再见到江岭的时候,冯薇的智齿还在发炎。后排男生在数学课上的茫然眼神,总让她回想并反思自己的讲课思路和语言,一次次温和地发问:"我这样讲,你们能听得懂吗?"

她仍有辞职的想法,父母却用过来人的经验和考量,苦口婆心地对她进行着善意的批评和提醒。她的车技尚待提高,连剐蹭的痕迹都没时间去补,因此她一见到那辆眼熟的黑色轿车就赶忙停下来。

江岭笑着探出头来,他说:"我刚好要回市区,一起走吧?"

从那天开始,江岭有时间就会陪着冯薇一起下班。从一前一后地开着两辆车,到坐上她身边的副驾。他是最温和的陪练和最默契的路友,在路上时,他们一般不太说话,因为冯薇紧张,她开车的时候连音乐都不敢听,所以江岭大部分时候只管看路,连咳嗽都尽量忍着。

一起吃饭时,他们会说很多话,比如江岭会半开玩笑半认真地说:"每天都在路上,好的开车技术很重要,毕竟不是每个人都像我这么善解人意宽容大度,你说是不是?"

冯薇点头。那确实,当时她执意赔偿,江岭只收了她五百块,现在早被她吃回来了。她的手机上,他的备注名就叫"经常请吃饭的江医生"。

对了,江岭还带她治牙来着。她躺在诊疗床上张着嘴巴的时候,听见有人压低了声音问他:"女朋友啊?"

他连磕巴都不打地回答:"对啊。"

冯薇心弦一颤,差点儿咬了镊子。

是的,她知道,他喜欢她,因此愿意给予她百般理解和陪伴;同样的,她也喜欢他,所以接受他的示好,并愿意回馈赞赏与爱意——只是,她目前能量有限。一个人必须自我能量充沛,才能更好地接受与付出,不是吗?

她相信,她也会有明亮而阳光的那一天。

坐在后排的男生仍然不太配合上课,也有时不

交作业,让冯薇恨铁不成钢——再努力一下下就可以提分啊!

新手数学老师冯薇很倔强,她用笑容和目光鼓励她的学生们,几近谦卑地询问他们对讲课方法的意见和建议。青春期的孩子们喜欢她的温柔和善,却也因此放肆而大胆。

女同事怀孕之后,校领导觉得冯薇虽然经验欠缺,但认真负责,便让她代理班主任。

四十多个孩子,让冯薇每天都忙得焦头烂额、一脸黑线。

为了省下通勤时间,她在学校附近租房暂居,和学生们保持着相同的作息。

她不常见到江岭了。周末她回市区的时候,他很可能正在加班;等他休息回到郊区,她又刚好忙。

冯薇觉得自己已经很努力了,然而半个学期过去,她的班级却成了年级成绩垫底、纪律评分垫底的那一个。校领导的目光和她看待后排男生的目光如出一辙:"冯老师,你要努力一点才可以啊!"

冯薇频频点头,校领导却又补刀:"前任班主任怀着孕都可以做得很好,为什么你不行?"

冯薇被后面这句话击垮,见到江岭时,她忍不住又哭了。

那夜,在远远的暗黑江水里,沉睡着一轮金黄色的月亮。冯薇用力地将小石块掷出去,却看不见水花。她说:"小时候奶奶家附近就有一条小河,朝河水里扔一块石头,月亮就会碎成无数片,整条河都摇晃成了银光闪闪的殿堂,可是你看,如今江水浩瀚,月亮也像是离得更远了,处处都透着无能为力。"

江岭给她讲他遇见过的困窘和麻烦,讲他的同学和朋友们在各个行业里承受着的压力和焦虑。他说:"平淡和平庸是人生常态,不如意和不快乐也是。但即便如此,谁说幸福就不会像花儿一样噼噼啪啪地团团盛开呢?"

她紧攥着的拳头慢慢展开,放进他的掌心里,"我像不像一个没用的爱哭鬼?"

"不像。"他笑,看着远处的江流和绵延的绿野,"每一朵小向日葵,都要度过夜晚。"

×× **4** ××

回到出租屋,整个夜晚安静得有些意外,左边隔壁的夫妻没有争吵,右边隔壁的妈妈没有吼娃,楼上的女孩没有跳操,楼下的狗狗旺财没有叫唤,冯薇安心睡下,直到清晨五点。

夏天早晨,她扎着马尾,穿着明黄色的运动衣裤出门跑步,真的就像一棵刚刚度过夜晚的向日葵。

江岭带着乌拉已经等在楼下了。乌拉欢蹦乱跳,刚好草坪自动浇水装置启动,喷了它一身,朝她跑过来时,就将皮毛上的水珠抖在她身上。

江岭笑起来,冯薇也笑,却又嗔他:"不许笑!"

那天早晨,两年多没有正经发过朋友圈的江医生,晒出了两人一狗的合照——照片是邻居随手拍下的,他仰着脸,她低着头,忘了是在说什么,他们都在笑。

冯薇嫌弃他肉麻,但嫌弃归嫌弃,肉麻恰是欢喜和悦纳。

暑假前的期末考试,后排男生还是没能逆袭成学霸,可是这大个子男生红着脸说:"冯老师,希望下学期你仍然来做我们的数学老师。"

冯薇笑得眼泪都快流出来了。她和孩子们一一击掌,相约秋天再见。

树叶变黄、变红的时候,冯薇仍然在这所郊区中学做班主任,她的车技有所提高,但她仍然开得很小心,因为一路风景都好,她要慢慢走、好好看。

你要允许自己的冰激凌融化

✱ 欧阳晨煜

大学快毕业的那段时间,压力像影子一样跟上了我。城市的去留选择,实习工作的安排,需要不断磨合的新专栏,对未来的不确定和对已知事物的难以把握,都让我在回头的时候越来越难看到阳光,影子在阳光里膨胀成巨人,几乎遮蔽了我。

某天,我压力重重地走在街上,遇到了一位熟识的朋友。炎炎夏日,我们一起走在亮闪闪的柏油路上,明明是如此明媚的一天,我的视野里皆是深色卷曲的叶子、烦躁的蒲扇和阵阵缓慢流动的风。我逐渐感到自己的压力正在成为有形之物,试图抽走我用来平衡生活的小伞。

朋友见状,拍了拍我的肩膀,指着路旁的一辆冰激凌车说:"走,去买两支蛋筒冰激凌吃!"

从那个凉爽的冰激凌车里出来,我们一人手握一支装着冰激凌彩球的蛋筒。它的味道实在好极了,蛋筒泛甜,奶油新鲜,柔滑细腻,轻盈得无可挑剔。

忽然,从冰激凌漂亮彩球的侧面滴下一两滴汁水,正落在我的白色衬衫上。我的烦躁立刻被引爆,这两滴颜料般的液体像是开启的旋钮,我立刻抱怨道:"真是事事不顺,吃个冰激凌也能弄脏衣服,好倒霉啊!"

朋友笑着看我狼狈的样子,随后淡淡地说了一句:"你要允许自己的冰激凌融化啊!"

允许自己的冰激凌融化?我不理解。这是在指责我对一支冰激凌不宽容吗?可它确确实实造成了我的烦恼,弄脏了我的衣服,增加了我额外的劳动量。

朋友把我的气恼和惊讶看在眼里,他又说:"你知道这样一支冰激凌里,含量最多的成分是什么?"

"奶油?糖?添加剂?"我问道。

"不,这支冰激凌含量最多的是空气,一支口感最佳、品质最好的冰激凌应该含有50%的空气。"朋友神秘地举着冰激凌说。

我怀疑起自己的耳朵,空气居然是冰激凌最重要的原料,这怎么可能,看不见、摸不到的东西怎么会对实实在在的事物产生影响。

朋友继续解释道:"制作一支冰激凌最重要的一个步骤就是:泵入空气。空气会帮助冰激凌中的其他原料不断膨胀变大,冰激凌的口感就会随之越发绵密蓬松。换句话说,一支冰激凌的空气含量越高,口感就会越发丝滑轻盈,但50%的空气含量是最佳口感。"

"虚无缥缈的空气对实实在在的冰激凌真的有那么重要吗?"我疑惑道。

"如果一支冰激凌里不含空气,它尝起来就

像一块坚硬扎实的冰,完全没有任何口感。相反,如果一支冰激凌里的空气含量高于50%,它的味道可能会非常淡,很快会在嘴里完全消失,没有任何余香。所以,要想获得最佳口感,就要不多不少加入50%的空气。"朋友说道。

对我来说,这实在是一件不可思议的事。我拿着手里这支刚刚被我诅咒过的冰激凌,心里暗暗惊叹它的秘密。

"所以,你也应该和它一样,试着给自己加点空气呀!"朋友笑着说,"你现在被各种压力包围,浑身紧绷绷的,压力让你身边的事物变成不含空气的冰激凌,每一个都那么重,但是没滋没味。如果想让一切好起来,首先要做的就是释放自己,给自己加50%轻轻松松的空气,说不定,你就能品尝出事物最好的味道。"

"加点空气?"我费解地笑了笑,此时冰激凌又滴下了几滴浓郁的液体。

我记住了这个奇怪的冰激凌理论,并在之后的生活里慢慢地实践它。遇到压力,我不再那么僵硬地躲避,而是主动给自己加点空气,学会先深呼吸放松调整不安的情绪,然后再去处理棘手的问题。这样做之后,我发现自己把精力都集中在了解决具体的问题上,而不是让负面的情绪久久包围我的生活,自然而然事情解决起来也就轻松多了。

我渐渐明白,也许朋友想表达的是,你应该有让自己的冰激凌融化的勇气。面对压力,我们就像面对冻得结实的冰激凌,害怕它融化,但越恐惧,它就融化得越快,如果我们面对并接受它的自然融化,心里一定会轻松很多,而后再彻彻底底给紧张的自己加点空气,等到放松后再去解决问题,一切就容易得多了。

后来,每当压力大的时候,我都会给自己买一支冰激凌,细细尝着那些由空气带来的美好滋味。如果不是夏天,我会闭起眼睛,想象自己手中握着一支蛋筒,再把来自四面八方的压力都暂时放在原料桶里,我上前去,用勺子挖着不同口味的冰激凌球,端端正正地装在蛋筒里,巧克力味的是生活的压力,草莓味的是环境的压力,香蕉味的是工作的压力,然后我凝视着这支由自己的压力组装成的冰激凌,它是那么多彩和鲜艳,看起来也没有那么可怕。

然后,我拿着这支冰激凌走进一片阳光里,和煦的阳光照射在冰激凌球上,很快就有汁水滴下,球体越缩越小,直到这支压力冰激凌渐渐消失。

其实是烟火人间，最好的天堂

※ 婉兮

我得了一种不能喝水的病，我喝下的每一口水，都可能成为索命的无常。

尿毒症，也称肾衰竭，得了这种病，意味着你的排水与排毒器官完全丧失了原有的作用。于是，你不能喝水，不能随便吃东西，因为它们在体内转化成的毒素无法被排出，可能会在瞬间"闷"死你。得了这种病，保命手段只有两个——做透析或是肾移植。

做透析是在身体的大血管上开两个口，让透析机与其相接，一个接动脉，一个接静脉。体内的血管透过端口流出，进入透析机过滤，再缓缓流回身体。透析，每周至少做两次，每次4个小时。从身体里流出的血液鲜红而温热，透析室里弥漫着的却是冷冰冰的白。那种强烈的对比，就像从高处忽然跌落谷底的人生。刚开始，我根本接受不了这个事实。

22岁，刚刚大学毕业，所有人都以为我要展翅高飞时，却被一只叫作命运的、根本看不见的手，生生折断了翅膀。我以为我等不到23岁的生日了，甚至想到，死在这种如花似玉的年纪，未尝不是一种古典诗篇式的凄美动人。但是，现在，我26岁了，我还活着，不仅结婚了，而且婚姻幸福。

重生

等待肾源的那两年，我的生命里似乎只剩两种感觉：渴和疼。总想喝水，发疯一样地想，水、牛奶、咖啡、茶……其中的任何一种液体都是我想要的，它们滑过喉管抵达胃肠所带来的那份舒适与甘甜，成了那600多个日夜里最让我沉迷的感觉。

再就是疼，身上的伤口似乎也牵扯着那颗脆弱的心，加上各种各样的头疼、胃疼、脚疼，我总是整夜无法入睡。我坐在床上等待黎明，等待下一次透析，等待上天能早日给我一个结果。就在日复一日的煎熬里，我发现我的价值观发生了彻彻底底的改变，曾经想要的所有功名利禄都化为了平安健康。

后来，我等到肾源，做了肾移植手术。术后，我在ICU里睁开眼睛时，我有一瞬间的茫然。右手臂扎着输液的针，各种测量仪器和管子将我的身体固定在窄窄的小床上。护士们来回走动的脚步声细细碎碎，用了一分钟，我才渐渐明白发生了什么。接下来，我在医院住了将近两个月，那是记忆里最舒心的一段住院时光，因为时光的那头意味着康复，意

味着我能回到正常的人生轨道。而最普通的"正常"二字,却是我曾经求之不得的。

器官移植科在23楼,透过走廊上高大的落地窗,夜晚,可以清晰地看见大半个汉口的万家灯火。隔着透明的玻璃,那个五光十色的繁华世界好似另一个世界的倒影。幸运的是半年后,我能够再次回到那个世界去。

平衡

重新打开招聘网站时,当年填写过的简历还安静地待在那里。三年时间,弹指而过。和社会脱节太久,面对这个熙熙攘攘的世界,我心中多了一份莫名的怯意,初离校门时的意气风发早已全无影踪,也不知如何才能找回。

我总是下意识地将自己和周围许多人划开,觉得与普通人相比,做过肾移植的自己是异类,唯恐会被看不起。尽管如此,我还是鼓足勇气,独自到一家文化传媒公司面试。出人意料的是,我被录用了,很顺利地成了他们的责任编辑。

后来的5个多月里,我重新开始了三年前曾有过的朝九晚五的生活。工作并不太难,因为身体问题,老板和同事们都很照顾我,让我在大病初愈之际顺利从病人过渡为职场人士,也开启了我再次融入社会的历程。

在这个过程中,最难的,大概是在病人与正常人之间寻找一个最佳平衡点。因为我并不算痊愈,手术的成功并不意味着绝对安全,依旧有一把大刀,时刻悬在我的头顶,我必须每个月去医院检查,为一个指标的小波动而胆战心惊。每天,我还必须吞下十几颗各式各样的药片,任何一场普通的感冒、咳嗽、腹泻,随时都有可能把我重新推向鬼门关。

手术后和我住在同一个病房的湖南女孩,和我同岁,术后恢复良好,出院时一切正常。可仅仅一个月后,就传来了她的死讯。她的母亲在医院里捶胸顿足、号啕大哭,倾家荡产拯救的独生女,却在手术成功后因感染一命呜呼……那一幕实在太过凄惨,至今想起我仍心有余悸,而这一切的直接后果便是我近乎神经质的敏感,身体暂时无恙,心魔却始终未曾离去。

夜里,我窝在高先生怀中号啕大哭过后,又絮絮叨叨地对他讲述起了第一次做透析时的恐惧,缝针时皮肉被刺破的痛苦,也还会在夜半惊醒的瞬间对未来怀有深深的恐惧。可无论如何,最黑暗的时刻也已经过去,当太阳照耀大地,我又会有新的力量去面对一切。脆弱与坚强并存于一个人身上,其实并不矛盾。

烟火

那些年,我总想离开家乡,觉得小城里的寻常巷陌装不下我的梦想。可是后来,我回来了,在经历了人生的苦难与悲痛后,我更能体味平常生活的幸福与快乐,也安心地在生我养我的地方开始了最平淡的生活。

我在一家小公司做小职员,每天买菜做饭、散步养花,后来遇到了温和稳重的男人,没有什么轰轰烈烈的爱情,就静悄悄地过渡到了婚姻。好像一生的兵荒马乱都集中在那几年,而接下来的时间,便只剩现世安稳、岁月静好。

现在,我对幸福的感知好像越来越敏锐,花开、月圆、风起,每一处风景都值得我感动与感恩。潜意识里,我会觉得每一天都是赚来的,若是不能好好过,不就白白辜负了人生吗?人们有各种各样认为自己不幸福的理由,却不知道能过上人人都过着的千篇一律的生活就是一种莫大的幸福。正如那句话所说:"早上要起床,说明你还活着……"

有时我也会想,假如我的人生一直风平浪静,此时的我应该还在都市里辗转跋涉,为自己悲叹哀怜,总觉得人生不够圆满。当然,那样也不错。上天绕了一个大圈子让我来明白几十年后才可能明白的道理,一定要我提前懂得些什么,那我就接受它。因为我曾在地狱仰望人间,所以我知道,最好的天堂其实就是烟火人间。

十年一觉留学梦

*王小猫可爱多

我10年前和本科好朋友动了出国留学的想法,也是受新东方的影响,只是做完功课后发现原来美国硕士自费去,一年学费大致就要2.5万美元,去申请美签还要有20万存款做流水,证明自家财力。好朋友的舅舅在重庆是个有名的商人,得知自己的侄女想去美国,大力支持,钱立马到位,而我想出国留学这事一开始就遭到爸妈的强烈反对。

我家算是山西县城小康水平,不缺吃穿,过年压岁钱也从没有收回去而是让我自由支配学会理智花钱。所以我一直以为我家情况还可以,但提了留学的事情后,我爸皱着眉头唉声叹气很久,我妈直接爆发说我:"太不懂事了,家里哪有钱给你出国?"气得她把水果扔到我身上后想踢我,被我爸拦下来。也就是那时候我才对爸爸的生意和家里的情况有一些基本了解。

出国读书还是想的,只是钱这个大问题肯定没法解决,和考去海南大学的初中闺蜜讲了这事儿,她倒是比我先行一步问了中介,说荷兰是个性价比高的选择,商科贸易强国,英语普及率又非常高,学费生活费价格也便宜很多,劝我一起来荷兰。

因为想着去荷兰还有个伴儿,查了国际生学费一年6000到8000欧元,再加上生活费,一年8—10万人民币,家里紧一紧,亲戚朋友再借点,勉强可以负担。就这样,我2012年8月第一次来荷兰,学费没记错的话是8000欧,已经包括了学生医疗保险和家庭医生,而且学校接机送去学生宿舍,宿舍是和一个英国女生共住,一人一间,公共厨房,一个月350欧包能源水电网。生活上自己买菜做饭,但我因为大学本科吃食堂,来了自己开始摸索做饭,水平太差,就经常去四川的朋友那里蹭饭,吃完饭才回家,平摊一下伙食费真是也没几个钱,所以确实也记不得自己在吃上花了多少。

经常怕钱不够花,就去荷兰华人网站去看看有没有什么兼职,就是这样认识了我人生中第一个贵人。当时我这个荷兰姐姐在网上发了一个请学生临时看护的工作,一小时10欧,我就发了站内信过去。她很快打电话给我说也不是真的让我照顾小孩,而是她有一些翻译的案头工作,她做的时候我陪着小朋友玩就行了。我去了以后果真如此,小朋友不哭不闹我只要给他放放儿歌就行,到了饭点姐姐还做饭给我吃,有时候点粤菜外卖还多点一些让我拿回家。这个缘分就此结下。

但10年前我对荷兰生活真是厌烦极了,天天下雨,冬季漫长,没有朋友,真不喜欢这个国家。12月的时候就动了离开的念头,想起本科的学姐在法国拿着奖学金读了欧洲联培硕士项目,就坐着夜行灰狗巴士花了不到20欧去巴黎找她。那会儿她住在巴黎9区一个学生公寓,开间大小不到20平方米,单人床又小,我就在地上打了地铺,睡睡袋。她带我去一个学生食堂,说是改善伙食,我记得不到10欧就吃到了各种鱼、牛羊肉和蔬菜汤,对学生来说很是物价友好。在巴黎待了一周觉得哪哪都比荷兰好。我就申请了硕士联培在巴黎的金融数学项目,还顺利地拿到半奖减免了学费。

我高兴地给荷兰的学校申请了转学,回国准备申请签证。可谁知那年不知是国际外交的原因,还是我面签表现不好,拿着offer(录取通知)的我没有过签,就留在北京开始上班了。

20多岁的岁月真是懵懵懂懂迷迷糊糊,也不知道再坚持一下,再去申请一下,想着工作赚钱也可以,过几年再读书也可以。倒是荷兰姐姐对我很关心,给我发了邮件问我申请情况如何,现在人在哪里。我也就一五一十讲自己糟糕的境遇,这就又取得联系。姐姐的先生自己做生意,和南方很多工厂有贸易往来,后来出差去北京的话,就提前通知我,说有项目需要翻译,她有时候要照顾孩子看我愿不愿意,其实现在想想,也都是人家想着我,说是翻译,每次姐姐也都会跟着,遇到我说不明白的地方还是她自己上阵。

我在北京也换了两次工作,从新东方,到某国际高中校代,一直在留学圈里打转。倒是我荷兰姐姐觉得我没完成硕士学业十分遗憾,在国内,本科学历没有优势,劝我再去荷兰读个硕士。我2013年秋开始工作,到2015年时候攒了6万多,爸爸的生意一落千丈欠了货款,他的精神压力比我更大,甚至"鬼剃头",头发一块一块掉,整晚整晚睡不好。我知道我肯定没法再靠家里。

荷兰姐姐和她先生提出就申请荷兰,因为他们对我学习能力和人品都很信任,所以愿意帮我出学费(0利息借给我,等毕业赚钱再还),并且她先生作为学校杰出校友愿意为我写推荐信,我只要好好考过语言和GMAT(经企管理研究生入学考试)/GRE(美国研究生入学考试),写好材料申请。我父母和我都非常感激,我把姐姐和她先生当作半个父母一样尊重崇敬,而他们在我收到offer(录取通知),2016年初再去荷兰读书后也如半个女儿一般照顾我。

2016年的商科学费就已经涨起来了,一般的项目国际生是1.2万欧,而MBA(工商管理硕士)是4.5万欧。学生的宿舍费用也水涨船高,且只能住半年,价格从600到1100不等,因为是学生可以申请房补,根据不同情况有100—300欧不等税收退款,我没住学校而是和同学合租了一个三室的房子,房子位于鹿特丹市中心,一个月

550欧，全包，房东还提供自行车，是现在打着灯笼都找不到的划算。平时自己做饭，中午在学校食堂5欧就能吃一顿，没有大的开销的话，一个月生活费800欧就足够。

那时候的房市还没涨起来，市中心的60年代的公寓不到15万欧，我的房东在同一楼层买了另一套公寓装修租给3个男生，坐拥3套市中心公寓，现在的价格一套报价都超过30万欧，抢的人要超过别人20%以上才能拿下。

我2017年硕士毕业因为先收到国内面试和offer（录取通知）就再一次回国工作，中间也有失业迷茫疯狂找工作的失落时期，也就是那时候在豆瓣发自己找工经历，收到很多友邻的内推或帮助，而真正到2018年底决定回到荷兰的推手，还是我的荷兰姐姐和她先生。因为他们的生意策略改变想要有个信得过的人负责联络国内市场，就再一次向我伸出援手，请我去荷兰他们公司受训半年再外派回上海。我也就因此在2019年初又一次踏上荷兰的土地。

几起几落，我如今已在荷兰工作三年半，买了房，安了家，有时候也会畅想再去读个书，但现如今荷兰的国际生学费硕士已经涨到1.2万到1.6万欧，更有商科法律等热门专业，学费涨到两万多欧，实在在感叹再也读不起了。而又因为这些年荷兰留学生数量和移民数量激增，学校早都没法安排公寓，租房也成了非常棘手的问题。这两年荷兰大学已经连续对国际生发警告说在8月15日之前还没租到房，就不要来报到。我在网上挂二手家具，都有五六个人问我有没有房子出租，而荷兰几大学生多的城市：阿姆，鹿特丹，海牙，莱顿，学生租房的预算一升再升，能700-800欧租到一个房间都谢天谢地。更不用说，现在食品费用的上涨，餐厅一份炒面都要十几欧，

医疗保险学校也不再包，一个月60欧的学生保险也是少不了，算一算学生一个月1000欧只能过上贫苦生活，根本不敢想着出去吃，出门玩，十年前的我真算是赶上比较便宜的时候了。

另一方面，荷兰人均年收入其实不过3.6万欧，虽然本地学生因为父母纳税多年，本硕学费在4000欧上下，但比起荷兰人均收入也不算一笔小的支出。而且荷兰曾经近乎免费，并且0利息的贷款，加政府发奖学金，很多学生可以无忧无虑上学，这种十几年前的教育体制今非昔比，导致很多本地人上学因为学费加生活费这笔不菲的支出也是怨声载道。不过好消息说，荷兰政府有想法取消现在的学生贷款制度，可能将从明年起，减轻本国年轻人的负担。

从2012年第一次来荷兰，几起几落，像海鸟一样回去又回来，见证了通货膨胀，教育体制的变革，移民人口的变化，房市的激增和爆发。也体会到从懵懂走向开阔独自闯荡的艰辛，和独立自主决定自己命运的幸福。本来只是想对比一下学费生活费的变化，不想变成蜻蜓点水般回忆自己的十年过往。20岁前半段在迷茫中浪费了大把时光，在20岁后半段感谢自己可以越来越自信地把握人生的方向盘，有越来越清晰的价值观和认知。但回过头来还是要有自知之明地感谢虽然想让我留在身边但依然支持我寻找自己幸福的爸妈，也要感谢对我的学业和事业支持的贵人荷兰姐姐和她的先生。如果没有他们，我无论如何不可能有再次受教育出国工作的机会。

十年一觉留学梦，小县城长大的我体会了像候鸟、海龟、海带般迁徙、等待、寂寞、充满经济压力的生活。道阻且长，人生漫漫，大约以后也会有"少小离家老大回，乡音无改鬓毛衰"的一天。

与那些练琴的苦日子，握手言和

* 沈泽清

1

我生长在大西北沙漠边缘的一个油田小镇。小镇自成一个"王国"，我和我所有的同学一样，在小镇的医院出生，在小镇的幼儿园玩耍，然后从一样的小学读到一样的高中，毕业。

所有人似乎都彼此认识。

于是，"顾老师给她家姑娘买了钢琴""人家慧子比贝贝小，都开始学琴了"……这样的理由，足以支持妈妈做出"一定要让女儿学琴"这个决定。更何况，弹钢琴是多么"高贵"的一件事："你看电视里，公主们在晚宴后，总是坐在摆放在客厅的钢琴前弹琴，穿着精致的裙子，多美。"那年，电影《茜茜公主》刚刚热播，存留在妈妈内心深处的公主梦，被描绘得更加诱人。

那年我4岁半，坐在小课桌前，脚还踩不到地面；妈妈29岁，每月的工资和爸爸的加在一起也就两三百元。家里的存款有两三千，一架钢琴怎么说也要近万元。

妈妈说服爸爸，两人开始频繁地坐公交车去银川看琴。小城和银川的直线距离近100公里，那时候柏油路都还没修好，单程近4个小时，道路坑坑洼洼，路两边是连天的戈壁、露天煤矿和零零星星的土坯房。这条路在往后的日子里，我们又走过无数次。

"我当年真喜欢那个一万二的从苏联进口的钢琴啊，可是你爸就在旁边劝，说借的钱太多，家里还要存钱买冰箱、电视，买它就太困难了。"妈妈遗憾地说。

"我觉得我的琴已经很不错了，德国原厂生产线制造的。晚几年很多人买的琴都是国产的，远不如我的呢。"长大后我这样安慰妈妈。

"嗯……也行吧。"

钢琴被搬回家时的场景我还记得。当时是春夏之交，窗外的阳光还蒙着春天连绵的沙尘暴过后的黄白色，爸爸和他的七八个年轻的朋友闹闹哄哄地把一个巨大的、沉重的、被严严实实包裹的大家具抬上3楼。小小的家里围了很多人，包裹被层层打开，黑色的钢琴漆在阳光下明晃晃的，

刺人的眼睛。

妈妈像是在对着全世界宣布："贝贝，这是你5岁的生日礼物。你以后要好好学，听见没？"

"嗯！"

后来我明白，永远不要轻易答应自己完全不了解的事情。可是，即便当时明白又如何，我没有选择的权利。

随着钢琴被搬进家门的是一些铁律：所有的作业必须在下午放学前完成，每晚7点到9点固定练琴两个小时。妈妈会坐在我的旁边，从开始的音阶，到每一首曲子的每一个音符和节拍，全程监督。我中途只能上一次厕所，喝一次水，弹错音会被打手。从钢琴进门到我初中毕业，每天最少两小时，几乎全年无休，在重大考试和比赛前，练琴时间会尽可能延长。

10年的周而复始，一直坚持到我考完业余十级的考试。许多孩子学到五六级就放弃了，他们曾是我妈妈买琴的动力。"这不过是一个兴趣爱好嘛！"他们会这样自我安慰，只有妈妈带着我，一路考到我能考的最高级。

"妈妈，为什么慧子他们都不学了，我还要学？"

"这是你答应我的。答应的事情就要做到。"

从20世纪90年代的"学琴潮"开始，周末城市的大街小巷，太多太多的琴童在家长的带领下背着提琴（还好，没看到过背着钢琴的）和琴谱，像是去完成一项特殊的使命。

"找个好老师，这太重要了！"身为高中老师的妈妈，从来就对此深信不疑。

可小镇上会弹钢琴的成年人，也就是学校的两三个音乐老师，他们自己都远谈不上专业，怎么教小孩呢？只有去银川。百公里的土路，单程需要近4个小时。

银川的钢琴课每周一次，周日早晨7点整，妈妈拖着我坐上去市里的公交车，为了省钱，只买一个座位，客满的时候她就一路抱着我。中午将近12点到达位于银川南门的老汽车站，下车后坐3块钱的人力三轮车，再花半个多小时到达位于文化街的歌舞团大院，下午4点原路返回，晚上到家时早已天黑。在路上用近8个小时，只为学一个小时的"专业课"。

冬天好冷，常常开始上课了，我的手指仍像冻坏的胡萝卜。但没有那么多时间用来浪费，僵硬的手指在弹奏过程中才慢慢恢复知觉。连钢琴老师都有些不忍，倒杯热水，让这对从寒风里走来的母女先暖一暖。

夏天好闷，母女俩昏昏沉沉地挤在公交车上，我浑身都起了痱子。

我很羡慕那些住在离老师家不远的市里的孩子，"他们条件真好啊！"母女俩总是如此感叹。每当拉着妈妈的手走在银川宽阔的马路上，我总是什么都想要——一切都那么好看、那么新鲜，但到头来什么都不会买。妈妈的理由不容置疑："学费一次50块，还要吃饭，还有来回的车费，我们要把成本控制在一次100块以内。"偶尔路过新华书店，我们会去看看书、琴谱和磁带，只有和钢琴相关的，妈妈才会额外通融。

很多年过去，在某个饭局上，有人说："你知道以前马家滩有个疯女人，每周带着娃娃去银川学钢琴。简直是疯了。"

我和妈妈听了大笑不止，可是转过身去，我莫名就想流眼泪。

因为学琴的成本太高，练琴就需要加倍努力。挨打变得很频繁，后来我还问过爸爸："你为什么从来不进卧室看我弹琴？你不喜欢吗？"爸爸故作神秘地悄悄对我说："太惨了，我实在是看不下去啊！"

伴随琴声的欢笑声寥寥无几，似乎这件"高贵"

的兴趣爱好无法让任何一个人从中获得"轻松"与"喜悦"。常常伴随的,是抽泣声和严厉的训斥声,每首曲子都想过关需要巨大的付出。被撕过琴谱,被打红过手,似乎还有几次被拉下琴凳……爸爸偶尔会来劝两声,但多半都是沉默的,他当然也"救"不了我,我知道。

在往后的很多年中,每当有人问我"你喜欢弹琴吗","喜欢"这个答案就只是说给妈妈听的。

想来,这个过程我们都很辛苦,可哪儿有什么东西是可以轻松获得的呢?

"疯女人带着娃娃去银川学琴"的故事延续了5年,我家终于搬到了银川。我考过六级后,妈妈再也认不清那些愈发复杂的五线谱了,我也不再需要她盯着我从头弹到尾。八级的曲子很好听,九级好难,十级我不太有把握……这些问题随着青春期的叛逆变得非常模糊。

忽然有一天,钢琴老师在妈妈数次征询意见之后,明确地说:"这孩子不适合搞钢琴专业!"

"太让我失望了!我觉得自己过去近10年的重心完全放错了位置。"妈妈无比惋惜,"女孩子学个艺术,多好!又轻松又温柔!"

我的手太小,即便付出比有天赋的孩子多达数倍的努力,同样的曲子我依旧弹得非常吃力。"肖邦的九度都够不到,怎么学专业的。"这是我的"硬伤"。妈妈一直忽略了这一点。最终我偏离了她的规划——上音乐学院附中、考上中央音乐学院或者上海音乐学院的钢琴表演系。

我在妈妈的失望中"仓皇"地读了高中。不记得从哪一天开始,钢琴课也就这么停了。

后来的故事大概是这样的——

"妈妈,我发现学校的钢琴放在什么地方了!晚上偷偷去弹琴,合唱团的师姐问我,要不要来合唱团当钢琴伴奏,我想去呢!"

"妈妈,学校的钢琴比赛,我进复赛啦!"

"妈妈,我在教会当了司琴。有人在教堂结婚,我弹了《婚礼进行曲》!"

……

"妈妈,公司附近的琴房都好远,我好久没去了。"

"妈妈,我想弹琴。"

在我意识不到的某一年的某一刻,我忽然和以前的生活和解了。

我无比感激童年时对每一首钢琴曲的学习——从维也纳古典乐派到浪漫主义,让我在往后学习文学、艺术、历史时,不断彼此影响和融通;感激童年无数枯燥乏味的练习,让所有的技巧成为我的肢体和记忆不可磨灭的一部分……

这种和解,或许也像我当初学琴一样,是无法选择的。可不和解又能怎样呢?我完全没法想象,抛弃了这段童年——或者说几乎是整个童年的全部——我会是什么样子。

当我如此向妈妈"告白"的时候,她只是说:"小时候管你弹琴管得太严了,我现在都觉得自己好傻。你会不会怪我?"

大学毕业到北京工作,我租的房子里一直没有钢琴。

在过去的两年中,我只学会了一两首新曲子,是趁每年回家的那几天,断断续续学的。旧钢琴一直摆在新家的书房里,上面罩着雪白的蕾丝琴套,琴身依旧闪着黑色的耀眼的光芒。

我快29岁了。如果我有一个女儿,我想自己未必能有勇气和毅力像妈妈这样,付出自己人生中最重要的10年,日复一日地为女儿的一个"兴趣"辛苦奔波。

我数次想对她说:"这么多年过去,我明白,自己最终收获的,远比曾经付出的多。感谢妈妈让我成为一个更好的人。"

话刚到嘴边,我就哽咽了。

既然看不见世界，那就让世界看见我

✱ 曹晟康

我是八岁的时候，放学回家的路上，发生车祸导致双眼失去视力。

我在北京曾经拥有五家按摩连锁店，那时买了股票，赶上2008年股灾，顷刻之间赔了个精光。倾家荡产之际女朋友提出分手离我而去，十年奋斗转眼成空。

我失去了活下去的勇气，有一位朋友为了打消我自杀的念头，告诉我："拉萨是最美的地方，如果你到了那里再寻死，我也不拦你。"我知道他是用激将法，想到这些年，我一直与命运抗争，不知道美是什么样子的，临死之前我要去看看。带着仅有的一点钱，我出发了，在翻越海拔5231米的唐古拉山山口时，我的脑袋疼得越来越厉害，像炸了一样，呼吸越来越急促——我高反了，我陷入了比黑暗还黑暗的世界。不，我不能死在这里，我要坚持，再坚持，我还没有到拉萨呢。

庆幸的是我平安地到了拉萨，下车以后我看见男男女女穿着藏袍，念着经，此起彼伏。我随着人流去了布达拉宫广场，听到磕长头的声音,哐哐哐的,参差不齐，我静静地站在那里，风一吹，烧香的味道吹到我的脸上，我在脑子里想象着来来往往朝圣的人群。身体里滋生了一股力量，摸索着，跟着大家一起去往布达拉宫。我跌倒了几次，热得满身大汗，终于爬到了布达拉宫的最高处。突然围拢过来几个人给我鼓掌："你一个盲人都能爬上来，真了不起！"那一刻，我仿佛听到了最美的声音，心里想布达拉宫我都爬上来了，女朋友可以再找，钱可以再赚，我不想死了。盲人的身份死在了拉萨，回到北京的是曹晟康。我拼命地工作，攒钱，每年拿出两三个月去旅行，四年多的时间走遍了大江南北。

我去了新疆喀纳斯湖，骑上哈萨克族朋友的马，我乐此不疲地打马扬鞭，和健全人一样地冲了出去。

我去了青海湖，热心的人告诉我，蓝色的是湖水，金黄色的是油菜花，我伸手去摸，蓝色好凉，我凑到金黄色跟前一闻，好香。

我心里默默地盘算着，国外的人，国外的音乐，国外的饮食，有什么不同。我慢慢地想着，正是这种好奇，促使我走得更远。

2014年我来到法国，住在巴黎十三区一家华人小旅馆。我和说广东话的经理商量，我想去参观卢浮宫、香榭丽舍大街、埃菲尔铁塔，还有凯旋门。他担心我有危险，我告诉他，我一个人去过十几个国家，磨破了嘴皮子，他才愿意给我写英语和法语的地址。

第二天早上不到八点，我就出发了。第一站卢浮宫，在路人的引导和帮助下，找到了工作人员。我给了他一张名片，当工作人员得知我是一个环游世界的盲人，他的语调非常惊讶，不但给我免了门票，还亲自陪我参观。

2016年3月底，我来到赞比亚和津巴布韦的边境线上，这里是世界第三大瀑布维多利亚大瀑布的所在地。陪同我参观的，是四川的一个小伙子。每个人要穿一件雨衣，他帮我也准备了，我说不用，我要用身体去感受。离瀑布两三百米，听见哗哗的水声，再近一点像下大雨，再近一点像下暴雨，震耳欲聋，真是气势磅礴，我第一次去感受这么大的水声——这就是瀑布啊！

去爬乞力马扎罗雪山，那是我第一次去坦桑尼亚，有华人朋友告诉我，这里有座非洲最高的雪山，你可以去爬爬。我说："多高呀？"他说："5890多米。"我说："有没有盲人去过？"他说："有一个盲人爬上去过，那是美国的盲人，在十多年前，他有助理，有团队。"从小就不服输的我心里想，中国的盲人不比美国的盲人差。

2016年国庆节期间，我再次来到了坦桑尼亚，当地华人朋友帮我找向导，10月2日向导带着我，去爬乞力马扎罗雪山。他没带过盲人，他挎着我的胳膊，摔倒了，不是他压着我，就是我压着他，起来得很慢。怎么办？我想了个办法，在他的腰上拴个铃铛，他一走路，当当当响，他敲着登山杖，我大概能判断方向，即使滑倒了我也能迅速爬起来。

我们不住在一个房间，需要定闹钟，也是个困难的事。怎么办？我伸手摸他的手指，我一根一根地摸，六根是六点，七根是七点，这样定好了闹钟。每一餐的食物吃到嘴里，才知道是什么，面包、咖啡、西红柿、蔬菜、鸡蛋。我的运气还不错，第二天下小雨，第三天下大雨大雪，爬过乞力马扎罗雪山的人都知道，平时很多人见不到雪的。

下了大雨大雪，租的羽绒服、帽子、衣服、鞋子全部淋湿了。我穿着自己的薄毛衣和冲锋衣、运动鞋开始攀爬。第三天凌晨3点，还差几小时就冲顶了，我叫着自己的名字，曹晟康，你要加油，你有迈出第一步的勇气，就有第二步，就有第三步，你不是说中国的盲人不比美国的盲人差吗？雪越来越深，到小腿了、到膝盖了，我记不清楚跌倒了多少次。

当地时间2016年10月5日，早上6点多，我作为中国的第一个盲人，乃至世界上第一个用肢体语言、不会英语、没有助理的陪同下，攀登上非洲最高雪山乞力马扎罗雪山，因为完成比完美还重要！

下山的时候，我们又去了别的山头，向导见到所有人都会说，"他是第一"。

如今的我凭着一个人、一副墨镜、一根导盲杖、几个简单的英文单词和梦想的力量，已经走过了六大洲中的38个国家。我相信我比在座的很多人去的国家都多，我相信我走过的世界，和你们见过的世界一样精彩。

2017年我组织成立了盲人梦想团，带领着20多个盲人，在志愿者的陪同下，在北京的周边行走。

有人问我，为什么去登山和旅行。我说："既然看不见世界，那就让世界看见我。"借用两句话："你若心怀光明，这个世界就不会彻底黑暗。你若不屈服，这世界又能拿你怎样。"

也有人问我，登山和旅行最难的是什么。我说，"最难的是决定出发"。我用身体去感受世界带给我的美好，我去拥抱不同国家，不同种族，人性的美。

我祈盼有三天光明：

第一天，我要去看看自己的母亲和女儿是什么样子；

第二天，我要去看看拥抱过的山川、河流、大自然和我想象的是否一样；

第三天，我要留给我的盲人兄弟姐妹们，让他们去看看这个世界的美。

高跟鞋

✽ 张晓晗

就我截至目前的生活经验而谈,小时候的誓言一般都会变成谎言。我在小的时候发过的誓言,若还记得,基本也是全部被岁月打破。

五岁时,我在电视机前揉着疲惫的双眼,深情地说,我会一辈子都爱樱桃小丸子。很不幸,七岁那年我却一个不小心爱上了汤姆和杰瑞。十岁时,我不耐烦地坐在试衣间鄙夷地看着镜子前的妈妈,说我这一辈子不会迷恋皮包。很不幸,18岁开始,我就摇身变为包的奴隶,为它们忍饥挨饿,痛心疾首。

12岁那年,我的身高如脱缰的野马般飞长,我认定自己此生与高跟鞋无缘,我开始抗拒穿高跟鞋的女生。认识一个为高跟鞋疯狂的女孩,和我在停车场并排等电梯,突然转身跑去车上,我喊道:"电梯就要来啦!"她头也不回地说:"忘记换上高跟鞋了。"我再喊:"你不就是和我吃个饭吗?放心,一路上遇见不了几个人,别换了。"她摆手:"不行,不穿高跟鞋我就感觉我自己赤身裸体一样。"后来,电梯无奈地打开,又缓缓地关上,关住了我的照影,然后空着肚子升天了。

我以前很讨厌高跟鞋给人带来的盛气凌人,让美丽的女孩们变得像《穿 Prada 的女魔头》里的世故和忙碌的女人们。我以为一双舒适的平底鞋才能让你走遍全世界,才能让你成为真正的自己。我相信世界上有钟爱平底鞋的女孩,她们都有一颗柔弱的心脏,在内心深处都有别人伤不起的场地。

直到有一天,大概是在17岁生日之前,我睡醒但又似乎没有睡醒地坐在床上,大声地叫着妈妈,告诉她,我要一双属于自己的高跟鞋。我那时认为这是改变的开始,我要让别人觉得我盛气凌人,不可侵犯。其实这是一种冲动,就像深夜突袭的饥饿感,突兀且源头不明。

于是我就这样拥有了我的第一双高跟鞋,它只有三厘米的跟,因为妈妈说我正处于发育阶段,不适合穿过高的。它有着银灰色的底,衬着白色的脚盘,上面有三个错落有致的网状图案,还衔搭着三颗长方形的水晶色的扣子从脚踝扣上鞋扣,我尝试着走到了镜子面前,此刻的我,如果用一句唯美的句子来形容,那就是:我是一个找到自己的水晶鞋的异域公主。

或许高跟鞋也象征着某一事物的滋生,处于思想早熟时代的90后,我也并非与众不同了,我在经历着早恋带来的青涩与所谓幸福的刺激与体验。

在经历幸福与痛苦、欢乐与悲伤的初恋

> 我的高跟鞋时光，过分美丽。

后，因为生活中的物是人非，我的性格与童年时培养出来的性格完全变成了两个版本的我。书上说经历的多了，一个人才会长大，我想我也许是长大了。长大到现在依旧迷恋高跟鞋，只是和从前的迷恋有点不同了而已。

我认识了一个男孩，他是真正的与众不同，原因很简单，他懂我，了解我。他出众，却从来不张扬。我们一直很好，但也偶尔吵架，不过那只是我们之间的偶尔，因为每次吵架后我们会很快复合，然后像情侣一样，并肩或打闹着在大街上逛。

其实我们经常遭到很多人的猜想和怀疑，但事实上，我们不是情侣只是朋友而已，就像小时候天天挂在嘴上的"好朋友"一样，我们只是好朋友。但是我又有众多的好朋友。

有时候，我喜欢穿着高跟鞋招摇过市，炫耀自己的骄傲，和自己拥有的东西。有一次因为和父母赌气，穿高跟鞋出了家门，在街上"流浪"着。最终不知道是因为受不住高跟鞋的疼痛，还是心里难受，蹲在路边放声大哭。但是在身后递给我白色纸巾的人不是天天混在一起的酒肉朋友，不是我多年视为闺蜜的姐妹，不是家人，只是那个众多的好朋友里的一个，那个出众但又平凡的男生。

后来他要我抓着他的胳膊开始走，说这样可以减轻痛苦。为了自己的脚丫还可以像昨天一样走在路上，我只有照做。就是这样我们一路回了我的家。他后来发信息告诉我，用开水泡脚，舒张神经，还可以明天继续穿高跟鞋走很长的路。看见这个信息，我不知道是高兴还是什么，我发现他是了解我的。

于是那次以后，那个短信造就了我和他之间无话不说，所以我们常常在一起，互相照顾。

有一次他生病，我买药去他家，因为抄小路可以节省路程，尽管小路崎岖，但是我更加自信于我对高跟鞋的驾驭能力。可是后来我进他家是一瘸一拐进的门，然后脱下高跟鞋，看着肿起的脚踝发呆。男孩端来热水，拿毛巾、止痛膏，帮我敷上。本来是我来照顾病人的，却享受了病人对我的悉心照顾。

关于我和他的高跟鞋故事太多，我家里，摆着一双他送我的高跟鞋，我很少穿，因为那是一双真正的王子给公主的水晶鞋，但不是所有的王子都会牵到水晶鞋公主的手，因为多年来，我们只是好朋友的关系，所以当王子手持一把闪亮的宝剑披荆斩棘时，因为体力不支，所以英年早逝。

我不否认他的过世影响着我的生活，因为他陪在我身边时，也影响着我的生活。因为早恋过后，我真的长大了，所以对于我们是好朋友的关系，即使想过改变，也是很多很多年以后的以后。

或许有一天我会重新爱上平底鞋，就像小时候的誓言一样。但是现在高跟鞋依旧让我迷恋，在迷恋高跟鞋的同时，我也在回忆他的眼神。

所以，我的高跟鞋时光，过分美丽。

我在央视做实习生

✳ 王 潇

很多年前,我迎来了人生中的第一份工作——央视实习生。

我对中央台的演播厅并不陌生,我分别在十三岁、十四岁和十六岁去录制过各种少儿节目。尤其在十三岁参加的节目里,我客串一个小主持人,有一段五十字的台词,录制之前在家里简直背到天荒地老。当天节目的嘉宾是李修平老师,她听我说完台词,笑盈盈地对我说:"你的口齿和声音都不错,以后可以当播音员。"就这么一句话,十三岁的我信以为真,等啊等,五年之后高三毕业,就去报考了中国传媒大学播音系。

中传四年如白驹过隙,在我全然没有准备好的情况下,糊里糊涂就毕业了,就这样开始了实习生生活。我实习的第一个工作内容非常重要——给央视新闻中心播音组的各位前辈老师取盒饭。

如果是央视晚间档的新闻,比如9点的新闻,那应该在7点甚至更早就开始准备了。准备工作包括化妆、整理发型、熨烫衣物、更衣、为部分新闻画面配音、熟读稿件。盒饭就是为晚间工作的播音员们准备的。我需要按时到达另外一个楼层发放盒饭的地方,报个数目,然后拎着盒饭回到播音组办公室,摆放在中间那张桌子的一角。除此之外,我有大把时间,可以坐在全中国最权威最核心的播音间的后台办公室,看各位老师如何游刃有余、举重若轻地准备每天的节目。

实习的日子里,我每天在央视走廊里穿行,看一间接着一间的演播室和机房,门口"正在录制"的黄灯总在闪烁,工作人员都是行色匆匆地在里面忙碌穿梭。

我都是在一旁怯怯观望,自卑感油然而生。因为我看见每一个人都在专注于他们手中的工作,根本不像我这般左顾右盼,无所事事。文字编辑们要么在打电话沟通,要么在电脑前写作;非线机房编辑对着无数按钮,操作自如,手法之娴熟叫人眼花缭乱;播音员和主持人不是正在播音,就是手握稿件正在赶往演播厅的路上。导演和导播成为我最敬仰的职业,因为他们总是看上去成竹在胸,面对一排排不同画面的监视器和外星飞船般的控制台,仍然一副运筹帷幄的样子。

我理解"真才实学"应该是一技之长,并且必须是人无我有、鹤立鸡群的。一想到我除了把普通话说得标准一点以外并无过人之处，心情就十分黯然。况且在这里，一口标准流利的普通话只是最低标准。如果像一些著名主持人那般可以机智诙谐，口若悬河，也算是天赋异禀，而我尚没有机会在镜头前开口自主表达，我甚至都不知道当我果真面对镜头时能否组织出顺畅的语言。这么想来，我根本就是一无是处。

自卑的巅峰终于到来。

那一天我溜进一间机房，观摩一个非线编辑人员剪辑电视短片。看他如何使用镜头语言和时间点来叙述情节，看到疑惑处，不禁向他请教，慢慢就该片的内容和他交流起来。这个时候该片的导演进入机房，参与了我们的讨论。

我并不认识这位导演，正因他的平易近人心生感激时，他突然话锋一转："你刚毕业的吧？你是文编（文艺编导系）的？"

我心下一沉，立刻底气全无："我是播音系的……"

"哦，播音系的啊？你们播音系的会什么啊？"导演不再正眼瞧我，把注意力集中到短片上去。

我无声地退出了机房，心情跌到谷底。

这样萎靡了一个月，天上掉馅饼，播音组突然派我去给每日城市空气质量配音。我终于拿着稿件，坐进了配音间，面对一扇玻璃、一盏小灯，兴奋地读出"北京，空气质量良；天津，空气质量优……"那么多省、自治区、直辖市，每天都能念个遍，比起拿盒饭，可真过瘾啊！

又过了一个月，真正来了个大喜讯，播音组选派我和另外几名实习生开始轮班直播整点新闻。我们也终于可以像一个真正的播音员一样，风风火火地走进办公室，化妆、整理发型、熨烫衣物、更衣，然后配音、熟读稿件。同时有几个实习生参与播音，自然有比较和竞争，大家每天互看直播，点评交流，日子过得很快。

那一天，轮到我直播下午4点的新闻，我早早地化好了妆，换了衣服，然后等着编辑给我播音稿。我拿到播音稿时距离直播还有一刻钟，时间紧迫，我速速看了一遍，正准备看第二遍，突然一阵内急，这是紧张的表现之一。我于是把稿件放在桌面上，上厕所去了。从厕所回来，桌面上空空如也！我的播音稿不见了！

"播音稿呢？播音稿呢？"我的血液瞬间涌入大脑，头皮发麻，开始哆哆嗦嗦地寻找我的稿子。此刻另外两个实习生也在房间里，都帮我找起来。

我迅速地用目光扫描整个房间，走到房间一角一个纸箱旁蹲下，开始狂翻。这个纸箱是专门用来收集每天用过的播音稿的，已经装满整整一箱。

终于，仿佛找了一万年，我在纸箱的底层，发现了我那宝贵的播音稿！看见稿件的那一刻，我激动的心情绝对永生难忘。

在离直播还有两分钟的时候，我后背汗涔涔地进了演播室，手好像还在止不住地抖，但毕竟我有稿子了。

直播很不理想，一来稿子不熟，二来人已经吓蒙，我播错了两处，其中一处的错误非常弱智。当我播报到一个特大抢劫案犯罪分子伏法的新闻时，原文是"抢劫现金三百多万元"，我竟然能读成"抢劫现金三千多万元"。

编辑部领导从他的办公室冲出来呵斥我："你有没有常识啊？三千多万现金怎么抢？拿得动吗？这样下去我看你还是别播了！"

我望着他，突然觉得生活原来如此残酷和悲凉，张了张嘴，终于什么也没说。

后来平安无事，领导并没有真的封杀我，还是让我继续播了下去。但我已经是一朝被蛇咬，好几次做梦丢了稿子，在冷汗中猛然惊醒。从此我即使上厕所，都蹲在那里死死地捏住我的播音稿，做到人在稿件在！

再后来央视内部春节团拜晚会上，我代表播音组出了一个节目。节目内容就是在一首歌的伴奏下表演现场作画。我中学时靠这个表演远渡重洋参加过挪威冬奥会的世界儿童表演，手艺还在。节目结束时掌声热烈，我觉得终于人尽其才，美滋滋地走下台，经过李修平老师的时候，她突然对我说："我当时要知道你画得这么好，绝对不会鼓励你当播音员！"

我最终没有选择继续做播音员。但直至今日，央视在我的心目中仍然硕大无朋，无所不能。好怀念，做实习生的那段日子。

社交倦怠怎么办？

*文长长

前几日，和朋友们一起吃饭。两男两女，在学校小餐馆点了四五个菜，还有几瓶啤酒，就着下酒菜在那聊天，聊学业，聊工作，聊生活，也聊感情，聊女性困境。

中途聊到我们都认识的几个前辈，他们因为压力大，或多或少都有些抑郁。跟我关系很熟的那个前辈，甚至都重度抑郁了。于是，我们的聊天话题很自然地转换到"如何解压"上。

在场的男生们说，他们娱乐的方式很简单，买几瓶啤酒，买点瓜子，搞点下酒菜，就在宿舍喝起来。吹吹牛，吐槽吐槽生活，讨论一下最新新闻，聊点八卦，而后一切都好说了。

我说，生活说来说去都是那几件事，跟身边朋友说一次、两次倒还好，说多了，他们听着烦，我们自己也倦得很。到最后，索性连吐槽生活的那点欲望也没了。一句话，不想说话了。

其中一个男生说，跟同一拨人聊天，的确容易倦。所以，我们除了玩得好的几个人一起喝大酒吹吹牛以外，每次还都随便拉个不同的人进来，可能是隔壁宿舍的人，可能是平时不怎么熟络的同学，听听他们身上的新鲜事，加点他们带来的八卦，新鲜感也有了，趣味也有了。

果然，玩得开心这件事也是需要技巧的。

很长一段时间，刻板地觉着男生们可以呼朋唤友的兄弟们足够多，他们大多生来心大豁达，不怕曲折，也不怕无聊。除了兄弟，他们还有游戏，还有酒，还有很多很多快乐。

认真倾听他们心声，才发现，在"社交厌倦"这件事上，男女平等。熟能生巧，也能生厌倦。凡人都一样。

类似的感受，我也有。

每隔一段时间，就很倦，不想跟任何人说话。

一来觉着社交是一件很麻烦的事，考虑对方喜好，说每句话之前还要思考一下能否这么说，稍不注意，就不知道自己说错了哪句话，让对方心里不舒服，说不定还会让对方对自己有想法，麻烦得很。

二来，身边熟悉好友就那么几个，日复一日的烦恼也就那么多，翻来覆去拿着差不多的事情、差不多的感受去倾诉，纯粹为了吐槽而吐槽，无趣得很。

于是最后，若不是不得不去的社交活动，若不是真的很想跟一些人分享一些事，就坚决不去碰那些需要耗费精力维系的社交关系。

不去怀疑自己不主动社交是不是一件不好的事，也不去给自己戴上"社恐"的标签。内心也清楚，在那些不得不社交的场合，我们也能落落大方说一些很得体的话，也能表现出社牛的一面。此刻对社交的倦怠，不是我们自身有问题，只是单纯地腻了。

就像吃腻了西红柿鸡蛋，会有很长一段时间看到西红柿鸡蛋就觉得厌烦一样。不是我们不好，也不是西红柿鸡蛋不好。只是这段时间，我们暂时不想再吃这道菜了。

生活里有那么多道菜，吃腻了西红柿鸡蛋，那就换换口味，偶尔吃点酸辣土豆丝、手撕包菜、鱼香肉丝、宫保鸡丁，又或是牛排、炸鸡、烤肉、火锅。人生也如此，腻了社交，那便让这边腻着，去寻点别的快乐，看部电影，吃点美食，睡睡大觉，搞搞健身，都可以。

总之，自己快乐就好。

就拿我来说，这两年，在社交这件事上，我最大的进步就是：与内心那个偶尔不想社交的小孩和解，不再用某种单一的社交状态去要求自己，不求社交多牛，但求做到社交自洽。

若是遇到不得不去社交的紧绷场合，即便再倦怠，也会鼓励自己做一个得体的成年人。说一些得体的话，做一些让对方舒心的事，呈现出一种很好的状态。我以前很讨厌这种情境下的自己，总觉得这部分自己很虚伪，明明不喜欢做这件事，还非强迫自己去做。这两年，我也做到了与自己和解。不因这种行为而羞耻，也不再特别排斥做这件事。既然，有些事做了，会让对方舒服一点；有些话说了，会让对方开心点；有部分自己的角色，扮演好了，会让我的工作、学习、生活过得稍容易些，那便去做呀。我们做这些事也不是取悦对方，而是为了取悦自己。再者说了，又不是一天二十四小时都需要我做这件事，那便把那部分事项当成自己的一份工作，置身"工作情景"就去做。反正总有"下班"的那刻，"下班"后的人生，才是我真正的人生。

偶尔的偶尔，需要一些必要社交，就尽量与那些我们感兴趣的人去交流，给足自己新鲜感。就如，曾有一次，集体出去游玩，我去得比较晚，踏进大巴车时，很多人已经坐好了。也有很熟悉的朋友在场，但我并未选择坐在熟悉的朋友身边，而是问了那个平日我就很感兴趣、但一直无机会进行交流的女生旁边座位有人否，无人，我便坐了过去。路程一小时，我们聊八卦，聊未来规划，也聊生活，甚是愉快。在那个瞬间觉着，偶尔走出舒适圈，与平日不熟悉的人交流一番，了解一下不熟悉的人的生活与习惯，也是一种很奇妙很不错的体验。

若某段时间，社交倦怠，不想跟任何人深度社交，那便愉快地独处着。早上起来搞搞运动，运动完吃顿自己想吃的早餐，白天干干活，搞搞事业。搞累了，或是那几天并没有多么忙，也能允许自己舒服地躺平片刻。或躺在床上，或窝在沙发、椅子上，搞点零食，找一部喜欢的电视剧或电影，看看剧，翻几页书。抑或，刷刷微博，看看网页，打打游戏也可以。晚上给自己整一顿不考虑卡路里的美食，喝瓶啤酒，或是喝点冰气泡酒，吃饱喝足，犒劳一下自己的精神和肉体。也不去担心此状态时间长了会玩物丧志，内心很清楚这种情况不会发生，就像社交腻了想逃一样，玩久了也会腻，到时你自会又主动忙起来。

没什么特别的建议，只一句：社交倦怠是正常心理，不要太把这件事当回事。想交朋友了，就开开心心与人交流；不想与人交流的日子，就过好自己的生活。

可以喜欢热闹，也可以选择独处。重要的是，在做这些事时，我们的内心是真正平静与安宁的。

我曾狠狠地撞向世界

❋ 田永其

如果要把我的故事拍成一部纪录片，我打算从那年的夏天开始讲起。

那年我上初三，开始尝试写小说。那时我的成绩在班里属于倒数，老师上课总是拿我当反面教材，让同学们不要学我。还好我那时写的小说成了同学们争相传阅的读物，所以我倒也不觉得自己一事无成。

初三毕业，一是因为学习太差，二是因为我当时认为自己其实是个天才，便不随大流，而选择另寻他路，去了一所三流的中专。

我在以前的学校里是老师眼里扶不上墙的烂泥，这里挺好，都是和我一样的烂泥。我来这里的本意是可以安安心心写小说，我相信自己总有一天能出头。

可游戏是个好东西，生活安逸了，娱乐占据了我大部分的时间，无心写作，我开始了和同学们玩玩闹闹、混吃等死的一年。

第二年秋，学校的大巴车将我们那一届所有人拉到芜湖的某家空调制造工厂，说是让我们开始社会实践。后来我才知道，原来有些学校名为办学，实质上是一家公司，主要业务是持续地把新人圈进来，再把圈进来的人卖出去。

工厂的工作很辛苦，一天工作12个小时，一个月工资3000多块钱。我突然陷入一种一眼望不到头的痛苦绝境中。每天面对重复繁杂的工作，碌碌无为，我很难忍受这种一事无成、平凡又普通的生活。

于是我又开始写起了我的小说。

那是我精心策划的一场逃离计划，我想把我写的一篇长篇小说投到一家很有名的杂志社去，这样我既可以证明自己的能力，又能有钱逃离现在的处境。

从此，那篇小说像是我的救命稻草，我必须紧紧抓住它，不能松懈。我将所有希望倾注在它身上，就像我在每个凌晨期盼阳光，我会看见阳光一点点地透进来，洒在我身上。

既然这个世界上是有奇迹的，为什么它不能降临在我身上呢？

天气越来越冷，我的小说越写越长，它结束在某天上完夜班之后的清晨。我把它投到街道拐角的邮箱时，阳光正好照在我的眼睛上，我的心情无比轻快，剩下的只有期盼，它将背负着我所有的梦想。

天气渐冷，人人都穿上了大棉袄。站在干燥寒冷的街头，看着来来往往的长途车，我就会把那封薄薄的信想象成一张逃离现实的车票。

元旦过去，下了几场雪，起床上夜班成了一件很困难的事。刚开始我还会以"路边的小摊贩都出来了"为由坚持起床，可后面天冷得街上一个人都没有的时候，我们还是不得不按时起床上班。

天冷得站不住，必须要不停地干活。我们的工资全被扣在学校，我连一碗面都快吃不起了，我知道那个我所期待的结果可能离我越来越近了，我终究不属于这里。

救命的稻草可以给一个人希望，但当它飘落下来的时候，同样也可以压死一个人。

我等来的是一封退稿信。我把信的内容读了一遍又一遍，字字烙在我心头，我站在那里不知所措，我丧失了所有的动力。

那天，我很不愉快地和领导吵了一架，我打算逃掉晚上的夜班。

我从来就不是一个守规矩的人，我溜出来的时候已经下午四五点了，冬天天黑得比较早，加上那天本就没有太阳，天色已经暗了。

我走在大街上给我爸打电话，说我不想做下去了。他在那边叹了口气，说："也好，不如来这边学门手艺。"我突然有点难过，是那种无能为力的难过，我感觉自己很没用，不知道从什么时候开始，我变得那么糟糕。

我爸问我还有没有钱。我说有，说完又后悔了。我摸摸口袋，身上只剩几十块钱了。

我走到一家面摊，是一对夫妻经营的，一碗色香味俱全的葱花面只要三块钱，加块卤干五角钱，加个卤蛋一块钱。你要是想吃大餐，还可以吃四块五的西红柿鸡蛋面或八块钱的牛肉面。

制作过程也很简单，先把面下在一口大的清水锅里，煮几分钟，捞出装进小瓷碗，汤汁是另配的，很鲜美，汤汁与面融为一体，再撒上葱花、香菜。一碗鲜美的葱花面只要三块钱，在工厂不发工资的那些日子，我们全靠这个撑着。

我打电话给我们宿舍的几个人，说了我要离开的消息，让他们一起出来吃个饭。他们推托天气太冷，不肯出来，后来我说我请客。几分钟后，三个人穿着拖鞋乐呵呵地跑了出来。

几个人发现我说的请客原来是吃三块钱一碗的葱花面时，有种当场把我打死的冲动。我不慌不忙，拿起筷子往面汤里搅，一块五角钱的豆干浮了出来，几个人才平静下来。

我们围坐在桌子边吃面条，附近商店的霓虹灯广告牌已经亮起来了，街上各色各样的人来来往往，有的人开着"大奔"踩着油门拼命往前跑，有的人垂头丧气地慢慢走着。而我，像是脱离了人群的异类，找不到方向，走走停停，再蹲下来独自感伤。

小 M 坐在我的对面一直低头吃面，小 X 说："你和领导吵架的事，学校已经通报了，但你要是回去道个歉，我觉得倒是没必要走。"

"是我待不下去了，今晚就要走。"

小 X 没有再说话，小 Z 还想伸手加一个卤蛋，被我按住了。"我身上快没钱了，回家的钱都没有了，所以你们要帮我想想办法。"

哪儿有什么办法？

三个大男人抱在一起哭哭啼啼地给我凑了 70 块钱，并紧握着我的手叮嘱，以后有时间一定要多回来看看他们，毕竟不管怎么样，钱还是要还的。

小 X 说："其实我也早就不想干了，工资少得可怜，跟领导吵架这事我挺在行，你应该拉上我一起的。"我想说些什么，但终究不知道该怎么说。安慰他继续坚持，有点儿站着说话不腰疼的感觉；让他和我一起离开这里，又好像在拖人下水。

面吃完了，他们坐在椅子上一副怅然若失的样子。我说："我要去车站了，我刚才看了看，晚上 7 点有车，你们多保重，后会有期。"

他们说："去你的吧。"

我来到江苏。过完年，我爸托人给我找了一个师傅，学做紫砂壶。我爸对于紫砂壶的理解是这东西能让人一夜暴富，前几年做这个的都在城里买房了。

我手笨，脑子也不够灵光，别人三个月能学会的东西，师傅说我要学一年。不过还好，师傅说，我还有一个已经学了一年半的师哥。

师哥比我大一岁，姓周，我平时喜欢叫他老周。老周有一双缝一样的小眼睛，戴了副眼镜。

老周对于我的到来十分开心，说他做了一年多终于有人陪了。老周做事总是慢悠悠的，还喜欢教导我不要心急。我刚开始有什么不懂他会在一旁教我。他有种神奇的魔力，那些我本来懂的东西，被他一讲，我又完全不懂了；再让他说一遍，他也不懂了。

这里的日子倒是清闲了很多，但总感觉太过于平静了，身边没有了大家吵吵闹闹的声音，生活渐渐变得像一杯白开水一样，没有太大的惊喜，也不会有太大的失望。以前我像是一只蚂蚱蹦来蹦去，谁也奈何不了我，但现在生活突然伸过来一只大脚把我踩个半死，让我再也跳不动了。无聊的时候，老周会带我到街上溜达。老周对车颇有研究，经常指着街上来往的车向我讲解，这辆车是什么牌子、什么车型、性能如何，最后跟我说："这些都是好车，少说也要五六十万。"

我惊呼："那像我一个月3000多，不得挣个十几年！"

老周很老练地拍拍我的肩膀："你要是一个月挣三四千，这车你这辈子就别想了。"

偌大的城市人来人往，我和老周站在路边暗自神伤，这里的每个人都有自己不同的命运，而我和老周却很迷茫于自己以后的路。于是我们开始不断地寻找，想努力从这些人来人往、不断交错的命运中看到些什么。

我以前总是爱幻想自己长大后多么有钱，多么有出息，然后带动我们全村发展，没事还可以开个车带着各级领导下乡慰问，大喊"同志们好"。可不知道从什么时候开始，我发现这些事情离我很远；不知道从什么时候开始，我的生活变得很不堪。我以前认为自己理想远大，现在看来只是眼高手低。

7月，老周也要走了，我去的时候发现他在收拾东西。他说他已经学了一年半，亲戚朋友都在笑他，还是回家再练练吧，虽然现在做得不好，但用点心，做出来的壶还是可以托人拿去卖的。

我问老周："你现在做一把壶要几天？"老周说："两三天吧。"我又问："那你现在做的壶一把能卖多少钱？"老周想了想："20块吧。"我没有再说话。老周说："没办法，还是先回家练着吧，实在做不下去就只能去工厂打工了。"

我突然感觉很可笑，原来我兜兜转转，最后可能还是要回工厂打工。

那天晚上是我最后一次见老周，我们在街边喝啤酒。我买了一瓶"山水"啤酒，格外苦涩。

我问老周："酒那么苦那么涩，为什么那些成年人还喜欢喝？"老周说："酒精可以麻痹自己，逃避生活。"我又问："为什么要逃避生活？"老周说："其实生活更苦更涩。"

后来老周回了老家，我再也没有见过他。

那天我做了一个梦，梦见自己还在上学，大家都还热热闹闹地在一起。醒来的时候是半夜，睡不着了。我突然很后悔，后悔自己当初为什么没有好好学习；我很害怕，害怕自己没有文化，害怕自己没有出路。我不知道我以后会是什么样，但肯定不想活成现在这样。

我知道我很可能一直以来都选错了，我当年或许真的应该听父母、老师的话，好好学习；又或许我不应该来这里，而是继续跟一群人混吃等死。

不知怎么，我突然想起了芜湖的那碗葱花面，它只是一位很普通的面摊老板煮的，也没有什么稀奇的配料，可是它就是那么好吃。

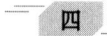

有一只卡通小猪叫麦兜。麦兜很笨，很善良。他从小被妈妈送到武当山上跟道长学习太极拳，后来因为要去参加国际幼儿园比武大赛，其他小朋友都跑掉了，只剩一个不被所有人看好的麦兜，可即使这样，他依然每天刻苦地学习太极拳。最后，他终于凭借一套打得又闷又慢的"太乙春花"太极拳，在比赛当天被人打得落花流水。

明明自己已经很努力了，为什么还是被人打得像猪头一样呢？小时候的麦兜不明白。

还有个张保仔洞，据说海盗张保仔在洞里藏了很多宝物，长大后的麦兜听说了这个传说，打算和朋友们一起去寻宝。洞口很小，当他千辛万苦地到达那个又潮又湿的山洞的洞底时，发现传说其实是假的，洞里只有一个被人咬了一口扔掉的包子。

麦兜说："拿着个包子，我突然明白，原来有些东西，没有就真的没有，不行就真的不行。"

原来努力不一定会成功，努力也会失败；失败不一定很好笑，成功了也不一定就开心。

我们的梦境总是软塌塌的，可这个世界是硬邦邦的，我们只有狠狠地撞上去，撞得鼻青脸肿、脑袋发昏，可也撞得明明白白、脚踏实地。

而关于那碗葱花面，它终究只停留在某天的清晨，路是要往前走的，眼睛是要往前看的。

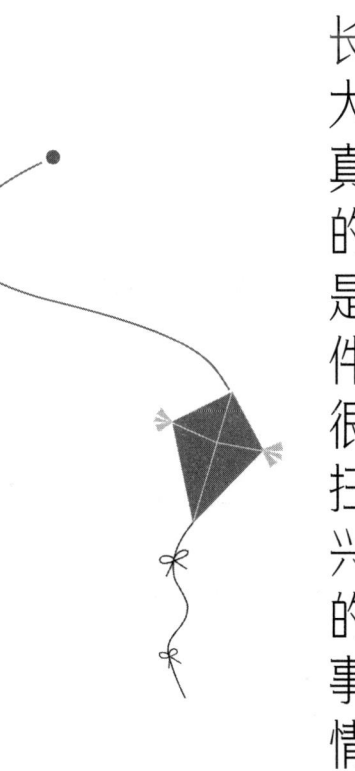

长大真的是件很扫兴的事情

…… ①

站台上，我爸把我强塞进人肉罐头一般的车厢。我妈哭哭啼啼，认准我孤身南下，一定凶多吉少。我爸说："这小子从小就会装傻充愣，滚远一点儿，活得一定差不了。"

我在早春的一场雨后到达宁波，我的初恋因为临时有事，耽误了到站接我的时间。我用全国通用的 IP 电话卡，在公用电话亭排队给家里报了平安，然后开始漫无目的地溜达。

我一共面试了三家单位，一家外企，一家民企，最后是一家政府检验研究机构。面试完，我在大楼外的太阳地儿里晒暖，给我首轮面试的大眼睛姐姐追出楼外。大眼睛姐姐说："别错拿主意，大领导从来没在面试现场决定要谁的，你是第一个，快签吧。"

岁月如刀，此间年少

※ 午 歌

我当时说了一句很不识抬举的话。我说："你普通话说得真好，你是宁波人吗？"

大眼睛姐姐忽闪着大眼睛笑了起来，她的脑门豁亮，阳光下闪烁着熠熠精光，和两侧肩章上的光芒相映生辉，金字塔形的光棱，神圣如妈祖，和蔼如以马内利修女，有一种让人难以拒绝的亲和力。

我在街边的转角处给了坐在地上的乞丐八个一角硬币，这是我平生第一次大手笔的布施。乞丐懒洋洋地抬起头——虬髯褴褛若铁拐李，目光如炬让我想起第欧根尼（古希腊哲学家），他冲我摆摆手，暗示我可能遮挡住了他的阳光，于是我很知趣地快马加鞭地滚蛋了。

我的初恋在一个月后电话通知我分手，这之前，三年多的时间里，我和她从未正式吵过一次架。她认为在宁波人生地疏、举目无亲的我一定会快马加鞭地滚蛋走人，可惜她错了。我爹说过，一个善于装傻充愣的人，一定是一个生命力异常顽强的人，然也！

…… ②

宁波城的历史悠久，早在七千多年前，茹毛饮血的河姆渡人就在此地繁衍生息。到了洪武十四年，明开国大帝朱元璋取"海定则波宁"之意，将原明州府改称宁波府。不过，我那时已陷入深深的孤独感之中，如丧偶之鹣鲽，苍凉终日。

我拜了最好的师父为师。我师父是院里有名的学霸，他来我院之前曾经做过期货，炒过楼花（期房转让），当过程序员，最终在三十几岁的时候，毅然决然地成为受聘于政府的"科学家"。那时院里实行每月大考制度，我师父上班不久，居然每次考试都能拿冠军。

我的师父气度凛然，他自恃清高，认为自己技术独步全院，却很少开口提点我这个小徒。他的思路跳跃性极大，跟我聊天，完全是驴唇不对马嘴的节奏。

只是有一次，在一家酒店里，喝了点儿酒之后，我无意中说起，我初恋的老家就在这条街上。他的眼睛在那一刻竟绽放出让人迷离的神采。我师父幽幽地说："其实，我的初恋也在这条街上！"

我师父1990年参加的高考，临考前一天，因为吃了太多的杨梅，闹起肚子来。整夜拉稀还不算，在首场"数学"的考场上，肚肠可劲儿地翻江倒海。他用了半个多小时思考世界，思考生命。

"考，还是不考？"

最终，那句"活人不能让一泡稀憋死"的至理名言在他身上大放异彩，他不但憋得稳健，而且考得精彩。我师父以高分考入重庆大学机械专业，他原本可以选择离家更近一点儿的浙大，可是他放弃了。

"为了她才选择去了重大，到那儿才发现，原来学校里遍地都是美女！"

讲完此句，师父的眼睛里精光四溢，他开始悠悠地抽烟，仿佛重温了当年美女如云的惊艳。这一刻星辰暗淡，烟尘里，我为我孤陋寡闻的俗鄙低头埋单。"为了她，放弃了所有女同学！"

师父的声音变得伤感起来，他继续说道："为了她，放弃了读研，自学了经济学，做了操盘手……可惜，还是没走到一起！"

他的声音低沉，像马头琴一般带着支离的感伤。那一刻，我们目光交汇，擦出惺惺相惜的微茫，两个失败者，一对情殇，遗世独立，相顾神伤。

我的七妹在叫我老公之前，一直称我五哥。

你一定猜到了，我们在一个非政府非营利性非独立法人的民间机构中共事，这种机构的成立形式非常简单，老百姓叫"拜把子"！

一切不以谈恋爱为目的的拜把子都是耍流氓！

拜把子的时候我上大三，七妹上大二，我是院学生会的副主席，管生活部、外联部和体育部。我七妹是体育部部长，管四十个男干事。

我七妹是我见过的女体育生里长得第二好看的。七妹是国家二级运动员，长期保持各项女子校纪录，长期惩治各路痞子小流氓，长期稳坐女子五项全能冠军。

七妹在我和初恋分手第三百天的夜里发来短信："五哥，你活得咋样啊？"

我说："还好！"

我七妹继续说道："我真担心你这生活完全不能自理的人，在外地一个人怎么能活下来。"

"还好吧。"

"要不我毕业后过去照顾你的生活吧！"

当时我从热被窝里诈尸一般地跳窜出来，像炸春卷时从油锅里迸射出来的韭菜。

我回复："你来吧，要是咱俩能恋爱，我就跟你结婚生孩子！"

时光飞转，我已经能听懂八成的宁波话。

单位看好我的语言天分，让我做技术会议的书记员。我似乎已经融入了这个大家庭，参加了宁波市局的篮球赛，还得了冠军。

七妹搭乘一列开往春天的火车到达宁波。

那一天，我穿了一件一个月都没洗的工作服，有点儿民国风，有点儿"咱们工人有力量"的气质。其实我是想暗示七妹：你来得正好，我就是那个生活完全不能自理的男人。

几天后，我带七妹到一家"金华骨头煲"啃大棒子骨，七妹边啃边聊，从容有致：

"这玩意儿，真好吃哈！上个月情人节，有个小哥跟我表白，捧了一大束玫瑰花带我去喝咖啡。"

"你答应人家了吗？"

"我这人，嘴馋，耳根子软，要是他请我啃这个，我一定答应他了！"

我倒吸一口凉气，身子浑然软了半截，忙追问道："还有啥我不知道的？你过来，咱们兄弟几个有啥交代的不？"

七妹腾出舌头，摸摸嘴巴说道："大家劝我甭来啦，他们说老五疯了，一个人浪在外面不回来，让他自生自灭算啦！"

我继续倒吸一口凉气，全身一阵酥麻，忙说："快吃吧，别说了，多吃点儿，趁热吃！"

宁波城纬度适中，属亚热带季风气候，四季分明，春秋妩媚，夏闷热，冬湿寒。

那是一个苦寒湿冷的冬天，我们的出租屋被盗了。

小贼偷走了单位新配发的电脑和我送给七妹的

一条钻石项链。家被翻得凌乱不堪，衣服床单被扔得满地都是，在派出所做完笔录，我们像无家可归的孩子，在西北风里溜达，没有月，星子低垂，时空寒凉，仿佛是生了关节炎的巨人，凝滞着深邃而巨大的疼痛。

七妹说："我想哭。"

我说："不哭，有哥在。"

七妹说："有哥在，还想哭。"

我说："不如我们结婚吧？"

七妹说："结吧！"

于是我们在弄堂口的一家照相馆里照了一张结婚证照片。第二天双双从单位请了假，花九块钱领了两个红本本。当时没想过婚房、车子或者嫁妆什么的，各人找各人老妈，用IP卡简单汇报了登记情况。七妹说："可惜项链被盗了。"

我说："定情信物这种玩意儿，唯有失去，方能永恒！"过后，我们三姐说："你这话简直亮瞎眼，是个妞，都能动心啊！"

总之那晚我们十指紧扣，在时空巨人关节炎的寒凉中，迈步回家，持证上岗。

大约看了一年的房子才出手去买，这期间我师父陪着我们，每周末风雨无阻地到市区各地看房。

七妹常说："你永远不能忘记，在这个陌生的城市里，有个冒着瓢泼大雨陪你看房的人。"

当然，还不止这些。我师父瞒着我师娘，腾出私房钱替我垫了点儿首付，才让我们在这个城市里有了安身立命的小窝。

我师父是在外面吃顿饭能接我师娘十个电话的人。

七妹在一家作风严谨的日企工作。该公司提倡效率，连吃饭上厕所都要小跑前进。七妹发挥了她国家二级运动员的特长，把在吃饭、跑厕所上节约的时间都用在了工作上。最终，她成了全宁波唯一一个公司级先进，发小红本的那一天，她正坐在医院里累得打吊瓶——北京总部说让她传一张玉照通报表扬，我拿起手机说："要不你躺下，来张超现实主义的！"

七妹病了，不明原因地腹痛高烧。

我在医院无助地枯坐。师兄赶过来，托人在宁波最好的医院安排了床位，并帮忙办好了转院手续，然后带我去就近的永和点了一份最贵的炒饭。

我问师兄："你怎么知道我媳妇生病了？"

师兄说："你没来上班，我问领导你去干什么了，才知道你在医院里。以后这种事，别瞒着，不要一个人扛！"

我忽然发现我已经很久没吃饭了，我大口地吃起来，那份炒饭并不好吃，咸咸的，有种眼泪的味道。

间歇地发了几个月的烧，查不出原因的宁波医院已经不再收治了。经月的折腾，让我也发起高烧来。国庆长假，不敢回家，不敢跟父母讲实情，我和七妹并肩平躺在床上，那是世界末日一般的主旋律。

我说："家里有最后两片安乃近，咱们一人一片，明天天亮如果能醒来，我们一起飞北京。"

北京协和医院的专家，认真复查了七妹的病例，给出了乐观性的论断，医生说："大病都排除了。你很可能是一种神经负压引起的病症。也就是说，你的病是由你内心承受的巨大压力引起的，不要对自己要求太高，放轻松，慢慢会好起来的。"

在北京，闻讯而来的把兄弟开心地为我们接风洗尘。听到了权威的医嘱，见到了阔别已久的兄弟，我心花怒放，一瓶一斤装五十二度的红星二锅头，一会儿工夫就被我喝光了。我和四哥抢着去埋单，四哥把我拖出饭店，我清楚地记得他最后说给我的话："老五，你振作点儿！你不是一个人在战斗。"

不知不觉，我从一名普通的检验员成为一名双证的检验师。从一名毛手毛脚的新人，成为一名省级的青年岗位能手。

我会经常出入船厂检测一些大型的起重机械，听到钣金工把硕大的铁板敲得铿锵作响；看到切割钢铁船身的火花犹如烟花一样，火花四溅，我会有一种怦然心动的感觉。我觉得，这一刻我的生命离海很近，离天很近，离生命的本源很近。

偶尔，我会抽支烟，站在塔机塔帽的顶上，沐着海风，看香烟极速地燃烧，想象着一辈子可能就像这支香烟一样转眼就灰飞烟灭了。

偶尔,我还会写些诗,佶屈聱牙,意象混沌。

偶尔,还会酗些酒。既然抱定决心不和这个世界的事死磕,那么花色更迭的大酒,就成了对抗苦涩的最好解药。说到大酒的花色,其实也是乏善可陈,无非是红、白、啤、黄、米的排列组合,看心情、看状态、看宾客心情随机筛选。

道场转战,无非在酒店、饭店、夜宵摊。七八个纯或伪纯的爷们儿,几十个瓶子,叮当写意地胡乱堆着,几十个盘子堆砌:骨、刺、皮、壳,胡乱放着;三五成群地捉对吞吐:打火、点燃、吸气、冒烟、口口相传,胡乱臭着。时有再转战,操熟烂的歌词,抱萍水的姑娘,硬撑着肛裂的表情,礼数周全地迎送。酒醒后抱憾,不过尔尔。

年纪大些,酒量退化些。胆魄愈萎缩,心神愈迷乱。年轻时,大学光景,七八扎啤酒下肚,扶着墙滚回宿舍,脱鞋袜后爬到上铺。大脑迅速注销、关机、抛弃身体,一夜无梦地睡到大天亮。

而现在,大酒、小酒之后,迷迷瞪瞪地睡下。半夜里,丑时,毫无征兆地醒来,大脑刷机般清醒,胃囊格式化一般清净,梦境逐渐清晰,各种念头、各种小九九,织就成一张硕大的锦帛,各种幻象、各种狰狞、各种美色,天网恢恢,疏而不漏。

极古怪的是有次住在北仑港一家荒郊野外的酒店里,梦将醒时,听到有人高喊"六祖慧能!六祖慧能!"忽然醒过来,房间里一切太平,同事高歌猛进的鼾声,百邪不侵。于是开手机,开百度,查禅宗慧能,看六祖的真身像——仿佛梦里见过一般,于是学禅宗,丑时、寅时、卯时,天大亮时才迷乱地睡去。此后,很长的一段时间,丑时酒醒,无眠,学禅宗,各色诗句,各色辞,各色自以为精妙的断章,从大脑里喷如泉涌。

后来,七妹换了工作,身体果然康健,日子过得还算闲散。

我仍坚守在自己的岗位上,每天处理一些看似关乎国计民生的大事,每天重复一些鸡毛蒜皮的事,坚持码字,偶尔酗酒,间或抽烟,浮皮潦草地活着。

宁波城已不如十年前洁净,尾气簇拥着雾霾,工地聚集着扬沙,城市上空像一张青春不再的面庞,雀斑、白斑、黄褐斑、老年斑在此生根发芽,蓬勃壮大。

人们不再像从前那样简单快乐,不再喜欢当面交流,反而更加钟情于微博、微信和数字化的朋友圈。

十年间想通了很多事情,会在心中素心默诵《无常经》:

有三种法,于诸事间,是"不可爱",是"不光泽",是"不可念",是"不称意"。何者为三,谓"老、病、死。"

十年间放下了些许俗念,好似书上所唱:凡事都有定期,天下万物都有定时。生有时,死有时,杀戮有时,医治有时,拆毁有时,建造有时,哭有时,笑有时,静默有时,言语有时,欢喜有时,悲伤有时。

十年间学会了丁点儿的达观,尽如明代的陈继儒在《小窗幽记》中所悟:

天薄我福,吾厚吾德以迓之;天劳我形,吾逸吾心以补之;天厄我遇,吾亨吾道以通之。

十年之前,通宵喝酒,通宵K歌,照样坐怀不乱;十年之后,四两红二,一箱哈啤,不禁高潮迭起,傻笑狂癫。

十年之前,单手劈扣,挂在篮筐上做引体向上;十年之后,高高跃起,篮脖子轻轻划过我中指的指尖。

十年之间,执着的不再执着,般若的不再般若。

十年之间,低俗的依然低俗,混蛋的依然混蛋。

我爸说,装傻充愣的人,生命力顽强。

我觉得他说得不好,死乞白赖活着的人,才顽强。

四月中的一天,我在一座孤岛上检验。

前夜和几个船老大饮了酒,头微微有些发痛。天色微亮时,我只身开车离去。

因为急着赶回单位,车子在熟睡的山道上盘旋飞驰。海已经醒了,远远地搅着苍黄的细浪。油菜花在山坳里开得正艳,太阳从青云的开裂中绽出光芒,如千万把刀剑,直破琼霄。那一刻,天地流金,光芒万丈。

我减慢车速,最终停了下来。反胃感已经消失,头脑彻底清醒过来,刹那间,我觉得这十年并没白活,胸中涌出一句:岁月如刀,此间年少。

妈妈都可以

✽ 王宇昆

>>>> 一

年底带爸妈去杭州旅行了一趟，连吃了几顿本地杭帮菜之后，妈妈突然问我可不可以带她去吃比萨。向来在选餐厅上摸不清爸妈喜好的我，在听到他们有自己指定想要吃的东西后，忽然觉得很开心。

开心不是因为我不用去费尽心思猜测她喜欢什么了，而是因为忽然察觉到了妈妈身上的一种变化，那就是她开始跟我清晰地表达自己想要什么、喜欢什么。

冬日的西湖虽然萧瑟，但别有一番美感。我和她踱步在断桥边上，聊起这件不起眼的小事。我对她说我很开心她可以直白地告诉我她的想法。她笑笑问我为什么会想到这个。我沉思了一会儿，看着她的眼睛说："因为我想要成为你亲密无间的亲人，成为可以分享你所有喜怒哀乐的朋友。"

这句话的背后，掩藏着一件我一直觉得愧疚的故事。

独自在上海工作的我，在夏天偶然一次跟我爸通电话的时候，得知妈妈的肠胃病犯了，去医院做了手术还住了一阵子院。但这件事她执意瞒着我，不让爸爸告诉我。缘由是她不想让独自在外漂泊的我担心。

知道这件事情后，我立刻打电话过去说要请假回去看望她。她在电话里拒绝了我，说这样会影响我工作，不想浪费我宝贵的时间。那通电话挂断后，我难过了很久很久，有一种莫名的缺失感在心头萦绕，又有些无能为力，不知道自己该如何补救心中的那份愧疚。

电话里妈妈说了一句话："妈妈都可以，最重要的是你照顾好自己，过好你的生活。妈妈不喜欢你把时间浪费在这上面，我知道你爱我就足够了。"

这句话听她说过无数遍，饱含父母对子女厚重的爱，但也同时让我想起了很多往事，那些岁月流逝中遗漏下来、被我忽略或是被我注意到的细微回音。

>>>> 二

妈妈说过很多她不喜欢的东西。她不喜欢我拿着仅有的零花钱，在放学的时候去买小卖部里五毛钱一袋的辣条；她不喜欢我趁她上班的时候，偷偷打开电视机一边看一边写作业。

但这些事情也不会凭空消失。就比如，小时候我还是会偷摸去买零食，找各种机会藏在她看不到的地方；会耍小聪明拿湿毛巾在她下班之前，敷在电视机滚烫的屁股上。

如果说年少的"淘气"有一个简明扼要的概念，那么可能就是一切与"妈妈喜欢"相反的东西。

妈妈从少女时代到成为"妈妈"，也是在做着一件相反的事情。那些曾经的数不清的她不喜欢的事物，像无数颗石子被丢入一片名为"孩子"的大海，顷刻间被海浪吞噬，不留痕迹。很多个瞬间，我突然意识到，对于妈妈而言，她的"相反"不是从不喜欢变成喜欢，而是因为"妈妈"的包容和忍耐，让所有的"不喜欢"让步给了"妈妈"这个角色。

相比不喜欢的东西，妈妈似乎很少说过她喜欢的事物。"是喜欢辣的食物多一些，还是更喜欢麻的味道？不过麻辣口味的伴手礼在我们店卖得最好。"

"妈妈平常会喷花木香多一些还是海洋香多一些呢？""鲜亮的颜色很适合这个年纪的人，不过挑衣服的话还是要看个人，之前有个阿姨说自己买衣服只买黑白灰三种颜色……"

很多个场景，在旅行礼品店、香水店、商场被问及这些问题的时候，我突然才意识到我并不知道所谓的正确答案。想要打电话给远方的妈妈确认，但又不想让她猜到我在给她准备礼物。我以为问题的答案会是明确的是与否，但妈妈往往会用相同的答案解答一切，"都可以，你买的我都喜欢！"

"妈妈都可以"可以成为一个答案吗？好像能，但好像又不能。妈妈或许是因为"我买的"而喜欢这件东西，可我更想要的，是她因为这件东西本身符合她的喜好而喜欢这件东西。

>>> 三

回家发现之前我去重庆旅行时买给妈妈的麻辣牛肉干并没有开封，而是原封不动地被保存在那里。妈妈说是想等我过年回家，和她一起吃。

无花果味道的香水虽然闻起来让人感到心情愉悦，但是喷了几下之后，她就不停地打喷嚏。

妈妈说那件卡其色的外套太隆重了，她要等着参加婚礼这种重要的场合再骄傲地穿出去。

当我看到那饱含心意的礼物几乎保持原样地陈列在那里时，我有些不开心。妈妈说不是因为自己不喜欢，而是因为舍不得用。

"有什么舍不得，老这样的话，我下次就不买礼物给你了。"说出这句气话后，我意识到"妈妈都可以"这个答案好像也没有那么神奇，我无法判断妈妈是否真的喜欢，这些心意反而更像是自我感动。但事实真的是这样吗？

看见药盒子里各种各样的胃药之后，我才明白，妈妈年中查出来的胃病让她不能吃任何辛辣的食物。妈妈对气味非常敏感，所以家里面的洗衣液从来都是没有任何香味的。偶然一次帮她解决手机软件密码找回的问题，我才留意到她购物车里的衣服都是帮我和爸爸挑选的，而她自己已经很多年没有添置新的衣服了。

原来，"妈妈都可以"这个答案背后其实不是"她没有什么特别的喜好"，而是我好像从来没有真正地去了解她，去解读那么多年来她悄然间隐藏的"喜欢"。

妈妈其实有很多很多喜欢的东西。

她喜欢我考试成绩进步、作文被拿出来全班传阅时我骄傲的小表情；她喜欢忙完一整天家务，躺在床上刷一集电视连续剧；她喜欢尝试不同颜色的染发膏，为了发现哪一款可以更持久地遮盖住她越来越多的白头发……

当我欣喜地发现其实她有这么多"喜欢"时，一些酸楚却爬上心头，原来这些"喜欢"都围绕着我，都和成为"妈妈"这个角色相关。

我总在想，从少女时代成长为"妈妈"，是否就意味着要让所有的自我意识都让位于孩子和家庭？当我长大，发现原来我不曾努力地认识她、了解她的时候，她一直都理解着我的所有，即使时代变迁，她逐渐跟不上年轻人的成长速度，也从未放弃想要更好地了解我。

我希望她可以告诉我，虽然不怎么吃海鲜，但很想放肆痛快地吃一次小龙虾。

我希望她可以带着嫌弃吐槽我买给她的新衣服并不好看，那件带花纹的更适合她。

我希望她可以撂挑子不做家务，让我带着她来一场说走就走的旅行。

其实，"妈妈都可以"从来都不是一个答案，这句话背后潜藏的爱意不能只是爱意，而是应该催促着我们去找到更多她的"喜欢"，去发现因为"妈妈"这个角色而被抛弃、被拘禁、被遗忘的，那些真正属于她的"喜欢"。

父亲去世后，我在他的游戏账号里游荡

✱ 庄晓波

在"80后"尾巴的童年，网络游戏在父母眼中是魔鬼。我的爸爸是家长中的绝对异类，他和我一起玩游戏，还瞒着妈妈带我去那时和少管所差不多一个意思的网吧。我曾以为我和他之间有很多只属于两个人的小秘密。直到他去世，我千方百计盗号登录到他的账户里，才发现他遗留在我童年里的秘密。

物证彻底湮灭

2018年11月7日，为了一个不得已的原因，我和妈妈搬离了童年的家。那真的是一场漫长的告别。

那是我的父亲去世第十一年。房子太大，五间卧室，奢侈到可以容纳一些过于长久的悲伤。那年，妈妈直接搬出了那个卧室，偶尔进去打扫。更多时候，这个房间落满灰尘。相比于因为杭州多雨而过于明净的大理石墓碑，其实我更习惯在房间里怀念爸爸，那种灰蒙蒙让我的悲伤有一种明确的依靠。我经常关着灯，和他小声说一个青春期男生的秘密。后来，是一个老男孩的寂寞和琐碎。我不肯把自己称作一个中年人，那个词属于我的爸爸。

最后一次，我轻轻关上门，不去看那些空荡和面目全非。我说，爸爸，真的再见了啊。

关上门，我能和你说的那些小秘密就到这里了。你知道吗，我从来没有告诉妈妈，小时候你半夜偷着出来抽烟，我想你也没有说过我溜去网吧打游戏的事情吧。你一定记得那一天，我们在小区门口的路灯下刚好撞见，我真的好紧张，我紧张是理所应当的。可我发现你并不知道怎么处理这个场面，你就站在那里看着我跑掉了。现在，我也当爸爸了，我知道了根本不会当爸爸是一种怎样的手足无措，明明就是那一刻的你。

那一次尴尬没导致任何惩罚。我观望了几天，中途吃草（真的花坛里的青草）想生个什么病换取怜爱。没成功，却很快发现它带来一个奇妙礼物，我有了同龄人不可能获得的游戏自由。爸爸主动分给我在家里玩游戏的时间，并且开始陪我打游戏。可那时"80后"尾巴一茬人的童年，网络被视为绝对的魔鬼，好像那个东西沾一点点就会被毒死一样。

事情就会这么激烈。小学班主任每次开班会都会组织一场匿名举报，谁都必须写小纸条，这一周哪个学生触犯过"五项错误"，有三条太无聊忘记了，一条是"班里是否有男女学生交往过密"，压轴的那一条是"这个月有没有人去过网吧"，这个选项每次都能击倒一片人。有一次我票数够多，当场急中生智，说我去的是电子阅览室，是为了查资料，老师第一时间被我搞蒙了，挥手让我坐下。

第二天迅速反应过来，双重愤怒之下，她要求请家长，我十分知道这种事情应该请哪个家长。

我的童年就像一场大型游戏，妈妈对游戏视若洪水猛兽，严防死守。爸爸在一边不断给我开后门，偶尔开着车带我去网吧。这是一场猫捉老鼠的游戏，无非是，老鼠和公猫联袂对付那只无辜的母猫，我一边快乐地玩游戏，一边在这么一场追逐游戏中度过了很多时光。

童年里的双面间谍

妈妈掌控我玩游戏的方法很简单：电话座机。2002年和2020年相比，在很多方面算上古时代，比如拨号上网。这个东西会占用电话线路，就是说，家里只要有人上网，拿起话筒，那里就会传出极度刺耳的电流声。

小学时，家里唯一一台电脑放在我的房间，是为了和美国的表哥聊天，学纯正英语。我很讨厌英语，可那是妈妈强力推行的教育方式（后来我知道表哥这么耐心是因为老妈给他发工资），老妈是医生也是那个年代罕见的研究生，她经常在饭桌上鄙视我们班主任的水平，但那个"巫婆"说的话她也还是很信，我觉得她是一个有点矛盾的人。

这个理由之下，老妈不好意思把电脑移出我的房间。她想出一招致命的，把电话从客厅里改在了卧室床头柜前，并进化出一个条件反射的习惯，无论睡着还是梦游，都会拿起话筒，听一听那里面的声音。这个方法飘忽到防不胜防。那时候我不懂里面的关窍，以为她是听见电脑运转的嗡嗡声，才如此频繁而精确地破门而入。我一次又一次用多层棉被无望地掩饰它。

那个座机早就注销了，只是一直放在那儿，成为一种证物。

被她发现其实也没什么可怕的。老妈和老爸都是标准知识分子模样，无论何时都要表示开明，不好意思欺负孩子。她最生气的时候，也只不过是找我谈话。怒气值和谈话时间成正比，最长的可能几个小时，那种晚上谁都不用吃饭了。爸爸是那个只会在门口徘徊，跟着一起不吃饭，也不说话的寂寞角色。

老妈对我其实有点恨铁不成钢，对我爸可能也有点。小学时，我的学习成绩还好，但老妈总觉得粗心扣掉的分数和不好好学习关系很大。爸爸也在意我的分数，但他只管我懂不懂，那些无聊小数点在他看来完全不足挂齿。妈妈觉得这和他的散漫作风有关，他是医生里极少数有抽烟习惯的人，且烟瘾特别重，卧室脏乱到离谱。我妈和我爸是同事，往前看，老妈其实是爸爸手把手带出来的徒弟，可她一直觉得我爸这样的完全是医生里的"败类"。

我不知道老爸怎么说服妈妈让我玩游戏的。反正,我获得了每天一个半小时的游戏时间,偶尔考试成绩好,还有额外嘉奖。后来我问过妈妈这个问题,她说,就是直接那么说的啊。然后沉默下来。小孩子的敏感总是容易被低估,我知道不可能那么简单,我在心里接过她的话,你以为你是一句话就能说服的人啊,妈妈。但我没有真开口,她曾经那么喜欢和人斗嘴,现在她也变得不爱说话了,和我爸爸一样。这可能会成为一个永久的秘密。

我的童年闪烁着这样的片段。小学时很狂热的游戏叫《奇域》,一个即使当年也十分小众的游戏。爸爸坐在旁边,教我怎么用弹弓打蝴蝶,扇着翅膀的蝴蝶团团围着我,血槽触目惊心地掉。我不舍得用血瓶,等级低的时候死得特别快。爸爸哈哈大笑,说这么小就是个吝啬鬼。妈妈盯着转得太慢的手表分针,时不时飘过来一个愤愤不平的眼神。

爸爸是我的游戏外挂

小时候,我一直觉得爸爸的存在是我的外挂。一是他会偷偷开着车带我去网吧玩,因为妈妈的眼神芒刺有时候真的煎熬。二是他明明比我晚注册至少半年,可是他玩得比我好太多……在最后一刻,我是70级的猎人,爸爸是90级的法师。他一个幻术可以立刻秒掉我。

最初,在两个人都是"宝宝"的时候,爸爸就敢去焚骨沙漠,跟在高手后面捡到机会就补刀,有时激怒了高手,几支箭先射死了他。我只敢在新手世界转悠着捡东西,蓝蝴蝶也能把我吓跑。爸爸经常嘲笑我胆小,将来怎么办,我也笑话他是个投机主义者,会关联他炒股赔了之类的话题。有时候我们去找妈妈评理,她对我们这种幼稚十分无语,爸爸说所有男人都是孩子,没办法。

但他的进步真是飞快。《奇域》在我们班一度流行,很快,我就玩不过爸爸了。再然后,我班里最厉害的同学也玩不过爸爸,每个同学来我家串门都得输掉一点儿什么。我从没问过他为什么玩得那么好,是不是趁我上学的时候偷偷练习。这可能是另一个再也无法知晓的秘密。

也会有一些痕迹。爸爸不知道我会查历史记录,我知道他曾经在百度搜索《奇域》的攻略,譬如"超级宝宝是什么意思"。当他向我炫耀他知道有些宝宝的角色比法师还难对付的时候,我不说话,我想我的一部分骄傲确实来自他,那么我可以做到不点破。

他刚刚去世的那几天,我想了很多办法找回他的账号。那时我高三,离高考没两个月,妈妈哭着劝我放下。可我是一个彻底狂乱的状态,我觉得那个账号里面有一些我不知道但必须获得的线索。那时奇域还存在,但几乎是一个废墟状态,活着的客服找不到,我问遍了人,最后找了个高手把他的号给盗了。那一夜,我翻遍了他的仓库,清点他的武器。间隔不到五年,游戏里的金融系统在脑海还有一个轮廓,我算不清具体数目,但可以肯定他花了很多钱。想起他从来不给我买点卡,他好像一定要维持一个比我强的状态,就像一个父亲在儿子面前希望成为的那种人。

没有原因,但那一刻我彻底冷静下来,那个账号没有告诉我任何答案,当然也不可能唤回什么人。《奇域》是属于那个年代的简陋游戏,没有录像功能,我看不到他的身影如何在桃花林走来走去,除了他金光闪闪的仓库。我能知道的信息只有两条,他上一次登录是一年前(我是三年前),最后的搭配是一件蓝色带星星的披风,他手里没有武器,那时的奇域也就只剩下游山玩水这个功能了。

那是我唯一一次登录父亲的账号。开始的一年多只是不忍心。但盗来的账号并不长久,我没有他的注册信息和密码保护问题。当我稍微鼓起勇气想再上去看看，那个号又被谁盗了。

最后一夜，我想起很多从前的事情，只是一种温存回忆，也想哭，但最终没有。小学高年级的男生差不多都到了青春期，开始有一些形而上的忧愁。有时候，我也想一个人孤独地逛奇域。好像有一天，发生了一件我忘了理由但特别悲伤的事情，又半夜起来打游戏，想着被妈妈发现也无所谓了。但她那一夜睡得很好。当时游戏里好多人没有睡，一直杀人也没意思了，大家就坐下来聊天，说自己失眠的理由，那时我的悲伤慢慢转移到好奇，天南海北的人坐在一起聊天，那种感觉类似于小房间里的一种异乡。

在我残留的印象里，奇域的场景设计得特别漂亮。我喜欢在游戏里点击冬天，大雪纷飞，雪域森林里黑白灰交杂的影子在地上闪闪烁烁，和法师、战士、猎人和宝宝匆忙身影重合在一起，经常覆盖出漆黑斑点，我当时觉得很酷，现在反应过来就是画质太差。现在奇域彻底消失了（我也不知道是哪一年，哪一天，哪一个时刻）。偶尔感伤，我也只能在百度图片上搜索，那些画面粗糙到我无法产生任何亲切感，那年代的游戏就应该是这个模样，怎么想象，我也不可能再回到那个世界里了。

童年的钥匙

我始终不想回忆那一天，它在我的记忆里是一些零散片段，唯一的印象是那个夏天特别炎热，和高考前的紧张粘连在一起，一团迷雾，无法喘息。爸爸死于脑出血，我在图书馆复习的中途收到这个消息，当时不相信，因为没有一点儿征兆，父亲的身体一直健康，他自己就是医生。

父亲离开之前，我开始玩《魔兽》，那时候他也老了，我曾经试探过他，可魔兽对他有点难，他还是坚守在奇域里，时不时邀请我"回家看看"，我只是敷衍。他去世之后，我只有在魔兽里才能迅速打发悲哀，我不计成本地刷副本，捡东西卖钱，半夜没有 MT 可找，我就像个孤魂野鬼一样在场景里游荡。

一度，我试着向公会倾诉父亲和高考的事情，以及这两件事之间无法调和的矛盾，我被立刻逐出了队伍，谁打副本都不肯再带我，公会都劝我这段时间以高考为重，难过了就在 QQ 上找他们说，别再熬夜打游戏了。我有一点感动，但也没有和任何人说。我发现我变得和父亲一样沉默，妈妈也是。

沉浸在思念里的人很难理智地清理出岁月线头。我只是记得爸爸说过，动作类游戏会开发男孩子的敏捷，打游戏通关练级快的孩子不可能不聪明。那句话的场合我彻底忘记了。不过他应该是对的，带着悲伤，我还是考上了浙大，后来我把录取通知书复印了一张，放在那个房间里，现在那张通知书也变成黄色，和记忆一样迷惘。

后来，尤其是我自己当上爸爸之后（宝宝还不到一岁），我会想为什么他会那样对待我。各种端倪，父亲不是一个性格开放的人。他内向，保守，相信中医，讨厌任何"外国"。唯一的理由看起来十分不可靠，想要孩子聪明为什么不去学奥数，我觉得他可能只是想让我快乐吧，他自己并不是一个快乐的人，他总是沉默。

现在我还是一直玩游戏，和同龄朋友一起。想起来，在同一种游戏里，没有人像当年的爸爸水准那样，让我觉得高不可攀了。比如王者荣耀，那些朋友都比我菜，这让我经常陷入骄傲和伤感中，偶尔在紧张的排位时刻停顿，掉落不少分数。仅仅是"偶尔"，如果不是通过照片，我几乎忘记了父亲的确切模样。

有时候觉得，我真的很幸运，当贪玩的年纪遇到游戏，幸运的莫过于有最亲近的人陪伴着纵横江湖。当时过境迁，物是人非时，那个游戏账号，成了联结童年的唯一钥匙。

世界是我的牡蛎

✻ 金 带

我第一次听到这句话，是从苏锐口中。

苏锐是老师安排给我的新同桌。因为他心思不在学习上，上课总喜欢说小话，老师特意让他和我坐在一起。我是班上的学习委员，自制力强，老师对自己的安排非常满意。

现在，没有人同他讲话的苏锐经常趴在桌上睡觉，超出学校规定长度的头发从额前垂到桌面，阳光照在他头顶映出一圈光亮，接近一米九的身躯伏在桌面像小山一样，脚上一双运动鞋大到惊人。

考试的时候，苏锐的成绩一般会全科覆没，不过，这个"一般"不包括他的英语。在数学、物理、化学等科目全部亮红灯时，唯独他的英语成绩可以挤进全班前三。听说他童年是在北美洲度过的，后来才来到我们这个城市。

班上几位成绩很好的同学，看到他的英语成绩会酸溜溜地说："有什么了不起？不就是小时候在国外待过，英语环境好，不像我们是自己学出来的。"

可苏锐从来不觉得自己的英语了不起。虽然他的英文发音好听到像电台主持，但他极少开口说英语，学校任何与英文有关的活动他都选择漠视。老师动员过他很多次，让他参加英语演讲比赛，他都说不去。甚至有一次老师以团体赛的形式给他报了名，他居然在比赛当天弃权，弄得班级得分全年级倒数第一。

种种行径让全班都不怎么理睬苏锐，于是乎他成了班上一个游离的存在，一个在班级想干什么就干什么的人。

他会在桌子上刻出像鸟一样的符号，会拆了班里的扫帚搭出一个树屋，会用中午吃饭的筷子敲击不同的物体敲出架子鼓的节奏，他还在美术课上用颜料把校服的袖子画成没有规则的黄红蓝色，并加上不规则的方块和线条。甚至有一天，他居然带了一块某种动物的下颚骨来教室，骨头上的牙把女生们吓了一跳……

每次老师要苏锐父母来学校谈话的时候，只有一位老人来面对这些麻烦。是的，在老师和同学眼里，苏锐就是一个不折不扣的麻烦制造者。

我妈知道苏锐和我同桌后，好几次想和老师申请给我调个位子，可我没有同意。因为我发现，他除了好动、想法多、心思不怎么在学习上，没有其他问题。只要上课他说小话时我不理他，他就会去做自己的事情，比如睡觉。他可比从前老师安排给我的会捉弄人的同桌好很多。

我和苏锐熟络起来是在一个大雨天。

那天没有任何征兆地降下倾盆大雨，没带伞的我如果选择停下来避雨，那第一节数学课必定会迟到。而数学老师是出了名的严厉，我只有选择在雨中奔跑。突然，头顶被一个东西盖住，并且有物体打到了我的脸。生气中，我扯下头顶的覆盖物，发现是件校服，还留有温度，苏锐那快一米九的身躯头也没回地跑在前面，身上的白T恤湿了很多。

当我急匆匆、气喘吁吁地走进教室，头上还顶着他那件宽大的校服。班里的同学看到有两件校服的我，愣了一下，然后发出打趣的声音。全班都穿着校服，只有我同桌的白T恤在一堆校服里明亮刺眼，傻子都知道他的衣服就在我这儿。

虽然我很尴尬，但内心还是对苏锐充满感激。

这件事以后，我对他不再像以前那样反感，开始和他聊点爱好和电影什么的。

有一天，他告诉我他桌子上刻的鸟是古埃及神话里的贝努鸟，等同于中国文化里的凤凰，开罗的埃及博物馆里有一块来自金字塔的"奔奔石"，上面就刻有贝努鸟，它是太阳神的灵魂幻化成的；他校服袖子上的画是临摹的康定斯基的《黄·红·蓝》。

"这些真迹我爸都带我去看过。"苏锐说得兴起，"我爸还带着我搭了一个树屋。上次我带来的那块下颚骨是湾鳄的，是我爸从柬埔寨带回来的，湾鳄是世界上咬合力最强的动物之一。我爸经常说：世界是我的牡蛎。"

"什么意思？"我问道，且羡慕地又说了一句，"原来你和你爸去过这么多地方啊！"

苏锐突然间沉默了，而且接下来的一天都没怎么说话。

不过，他那奇怪的沉默被我满心的佩服忽视了。我发现，这个被大家视为麻烦的同桌，其实配置了一个有趣的灵魂。

可接下来这个有趣的灵魂惹上了个大麻烦。

做课间操的时候，排在苏锐前面的女同学穿了一件带兜帽的卫衣，帽子尖垂有一个毛茸茸的线球，在腰际的位置晃荡，煞是可爱。苏锐忍不住用手去捉那个晃动的线球，可随着做操的节奏，线球一摆，苏锐没有抓住，手反而贴到了女同学腰以下的部位。

女同学转头看着苏锐，两个人对视了两秒后，女同学发出尖锐的叫声，于是在全校同学的注视下，班主任、年级主任、执勤老师都围过来了。

后来我听说，事情再次在办公室升了级。这件事加上苏锐平时想干什么就干什么的行径，导致他百口莫辩。等到女同学的父亲来了，对着苏锐大叫："你这种有娘生，没爹养的娃。"苏锐听到这句话后冲了上去，幸好被周围老师拉住。

从那以后，苏锐没有再来上学了。学校开始流传关于苏锐家庭的各种版本，有的说苏锐的父亲在服刑，所以儿子才能干出这样的事情；有的说苏锐的父亲抛弃了苏锐和他母亲，所以女同学的父亲才会冒出来那么一句话；最靠谱的一个版本是，苏锐的父亲是自由摄影记者，拍摄各种人文地理和动物，写各种游记，为世界多本杂志供稿，所以苏锐从小就跟着父亲满世界跑。然而每一个版本都没有提及苏锐的母亲。

我最后一次见到苏锐，是他转学前来班上收拾东西。那是放学后，大部分同学都回家了。突然看到他那接近一米九的身影出现，我竟有点小激动。

我们互相点了点头，我定定地坐在那儿，看着他把自己的东西扔到一个大编织袋里，不知道该说点什么。

"我爸是个自由自在的人，"苏锐突然开口了，但是眼睛没有望向我，手里的动作也没有停，"他前年出了车祸，不在了，是在去柬埔寨拍摄湾鳄回来的路上出事的。所以我回国了，和爷爷一起住。你们都知道的，我没有母亲。"

我不知道该怎么接这个话题，依旧怔怔地看着他。

"我爸从小就很有个性，我想我是遗传到他了。"苏锐依旧没有看我一眼，像是说给自己听一样，"他一直告诉我，人要按照自己的意愿去生活。他去过世界上那么多地方，过着一种不受束缚的生活，我也想像他那样，去追求自己真正喜欢的东西。"

苏锐的背影消失在门口，我琢磨着他说的话。

若干年后，我在新媒体平台看到了成为旅游主播的苏锐，粉丝很多。他用那依旧充满磁性的嗓音向大家介绍各个地方的风俗和我们不太了解的动物。我们是芸芸众生，上学、高考、就业、结婚、生子……在自己的人生轨迹里终究平凡，却有一小部分人走另一条足迹罕至的道路，展现出另一种生活方式。人要抛开种种按照自己的意愿生活，得需要多大的勇气和能力。

再后来，我在一本外文杂志上看到一句话：The world is my oyster. 意思是随心所欲，直译过来是：世界是我的牡蛎。

无从告别的告别

※ 里则林

▶ 1 ◀

记得还在上海的时候，小区里住着许多子女不在身边的老人。某个暑假老师要我们去找一个老人，然后陪伴他们，算是作业。

我找了隔壁那幢楼的一个老头儿。记得我第一次敲他的门，他开了一半，奇怪地看着我，我呆滞地傻愣了半天，然后用手指了指胸前的红领巾说："你好，我是小学生，老师要我来陪你。"

老头儿听完，微微一笑，把门敞开，示意我进去，问我："你从哪里来？"

我坐在脚碰不到地的高凳上，晃动着双脚指了指左边说："我从隔壁来。"

他笑笑没理我，就那么旁若无人地摆弄起花草来。

我有点不知所措，对他"喂"了一声。

他转过头来说我没礼貌，然后继续低头摆弄花草。

最后我只能哈欠连天地看着墙上的钟，等着两个小时结束。临走的时候，我拿出一个小本子给老人家签字和写评语。老头儿戴上老花镜看了看本子上的大致内容，问我写什么好。

我说："写点还不错之类的就行。"说完，我有点不好意思地看向别处。

那天临睡前，我突然想起那个本子，然后迫不及待地想看看老头儿写了什么内容，于是翻开本子，发现上面工工整整地写着："他今天非常乖，非常热情，很有礼貌，家教很好，很讨人喜欢。"看完，我竟然有点不好意思。

▶ 2 ◀

后来我每天去陪这老头儿，他几乎不怎么说话，不是摆弄花草，就是摆弄鸟，偶尔我坐在大厅和天井连接的地方，呆呆地看着他。

老头儿则依旧每天结束时，在本子上换着花样夸我。得到他措辞绚丽的评语几乎成了我去陪他的唯一动力。

某个下午老头儿坐在桌子旁看书，我在他对面一动不动，老头儿抬头看了看我，然后看了看他那堆书。我就顺着他的目光也看了看那堆书，看见里面有一本《杨家将演义》的连环画。我伸手摸了摸那本书，犹豫间，他对我点点头。于是我就把那本书抽了出来，津津有味地读了起来。从那天起，他就不摆弄花草了，每次来，都和我面对面看书，每天他的书堆里都会莫名其妙地有一本不同的连环画。

有一天看到的又是连环画，我突然觉得无聊透了，做作地打了一个又长又大声的哈欠，然后趴在桌子上发呆。

老头儿咳嗽了几声，说"你等一会儿"，转身进了房间。我看见他打开衣柜，到处翻，最后面红耳赤地拿出一把剑。

我立马跳了起来，双眼放光地看向他，因为我从小就喜欢宝剑这类东西。

老头儿脸上第一次露出了调皮的神色，拔出剑来，故作姿态地舞了两下。那天下午我们在天井里，老头儿教我玩了一套晨练时的老年剑法。

从那天之后，只要我去老头儿家，他就会第一时间给我背上那把大宝剑，然后该干吗干吗。不知不觉过去了15天，还有5天我就可以结束陪伴老人的作业了。

我把这件事告诉了老头儿，老头儿愣了一会儿，说："那明天我带你去城隍庙买一把属于自己的大宝剑吧。"

我惊讶地看向他，问他是真的吗。

他用力地点点头。我一激动，抱住了他，第一次说了句："谢谢爷爷。"

他面色绯红，有点不好意思，也抱了抱我，但显得异常开心。第二天在城隍庙，我看着琳琅满目的刀枪棍棒，一时没了目标，满心欢喜地扫来扫去。我们两个站在一起，老头儿有些紧张地问我："是不是不喜欢这里的？"我摇摇头说："没有，我都喜欢！"

我挑了一把黑色的剑，老头儿找老板要了一根红色的背带，蹲在门口帮我绑在剑鞘上，挂在了我的后背。那天，我觉得自己终于成了展昭。

后来老头儿带我去买麦芽糖，我们坐在一个亭子里吃糖的时候，老头儿问我："你有爷爷吗？"我愣了好一会儿。

我边吃糖边说："我不记得自己的爷爷，从来没有见过他。"他就不说话了，摸摸我的头，问我："你还想吃什么？"我摇摇头，我们一起陷入了沉默。

▶ 3 ◀

其实我从小就不记得爷爷的样子，因为我的童年颠沛流离，一时在这儿，一时在那儿，却从未回过老家。

一直到1997年，我7岁那年，才第一次听爸爸妈妈对我说起"爷爷"两个字。那是一个晚上，我从睡梦中被叫醒，带着一肚子的起床气，大声地喊着："我不穿衣服！"爸爸对我投来了一个令我此生难忘的失望眼神，然后和妈妈急匆匆地出了门。

许多年之后，我才知道，那天晚上我失去了最后一次见到爷爷的机会。此后这成了我每次想起都会遗憾和自责的事情。

我24岁那年，临近清明节的时候，爸爸让我回老家去给爷爷扫墓，我听完二话没说就推掉了所有事情。

那天在墓碑前，我放起了一长串鞭炮。我看着爷爷的名字，心里说："爷爷，我回来啦。"然后眼睛就红了。

我心里又说："爷爷，在那个年纪，我真像个不落地的蒲公英，从未有人跟我提过我从哪里来，也没有人确定地告诉我，我要到哪里去。就像被风一直裹着，以为世界上并没有可以落脚的土地。如果你原谅我的话，你就刮来一阵风好了。"于是那天很神奇地在一秒之后，刮来了一阵风。

▶ 4 ◀

在那个陪老人的作业本上，老爷爷给我写的最后一条评语是："他像我的孙子一样，我像他的爷爷一样。"

那时我常常面对离别。妈妈在某天跟我说，这个暑假结束之后，我们要去重庆了。

我点点头，坐在沙发上。我不知道重庆是什么地方，也不知道在那里会遇见什么人，只是已经开始在心里提前默默地消化着对未知和陌生的恐惧。

离开那天，老头儿赶来，抱着一盆小花，气喘吁吁地说："这是你来那天，我给你种的，名字就叫小则林。"

我一看，是一盆黄黄的小花。妈妈说："坐飞机，带不了这个。"

我遗憾地看着老头儿，老头儿也略显无奈，犹豫了一会儿说："没事，等你回来的时候，小则林就长得跟你一样大了。"说完摸了摸我的头。

但我并没有再回去过，甚至没能带走爷爷送我的那把大宝剑。走的时候，我也没明白过来，"爷爷"到底是什么。

但时间一天一天地过去，人在时间里，很快就会长大。有时夜深人静的时候，我会想起那盆小黄花，也会想起1997年的那个夜晚。并且每次都带着遗憾，因为他们从来不知道我去了多少地方，也不知道我见过多少人，甚至他们永远没有办法知道，他们一直在我心里。我没有办法告诉他们，这些无从告别的告别。

游到海水变蓝

✽ 程天慧

十三岁的暑假，我认识了李海。我还记得，当时一起走进那个正在建设的码头时，我们都戴着安全帽。我的是白色，他的是蓝色。

父亲在那年接手了洋山深水港的打桩工程，那是他职业生涯的光辉时期。他为了丰富我的暑假生活，带我去工地上住了两个月。在这里，我认识了李海，和我同龄的一个男生。他体形瘦小，海风造就了他黝黑的皮肤，显得有点痞气。李海和他父亲生活在码头边的一个破旧集装箱里。平日里，他就在码头边戴着蓝色安全帽，看着海水翻滚拍打岸边，太阳移动照耀万物。

由于父亲在码头上的工作繁忙，没空管我，李海成了我唯一的玩伴。他带我到小洋山的最高点俯瞰这座正在建设的码头，很得意地给我指他的家——一排平瓦房旁边的一个集装箱，那些平瓦房上用油漆写了大大的"拆"字，并告诉我几年之后这里会是世界上最大的一体化深水码头，到时候他这里就属于拆迁房，能获得一大笔钱。有了这笔钱，他和父亲就要住到洋山的那一边，海的更蓝处。

我们在洋山转了两天，麻雀大小的地方，也没什么可以逛的，李海就带我去了他家那个破旧的集装箱，前提是，我不能告诉爸爸。

走进那个集装箱，呛鼻的铁锈味扑面而来。他让我站在门口，自己进去抱了一大块铁出来，走向海边。

只见他拿了一个钢丝球，把锈迹斑斑的废铁块放在海水里涮一下，拿起来，用钢丝球刷了刷，铁锈掉进海水里游走了，铁块显出银白色。

我问他这些铁哪儿来的？那次之后，李海就带我到工地上捡铁。他让我给他做掩护，我不解，说捡铁又不是捉迷藏，要什么掩护。他说，你戴着白色安全帽，这是工头以上的人才能戴的，没人会欺负你。而我不一样，这蓝色的安全帽也是捡的。于是，我的码头生活，就变成帮李海放哨。如果工人来了，我就仗着我爸是包工头光明正大地带着铁走。当然，捡铁的不只李海一个，他的竞争对手有很多，我还要帮他看着那些铁，省得有人来做二手盗贼。

李海捡完铁，抱着它们去了码头最边上的一个小房子。房子周围长满了芦苇，荒无人烟。我看见他把那些铁交给一个灰头土脸的瘸脚男人。李海告诉我，那是他爸，负责回收这些铁，再卖出去。我问李海，这就是你爸的工作吗？他为什么不去工地上做工人？那样更保险更安全。李海苦笑了几声，说工地上不收残疾人。我又问他："那这些废铁能值几个钱？" 李海说："废铁只是掩人耳目，真正赚钱的是废电缆。"他指着屋子角落里堆着的废电缆，"这东西值钱，捡得多，就可以一周吃一份椒盐排条了。"

我知道他说的椒盐排条，在工地门口不远处．每到饭点，许多戴着蓝色安全帽的工人都会聚集过去，人手一份。旁边重型卡车的尾气卷裹着临时炉灶上腾起的油烟，有时候，我对着父亲用锃亮的餐盘打来的食堂饭菜，会产生一种奇怪的想法——那些黑暗料理是不是比这千篇一律的大锅菜更好吃？我要不要让他帮我带一份来？

而废电缆，我见过父亲派人放置在一个瓦片房里，每周日的晚上都有大卡车来准时运走，走的时候会有工人和卡车司机签一张单子，那一车值不少钱。我不知道李海怎么捡到的，或者说，那叫"偷"。

但我想帮帮他，哪怕只是让他多吃几顿椒盐排条。那天晚上，我悄悄潜入那个小屋子，我看到里面堆着很多电缆，在李海眼里，那会是很多份椒盐排条。我悄悄抱了两捆，我想每天带一点走。可是，当我走出小屋子的时候，突然有个人抓住了我，我大叫。父亲闻声赶来，拿手电筒照那个人。他逃走了，月光下逃离的背影一瘸一拐的。

父亲质问我大晚上为什么要跑到屋子里拿废电缆。我说，我好奇那里面有什么。他不信。最后，在他威胁要第二天就找人送我回家后，我不得不告诉他，李海说这个可以卖钱，我也想拿一点卖钱，作为零花钱。父亲很生气，训斥了我一顿。我感到委屈，那个时候我还不知道，偷电缆、偷废铁是犯罪。

第二天，父亲就下令把那个码头上的破旧集装箱扔到大海里。我看见李海的家在吊车的操控下，一点一点沉入水中，在海底长眠。我还看到了李海，他的脸上写满愤怒。

父亲在放废电缆的房子周围养了几只很凶的狗。每当在深夜听到狗吠声，我就知道李海来了，或者是他爸爸。但他们最后一定落荒而逃。我开始自责，是因为我所谓的好心，导致他吃不上椒盐排条了。我知道他这样做是错误的，但在这个码头，他还能做什么呢？

捡废铁的人还是很多，可我再没看到李海。深夜的睡梦中，狗吠声不断。再次见到李海的那天，太阳很大，晒得每个人都睁不开眼。他手里拿着蓝色安全帽，站在海边。周围聚集了很多工人。他凝望着海面，日光下波光粼粼。我看见一顶蓝色的安全帽在海上游泳，和李海手上的一模一样。

从众人叽叽喳喳的议论中，我得知昨天晚上死了个人，是个瘸子。据说是半夜想爬墙偷电缆，被狗发现，被追着跑的过程中，一个踉跄，跌入海中……李海拿着小木棒，从水中捞出那个安全帽，上岸的时候，头也没回。李海径直走向父亲的办公室，我不知道他们在里面发生了些什么，最后我看到他和他父亲的两顶安全帽里面，牛皮纸包裹着许多钞票，红得像血。他抱着安全帽，从办公室走出来。从此，他就在这个码头消失了。我们再也没有任何交集。

那个夏天结束了。我回到了家，在我生活的地方，找不到李海。这里只有高楼大厦，没有废铁。这里都用无线网，电缆被淘汰了。如果有什么对他来说是诱惑，也只有椒盐排条了。

三年后，码头竣工了。它真的成为世界上著名的深水港。父亲带我来参观他的杰作，他很骄傲自己也是为此做出贡献的人。但李海的父亲，也永远地长眠在这片海中。

而我关于码头的全部记忆，都随海水一起游到远方，逐渐淡忘。潮起潮落，蓝色的安全帽，破旧的集装箱，废弃的电缆，偶尔会浮现在眼前。

藏钱记

*李娟

突然有一天我妈开始写日记了。她老人家的第一篇日记记录了下面这件事：话说她出远门回家，包里还剩八百块。农村生活花不了什么钱，这笔钱天天揣在口袋里不方便，又懒得去银行存。她便把这笔钱藏了起来。

事后我骂她："自己家里藏什么钱？防谁呢？"

她说："万一有小偷呢？"

我说："有点出息的小偷都跑大城市混了。红墩乡三大队四小队有什么好偷的？"

她不服："万一有强盗呢？"

我："你醒醒吧。"

她："万一有逃犯呢？听说这种人专往偏地儿走，走投无路撞进来……"

我："那就赶紧把钱给他，就当八百块钱买了条命。你想想看，你把钱藏死了，让人家一分钱没落着，小心他恼羞成怒……"

她悲哀极了："我也宁可把这八百块钱送出去呀，就算给了逃犯，好歹落个人情，万一二十年后人家来报恩……"

我："你醒醒吧！"

总之当时她把钱藏了起来。

在藏东西这方面，我妈本领高强，说到这里，顺便插播一件往事。

当年我在地委上班时，有一天接到我妈的电话。电话那头有气无力。原来她病了，而且病得不轻。都开始交代后事了。

她说："要是我有什么三长两短，你回到家，推门往左转，门背后的架着碎麦子麻袋垛的木板下有一只破纸箱，上面是几件旧衣服，下面有八千块钱……然后你继续往里走，仓库尽头通向鸡窝的门背后有一个放破钉子烂螺帽的锈铁盆，你扒开，里面有个塑料袋装着两千块……你再推开门往里走，鸡窝西墙角的铁皮炉子后有一个大灰坑，你扒开，里面有一大包零钱……你再出门向东……"

我火了："给我说这个干吗！赶紧把钱搜罗搜罗去治病吧！"后来教育她："你也不怕老鼠给啃了？"

她很有信心："不会。我只往粮食旁边藏。老鼠可不傻，钱哪有粮食好吃！"

我又说："那你不怕藏丢了？还分成几拨儿！"

她还是有信心："万一小偷上门，他找到其中一拨儿钱肯定就撤了，哪里想到后面还有机关！"

"藏哪儿了你能一直记着？"

她更有信心了："能！"

结果，这一次忘得精光。

她说:"每天一闲下来我就到处找。在门边找的时候就抱着门哭,在炉子后面找的时候就抱着炉子哭……每天哭好几遍。晚上睡觉前还要仔细地回想一遍。边想边哭……一点线索也没有。"

尤其是到了该用钱的时候,她跑到城里银行排队取钱。边排边哭,她哭着说:"我还用排吗我?我有那么多钱……怎么就找不到了……"

她到底把钱藏哪儿了呢?

终于有一天,老人家一觉睡醒,电路接通,火光一闪:藏垃圾筐里了!农村生活里产生的垃圾不多。食物残渣都喂鸡喂鸭了。包装袋纸盒子什么的填炉子烧掉。牛粪鸡粪沤过了冬天铺菜地里。因此客厅里那个塑料垃圾筐相当于一个装饰品,永远装着一点点上半年的瓜子壳和几片碎玻璃。

老人家把钱用破报纸裹吧裹吧,塞在筐底,低调极了。等想起来的时候,已经过去了一个月。

这一个月里,发生了很多事情。

首先,她把垃圾倒了……

说到这里,还得描绘一番我家特有的垃圾堆。

我家西边小房边有一个菜窖,又宽又深。我家人少,从来不用窖藏冬菜,便一直空着。菜窖口半敞着,害得我家的猫狗鸡三天两头掉下去,时不时地组织营救,非常烦心。加上地窖旁的砖房地基有下沉的趋势。我妈便决定把它填了。

用什么填呢?

是的,垃圾。

……

前面说了,我家垃圾不多,最大宗的项目就是煤灰,还有偶尔一点点瓜子皮碎玻璃……要是我妈能及时想起来,那八百块钱绝对有救。

没几天就刮大风了。

时值晚秋,无边落木萧萧而下,大风一起,远远近近的枯叶挤地铁一样涌进我家院子,堆积在迎风面的墙根拐角处。风停的时候我妈出去一看,西边小房都快被埋了一小半。

遇到这种情况,一般人家会拢成堆点火烧了。可我妈心血来潮,扫起来直接往地窖里填。

填完一看:不好!这个预计得使用五年的垃圾坑眼看就满了。于是,顺手扔进去几块烧红的煤……

这把火烧得很有效,直到第二天地窖口还在冒青烟。原本满当当的地窖果然腾空了一大半。

而我妈的电路,就是这时给接通的……

哭也没了。我妈扛起半副竹梯子就往地窖跑。

事后我说:"都烧了一整天了,还能掏着个什么?"

她说:"万一没烧透呢?再说扔进去钱以后,不是又倒了几天煤灰嘛,我想着煤灰层应该能防火吧?"

于是她怀着认罪的心,开始了更为艰巨的寻钱之旅。说起那副竹梯子,又轻巧又结实,是我妈的心头爱。只可惜春天化雪时屋顶上滑塌的冰块拦腰砸断了(我们不敢上屋顶,冬天从没扫过上面的雪)。所以说是"半副"。

她把梯子从地窖口伸进去一比画:糟了,太短,上下都够不着。我家另外还有一副梯子,长度应该是够了,可惜是生铁焊的,死沉,两个人才能扛动。

那段时间我不在家,她老人家生拉硬拽,硬是把铁梯子拖到地窖边。然后竖起来,手一松,梯子笔直掉下去。底端陷进灰渣一米深……上端还是够不着窖口……

事后她说:"没想到那么松!"

我说:"刚烧过的草灰有紧的吗?再说梯子重,下端的铁棍尖,你不知道什么叫'压强'?"

然后我妈又开始拯救梯子。她把一只抓钩系在粗麻绳上,探到窖里钩住梯子上端,拼了老命才拽上窖口,又拼了老命才将其拖出菜窖。

她说:"我边拖边想,这要卖废铁的话,能赚多少钱!"

两个梯子都用不了,怎么下去呢?

我妈不是一般人,她把家里所有的麻绳搜出来,开始结绳梯……因为没有亲眼看到,我不知此绳梯具体构造如何,总之这次成功了。她下到窖底。

她说:"脚一落地,鞋子就陷没了。"

总之她在坑底稳住身形,用铁锹挖啊挖啊挖啊……她说:"幸好戴着口罩!"

好吧,八百块钱的事至此结束。她已经尽力了。

之后有半年时间,她老人家一惹我生气,我就搬出这件事来打击她。非常奏效。

再见，总有一天

✱ 路 明

> 为什么叫姗姗？因为我们的爱，总来得太迟。

小时候，爸妈吵架。

你一声不响，抱着洋娃娃离家出走。

不走远，就在楼下的角落蹲着。你知道，一会儿他们发现你不见了，肯定急着来找你。回家的时候皆大欢喜，把吵架的事全忘了。

初二那年，他们闹离婚。

你默默回到房间，闭上眼，在自己腕上划了一刀。

妈妈尖叫着冲进来，爸爸一把抱起你送医院。你看着他们挂号，付费，求医生，急得团团转，竟是恩爱的样子。你为自己的小阴谋暗自得意。

腕上缝了七针。妈妈趴在你的床头泣不成声："姗姗对不起，都是妈妈不好。"你很想对妈妈说："妈妈不哭了，其实我一点也不疼。"

高考后，你如愿考上了北京的大学。

爸爸送你，两人坐了一夜的火车，好不容易找到了学校。到了宿舍，爸爸忙着大包小包放行李，里里外外打扫卫生，爬上爬下搭蚊帐，跑进跑出打开水，忙得满头大汗。可他什么活都不让你干，只许你在一边坐着咬苹果，和新室友聊天。

爸爸要走了，你送他去公交站。你看着他瘦小的背影，艰难地挤上车。

车门合拢，你挥手笑着，笑着，终于忍不住，像个孩子般号啕大哭。车缓缓离去，你看见爸爸用力拍打车门，张嘴去喊什么。可你什么都听不见，泪水模糊了你的眼。

大二的时候，你和男朋友去云南旅行。

四十四个小时的硬座，一路吃方便面。

你发烧了，男朋友去餐车买了一份粥，喂你吃。你觉得很幸福。

下了火车你给他们打电话，爸爸暴跳如雷，咆哮着摔了电话。后来妈妈告诉你，你爸哭了。

他哽咽着说："姗姗长那么大，我没舍得让她吃那么大的苦。"

第二天，银行卡上多了一万块钱。爸爸的电话来了，他没有再凶你，只是嘱咐你吃好住好，注意安全，回来坐飞机。

你是公认的淑女，待人彬彬有礼，说话细声细气。只有爸妈知道你这个淑女是怎么回事。

放假一回到家，你就成了坏脾气的公主。没大没小，摔东摔西，一觉睡到中午，饭菜得端到床上，内衣都是妈妈给你洗，难得刷个碗还嘟嘟囔囔。

好几次，爸爸忍不住想说你，妈妈劝他："算啦，姗姗读书辛苦，回家让她多享会儿福。"

毕业后，你争取到一个出国念书的机会。

爸妈送你去机场，你微笑着挥挥手，转身离去。

你已经不再是那个爱哭的小姑娘。留学三年，你硬是没回家。省下来回机票，还能打工赚一笔钱。

第一个独自在外的除夕，你在电话里对他们说，你很好，不用牵挂，挂了电话就去打工。

那天餐厅里来了很多中国人。他们吃着喝着，大声说笑，没人知道你在厨房刷着堆积如山的盘子。送走最后一批客人已是深夜。

你走在异乡的石板路上，像孤独的烟火。

回国后，你在北京找了份令人艳羡的工作。

过年了，你兴冲冲带着洋男友，提前请了假回家。哪知道爸妈根本接受不了。

令人尴尬的沉默后是激烈的争吵。

你出言放肆，平生第一次，爸爸打了你一个耳光。你摔门而出，用力挣脱了妈妈的手，头也不回地走。

你和男友去了海南。

你们在海边漫步，享用浪漫的晚餐，说着动人的情话。

三亚的阳光和煦温暖，你心中隐隐不安。以往妈妈一天要给你打好几个电话，叮嘱你穿衣吃饭，让你不胜其烦。可这次，那个熟悉的号码再也没有亮过。

从三亚回北京，又开始了忙碌的生活。每一天，你想着妈妈的话：早餐吃一个鸡蛋，出门多加件衣服。

好几次你拿起手机，又轻轻放下。你想，总要独立的，所谓的成熟，大概就是这个样子。

三月的北京，春寒料峭，你沉浸在失恋的悲伤中。

手机响了，是爸爸。妈妈查出了胰腺癌，晚期。你蒙了。

你不顾一切地赶回家，等待你的是冰冷的病房。

你日日夜夜守在妈妈身边，生怕错过每一分钟。你这才发现，二十多年来，你从没安慰过妈妈，从没给她做过一顿饭，洗过一次脚，剪过一次指甲。

你吹凉了米汤，一口一口喂给妈妈，就像小时候妈妈喂你那样。妈妈在药物的作用下睡去，憔悴安详。

原来这世上最残酷的事，莫过于注视亲人被病痛折磨的脸。你祈求上天，再给你多一点的时间。

那么粗的针管扎进妈妈的身体，她还朝你笑："姗姗别哭，妈妈不疼。"

总有一些人的离去让这个世界变得空荡。

回到已经陌生的家，大床上放着两个枕头，桌子上摆了三双筷子。

爸爸说："姗姗，吃饭吧。"一语未了已是泪眼婆娑。

爸爸仿佛一夜间老了，佝偻着背，胡须都白了，小老头一样。

离家前最后一夜，你冻醒了，爬起来找被子，结果找到了几件妈妈的衣服。你躲在被窝里，咬着嘴唇，无声地哭到天亮。

出嫁那天，你一早起床，给妈妈上了三炷香。楼下鞭炮震天，爸爸默默地转过身去，妈妈站在镜框后朝你笑。

婚礼上，你挽着爸爸的手，缓缓走向新郎。

以后，爸爸真的是一个人了。

你想起了第一次离家出走，你抱着洋娃娃，静静地蹲在角落；想起了北京的公交站，那个哭得稀里哗啦的女孩。你强忍着不让眼泪掉下来，耳边传来温柔的声音："姗姗，勇敢点。"

你很清楚，他们爱你。无论你怎样吵闹、任性、坏脾气，他们都不会离开你。可是你忘了，世界是一片海，命运是风，所有的相遇和离别，不过是瞬间的波涛。

我们都是刻舟求剑的旅者，岁月里丢失了最心爱的人。有一天我们伤痕累累，记不起那些温暖遥远的日子。

后会有期，后会无期。我们害怕真正的再见，可是再见，总有一天。

这不是一篇小说，所有的情节都来自身边朋友的真实经历。当然，不是同一个人。为什么叫姗姗？因为我们的爱，总来得太迟。

高考最后一科考完之后，左璐最先和外婆通了电话。

外婆问她："怎么样啊？"

她咯咯地笑："早餐、午餐和晚餐，都贼好吃。"

外婆也跟着咯咯地笑："那你考得应该不差，因为吃货永远不会跑题！"

左璐确实考得很好，她以全校第二名的成绩考上了北京的一流学府。录取通知书送到家的那天，左璐举着通知书在外婆面前跳来跳去。她得意地说："等我到北京混好了，就接您去北京住，我们去吃北京烤鸭。"

外婆笑得连眼睛缝儿都没了，忙活了一个上午，给左璐准备了满满一桌子好吃的。

左璐去北京上学的前一天，外婆的表现很失常。她翻看了好几次日历，又前前后后检查了好几遍行李，然后一遍遍地问左璐："是明天走吧？"左璐最初回答得很认真，后来就显得不耐烦了："是明天走，你都问了快十遍啦！"

外婆听出了她的不耐烦，破天荒地不耐烦地怼了回去："去去去，把门前地上落的树叶子扫干净了再走！"左璐照办了。外婆又说："去去去，把你书桌上的东西收一收再走！"左璐又照办了。等外婆屋前屋后地转了几遍，实在挑不出什么毛病了，又凑到左璐面前，轻声说："是明天走吧？你的东西全都拿好了吗？"

左璐这才明白，外婆是舍不得她。

而我成了弦上的箭，你弯成一张弓， ＊喵个不停

到北京之后，左璐不是忙学习，就是忙考试。一个学期下来，跟外婆通电话的次数少得可怜，通话的内容也很雷同，无非是吃了什么，去哪里玩了，新认识了几个有趣的人。

左璐一次次地提及当初的那个承诺："等我混好了，就带您来玩，来吃好吃的，您可要照顾好自己的身体。"

外婆听了依然是咯咯地笑，末了会补充两句："你过得好就好，不要挂念我。"

就这样一个不小心，左璐的大学四年就过去了。

四年间，每次离开外婆家，左璐都要和外婆展开一场行李箱"争夺战"，而战败的总是左璐。她拗不过外婆，只好任由她塞满各种各样的吃的：腊鱼、腊肉、自制咸菜、做好了可以随时吃的红米肉松饭团……这些平常的食物，总能给离家在外的左璐带来莫大的慰藉。

然而，左璐留在北京工作的第二年，外婆就被查出了食管癌晚期。医生直截了当地告诉家里人："就剩三个月的生命了。"

家里人想瞒着外婆，但外婆从大家的表情里猜了个大概。她态度坚决地拒绝了治疗，要求回自己的小阁楼里静养。等左璐飞机转火车、火车转汽车回到外婆家的时候，外婆已经瘦得没了人形。

她在门口听见外婆跟探望她的人说："活多久不是活，可我活得有意义啊，我们家左璐可是一流大学的毕业生。

"这个命运嘛，其实就是个不耐烦的考官，它总是催我早点交卷，可我不，我会死皮赖脸地撑到最后一刻，因为我家璐璐还要带我去北京呢！"

左璐"哇"的一声就哭出来了。

少年的时间就是晃。用大把的时间彷徨逐梦，只用几个瞬间来突然成长。

等送走了来看望外婆的人，左璐对外婆说："吃了您二十多年的饭，今天我给您做一次饭吧。"就在她准备说出要做什么的时候，外婆像个小孩儿似的抢着答："红米肉松饭团！"

左璐用力地点了点头。可当左璐走进厨房的时候，她才意识到，自己空有热情，其实根本就不会。她本想找人帮忙，又或者求助于网络，但她放弃了。她走到外婆面前，轻轻地说："外婆，你教我啊！"

随后，外婆像回到了二十年前，像教她唱歌、教她买菜一样耐心地教她做饭团。

"淘洗红米和糯米要认真一点儿，还要加点玉米、青豆，这样营养和颜色更丰富。"

"煮米之前，要在水里加点儿盐和橄榄油，这样口感更好。"

当左璐把做好的饭团端到外婆面前时，外婆却只能笑着看看，因为她已经无法进食了。左璐的眼泪又禁不住往下淌。

外婆安慰说："别哭别哭，我们家璐璐长大了，都会做饭了！以后外婆也不用担心你了！"

在外婆心里，会做饭与高分、高薪一样重要。因为她知道，她终将要离开左璐，而左璐终将要独自生活，如果照顾不好身体，又拿什么和生活正面交锋？

直到外婆去世之前，左璐在外婆指点下学会了很多菜。可外婆始终无法亲自品尝。

再后来，每每看着墙上挂的、露着微笑表情的外婆照片，以及电脑存放的视频里对外婆的承诺，左璐就会哭得泣不成声。

原来，每说一声再见，就是死去一点点，原来，睹物思人的下半句，永远是物是人非。

原来时光偷走的，永远是眼皮底下看不见的珍贵。

如果天上有颗星，我想摘给你

✽ 浮海沉鱼

人生没有如果，没有返程的车票。我们只能沿着布满遗憾的人生之路勇敢前进，以后来的弥补去抚平原本的伤疤，把伤痛带来的阵痛感降到最小。

高铁到达上海，我眼前浮现出一个姑娘的模样：胖似一堵墙的身体，每当进入教室，木地板在她脚下，会被踩得发出阵阵巨响。

走过东方明珠塔，去过城隍庙，站在夜晚的黄浦江边，远眺对岸江景，我想，淹没在这座城市千万人流中的她，一定活成了一副坚不可摧的样子。

群雄逐鹿、万马奔腾冲往高考的路上，许多同学改邪归正，跳出水逆圈，步步靠近优秀学生队伍，而刘火山却因为玩手机，被班主任罚到倒数第二排座位，和我做了一对逍遥同桌。刘火山很胖，一张桌子会被她肥胖的身体莫名占去一大半，她还经常越过禁区，胳膊蹭到我这边，把脑袋杵进深深的桌肚，疯狂地按动着手机键盘。

刘火山原名刘灿，因为小学一年级，认字困难，她经常在试卷的一角把自己的名字顺理成章地拆写成"刘火山"。火山、火山……自己成了新名字的忠实代言人。

高三第一次月考成绩公布，惩罚对刘火山而言，显然并未松动她沉迷手机的顽劣根基，甚至她原本不错的成绩，已经悄悄地溜到班级倒数之列。

班主任气急败坏，战争在那堂数学课上爆发。班主任老孟一米五几的身高，人群中几乎没有存在感，站在讲台那块高地，他总要显摆一下自己居高临下的优势。黑板前，老孟解完方程式的最后一步，扭头一看，刘火山的脑袋消失在众生中，一股无名之火在他心底悄然孕育。

老孟嘴唇颤抖半分钟后，从讲台上径直走下来，身体没过桌子，强行抢过刘火山的手机，抡起砸向窗外。刘火山被老孟的气势镇住，之后灰溜溜地躲到墙角闭门思过。

手机被砸碎，所有人都笃信，刘火山会回头是岸，重回学海。直到隔天，她又拿了部新手机出现在教室，我深信，她早已被手机禁锢，进入魔怔状态。

"火山，哪里来的新手机？"我盘问道。

"二手摊儿。"

"钱呢？"

"自己存的。"刘火山满脸充满自豪。

刘火山是个很安静的女孩，平时寡言少语穿梭于教室，手机大抵是她青春里最亲密的朋友。她玩着那块方屏手机，像只渴求氧气的游鱼，上下翻飞，在那片虚拟世界寻觅最向往的快乐。

天不遂人愿，被刘火山视作最亲密的朋友的手机，成为周围人的眼中钉。身边所有人，包括老师、她妈妈，都要费尽千辛万苦将他们狠狠分开。

刘火山的第二部手机，满打满算用了一个月后，被她妈妈收入囊中。刘火山彻底丧失了手机的使用权，只能乖乖重拾课本，与学习做起一对欢喜冤家。

刘火山天资聪慧，逃离课本一段时间后，再次回归，她很快同学习之间找回了从前的默契，成绩"噌噌"往上涨。不久，她洗尽尘埃，转身回到前排座位，成为高考逐梦路上的追随者。

时间如白驹过隙，草长莺飞又一夏。当高考轮渡缓缓驶来，一场大战如火如荼展开，考场上的我

们费尽脑汁,排兵布阵,用心勾画着未来的美好蓝图。青春期的我们,总会始料未及地接受上天送来的一纸玩笑,最终,我和刘火山都走上了复读生的道路。

我选择在本校复读,刘火山去往一条马路之隔的一中。复读生活艰辛无比,挤出空余时间,消遣娱乐的机会微乎其微。我和刘火山百忙之中,约定在一个周五放学见面。做同桌时,刘火山沉默寡言,我们之间的交集并不多,如今,同是天涯沦落人,相逢何必曾相识。遭遇同样命运的我们,反倒熟络了许多。

我和刘火山在必胜客见面,她兜里揣着一张揉碎的纸,摊给我看时,满脸尽显犹豫。那是一张理想大学心愿单,班主任将表格整齐规划好,刘火山只需在上面潇洒地勾上一笔,但这轻描淡写的一笔于她而言,隔着山高水远的艰难。

"我妈想让我去上海。"刘火山眉宇间万分纠结。

"那就去啊。"

"分太高,我考不上。"

在母亲的强烈诉求下,刘火山开启了艰苦二战。刘火山妈妈是个普通工人,我们读高四那年,她已退休在家,成为一名家庭主妇。火山妈妈的日常任务是操持女儿的衣食住行,全身心投入精力,为女儿营造最优质的生活环境。

有一晚,刘火山给我打电话,聊着聊着,电话那头一阵清脆的金属碰撞声。她问我:"你听见没?"我一脸木然:"听到什么?"她兴奋道:"成子,我发财啦!"据刘火山讲述,她妈妈给她买了个小猪存钱罐,因为火山属猪,生肖猪预示好运。刘火山只要每天进步一点,她妈妈就会往存钱罐里放进去一块钱,以资鼓励。

那个存钱罐,存满了火山妈妈对她所有的爱。

一年腥风血雨过,我们再次迎来高考。那场鹿战群雄后,我留在了本省读英语专业,刘火山顺应母亲之意,踏入"魔都"上海,做起一名风生水起的法律生。

上大学前,刘火山的存钱罐早已"哐当"响,掐指一算,里面足有300多块钱积蓄。奖励制度并未中断,刘火山去念大学后,火山妈妈每日照常往里塞钱,她唯一的初衷,盼望女儿每天都能进步,将来成为一名优秀的律师。

每年春节回来,当我们各自炫耀自己丰厚的压岁钱时,刘火山总会给我们当头一棒,她豪气十足地说:"我妈已经给我存了1000多块钱了。"每逢那种时刻,我们都会情不自禁向刘火山投去艳羡的目光。

大三那年冬天特别冷。清晨,我从被子里伸出手,去拿床边的手机。弹开手机屏幕,一瞬间,刺眼的光撩得我眼睛生疼,泪水毫无预料从眼眶流了出来。

一段文字的最后,"晚安妈妈,在没有我参与的未来,希望你一切安好。"文字的下方,是一张砸碎的存钱罐图片,堆成一座银色的小山丘。

那年冬天冷得彻骨。刘火山的妈妈没有再给她罐子里继续存钱,她连一句"女儿,我爱你,我舍不得你"都没说出口,便突然撒手人寰。大抵,这份母亲留下的积蓄,是刘火山一生沉淀的、最宝贵的一笔财富。

生命有太多不可挽回的遗憾,刘火山后来懊悔不已,如果当年不玩手机,那么她会提早一年跨入上海,提前回报那份沉甸甸的母爱;如果再给她一次机会,她会牵起妈妈的手,走在往昔熟悉的林荫小道,依偎在她耳边轻声说句"我爱你"。

可惜人生没有如果,没有返程的车票。我们只能沿着布满遗憾的人生之路勇敢前进,以后来的弥补去抚平原本的伤疤,把伤痛带来的阵痛感降到最小。经年之后,刘火山走出校园,留在了上海,在那座城市,她努力地成为一名曾经并不那么喜欢的律师。

在没有妈妈参与的未来,刘火山活成了最坚强的样子。

姥姥家

* 林特特

/ 一 /

小时候,"姥姥家"是个遥远的名词,回姥姥家是一件一年一次的大事。

我家在合肥,姥姥家在100多公里外的寿县。

交通不便,需要先从合肥坐汽车到六安,再从六安转车到寿县,到了寿县县城,再找车去一个叫"马头集"的地方。马头集比周边的镇子要繁华些,但那里还不是终点,姥姥家在30里外的隐贤镇。这30里路不通车,只能靠走,不能走的,比如年纪尚小的我,就得让大人抱着或扛着。

那时的我对距离的衡量,主要通过坐公交车的经验。

每每天越来越黑,我被背着或抱着,就会有些害怕地问:"还有几站到?"

我妈总坚定地告诉我:"一站。"

很难说,她是为了稳定军心,还是因为根本没有站,所以干脆表示"一站到底"。总之,很长一段时间,我认为,世界上最长的一站路就是马头集通往姥姥家的路。

关于这站路有两个段子,至今在家庭聚会中还会被屡屡提起。

其一,一年春节,我爸提前准备了一根扁担、两个桶,一个桶里放行李、年货,另一个桶里放我。30里路,路面上还有未化的冰,我爸一边小心翼翼地走,一边跟两手空空的我妈瞎贫:"这位大姐,能多给点儿钱吗?您看东西这么重,我又这么卖力……"竟有路人帮腔:"是啊,大过年的,都不容易!"

其二,我上小学四年级那年,回姥姥家的行李中,除了大包小包,还包括一辆自行车。

还是天不亮就出发,下午到了马头集。我爸从长途汽车的车顶取下被五花大绑的自行车,接过我妈手中的行李,把我和自行车往我妈面前一推,我才知道自行车的用处。"我拿着行李在后面走,你妈骑车带你先行。"我爸这么解释。

在此之前，我从不知道我妈会骑自行车；在此之后，我再也不想坐她骑的车。

虽然30里地不通车，撞也撞不到哪儿去，但他们忘记了一路上的坑坑洼洼坡连坡，而车马劳顿又起得早的我已困得不行。

没多久，我爸我妈就"会师"了。我爸从后往前走，捡到了我，原来，在剧烈的上下坡中，正睡着的我从车上摔了下来，跌落在地，醒后环顾左右，大哭。而我妈骑着骑着觉得身轻如燕，往回一看，魂飞魄散，"孩子没了！"也大哭着往回找。

那次算是有惊无险，但为避免闹剧重演，我妈推着自行车，我坐在后座，一家三口往姥姥家前进。

到了姥姥家，往往是欢笑伴着泪水。

差一点儿丢了孩子的，差一点儿丢了东西的；差一点儿没赶上车的，差一点儿被挤下车的；差一点儿在30里路的跋涉中走不动、走不回、走迷路的……

各有惊险，各有心酸，一个大家庭的人一年才能聚齐一次，所有人一年才能见上一面，第一夜，根本没法睡。

要聊天，就从如何历经千难万险回来开始说起，一直说到一年的收成，一年来的变故，明年此时此刻再见前各自的打算。

要拿出年货，盘点、码放、分配。姥姥的儿女们分别从寿县县城、省城合肥和上海回来，年货包括新衣服、过年的吃食、烟酒、生活用品，以及给亲朋好友的孩子们带的新玩具。我常常怀疑，他们把家都搬回来了，不，是把姥姥家缺的东西都搬回来了，而住在偏远镇上的姥姥家，什么都缺。

我和表兄弟姐妹们的会晤通常也就这一年一次。

在茁壮成长的那些年，我们的每一次会面都是对去年记性的考验，每一次会面都要经历从生疏到亲密再到依依不舍的过程。

姥姥对待每个孩子的态度主要取决于距离的远近，嫁到上海的六姨和她的女儿翠翠毋庸置疑是最受宠的，连六姨夫也被当作上客，理由是"远嫁的女儿不容易"。

是啊，那时嫁到上海就算远嫁了，上海也意味着一个比姥姥家先进得多、发达得多的世界。

过年几天，和其他兄弟姐妹不同，除了一年不见的亲戚、同学上门来访，六姨接待的对象大多是镇上的年轻姑娘。她们围着六姨，听大上海的见闻，摸六姨的每一件衣服，偷偷搽六姨的永芳F真珠膏，纷纷央求六姨帮忙给自己找个上海人做丈夫。

噢，对了，六姨和我妈的行李中都有一包是她们淘汰的旧衣服，这些衣服，不是特别亲的亲戚，还没有资格分。

年轻的姑娘们围着六姨时，一旁的六姨夫俨然成功人士，他见人就发大白兔奶糖，说比糖还甜蜜的客气话，"来我们上海玩"。

六姨一家回上海，一般从合肥中转。

过完年，我们就一起出发了，先一起走30里路，再一起到寿县，到六安，到合肥。

六姨一家必须在合肥住上一晚，才有力气登上合肥到上海的火车或汽车。直到20世纪90年代，这一段路还需要24小时。

"来我们上海玩啊！"临别时，六姨夫挥着手的样子，是假期结束的符号，是一年一度"姥姥家"这个名词和与之相关的一切由远而近又远去的标志。

这个月的某一天，我送小朋友上学，临近校门，他忽然问："明天放假，我想回姥姥家，行吗？"

我的小家在上海，父母在合肥生活，官方数据显示，两地有460多公里的距离，如果选择坐高铁，只需要花两小时的时间。

两小时的车程意味着，好几次，我和小朋友在上海的家吃完早饭，8点出发，8点半到上海虹桥站，10点半到合肥，11点到我的娘家，午饭还没开始做呢！

因此，小朋友无数次说过"姥姥家是度假胜地，合肥是上海的后花园"。有时，我想，有朝一日，对这一代的孩子再表示"从安徽嫁到上海是远嫁"应该没有人相信吧。

"行吗？"小朋友摇着我的手问。

这是周四的上午，第二天就是一个节日，小长假共计三天，从周五到周日。

我在心里默默盘算了一下，这几天没有什么重要的工作要做，便轻轻点头："好啊，下午放学就去姥姥家！"小朋友露出欣喜的表情，他松开我的手，跑进校门。

说走就走，回到家后，我做了三件事。

首先，打开手机，找到经常买票的软件，选合适的车次、座位。

小朋友爱坐在窗户边，我爱临着过道，上海到合肥的高铁几十分钟一班，当日票并不难买。

其次，收拾行李。所谓行李，不过是一个双肩包。身份证件、三日换洗衣服、车上用来填肚子的小零食、一个能折叠打开呈不同形状的"超级飞侠"小玩具，还有iPad、手机及它们的充电设备。

物资已经极度丰富了，城市与城市的差距趋近于无，物流方便，网购成为很多人获得生活用品的重要渠道，从一个地方到另一个地方走亲访友，还带着土特产、带着当地所没有的紧俏货的人，已经越来越少了，物质上的"少见"本身已经少见。

再次，做好车上、车下的准备。

为了打发车上的时间，我在iPad中下载了足够多的动画片，在手机里下载了好几个最新的音频故事，又往双肩包中塞了两本书，都是薄薄的，他一本，我一本。太厚的话，两小时根本读不完。

而车下的准备，主要是到站后如何抵达目的地。

如果是我一个人出门，江浙皖一带，我都能做到当日来回，下车再叫网约车，或直接打出租车。

每当我一天之内在几个城市间流水般穿梭，一气呵成办好几件事，就会想，今天的人之所以有五湖四海的格局，要仰仗五湖四海连成一片的方便、快捷。

今天不一样，我带着小朋友，还是有人接更方便。于是，我在微信群里吆喝一声，"我带孩子下午回姥姥家，谁来接我们？"

30秒后，得到回应。

"几点到？"

"哪个站口接？"

"晚上一起吃饭吧？"

"这次住几天？"

"我今晚有事，明天到我家来玩儿吧！"

做出以上回答的，分别是我爸，我小姨，我舅舅，一个表弟，一个表妹。他们现在都住在合肥。

"我下周回！"这是另一个表弟，他在武汉读博。

"我下个月去合肥，到时候见！"这是二姨，她仍在我姥姥家所在的寿县。

"你们又聚上了！"这是另一个表妹，她在北京工作。

我们的微信群名就叫"姥姥家"，我建的，为的是五湖四海，天天见。

下午三点半，我背着双肩包，小朋友背着他的书包，我们往他的姥姥家进发了。不出意外，我们能到家吃晚饭。

火车上，窗外风景飞驰而过，每路过一个车站，孩子都会报一遍站名："常州""无锡""南京"……

"你知道吗？从小妈妈以为，最长的一站路，就是去姥姥家的路。"我说。

"有多远？"

"100多公里，要走整整一天，一年去一次。"

"比我姥姥家远吗？"

"没有，你离姥姥家400多公里呢。"

"可我觉得姥姥家很近啊！"小朋友疑惑。

要怎么跟他解释，100多公里，400多公里，很远的姥姥家，很近的姥姥家，一年见一次的姥姥家，天天见的姥姥家，两代人的姥姥家，以及我亲历的时代之变呢？

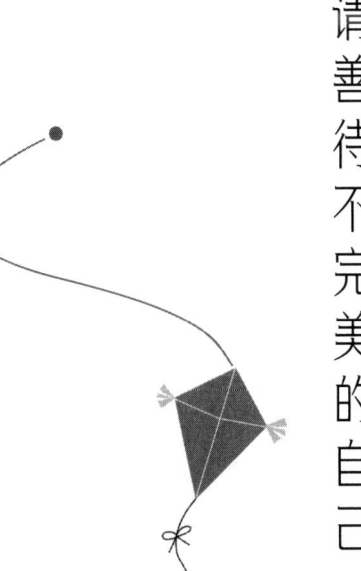

请善待不完美的自己

隧道尽头的那道暖光,是你

*一两贰两

一

我和K相识于高二,那时我们刚分完文理班。

新班级的大多数人已经相处了一年,而我是个很难适应新环境的人,所以干脆彻底封锁了自己,过了一学期我还叫不出班里多数同学的名字。

那段时间,我的成绩急速下滑,加上内心本就矫情脆弱,状态很是糟糕,甚至做出一些自伤行为,等清醒过来又追悔莫及。

就这样,每天过着不正常的校园生活,我开始猛吃,体重暴涨,身体也出了问题。哪怕去一趟卫生间再回到座位上,接下来,我一整节课都会大汗淋漓。

一次期末数学考试,因为成绩差,我被分在倒数第二个考场的最后一排,一抬头,前面所有人都在埋头苦算,再低头看自己的卷子,突然发现连一个字都不认识了,顿时急得满头是汗。

那场考试算是我的人生阴影,现在我偶尔状态不佳时,还会恍惚回到那个考场,回到那个汗流进眼睛,刺得我把脸埋进空白卷子的瞬间。

考完数学,大家都去食堂吃午饭了。我没去,独自坐在教室的最后一排。我摊开生物书,却越看越不懂,便一边哭一边拿尖头水性笔扎桌子。笔尖被我扎弯了,我突然发疯,把笔按在生物书上,拼命用指甲抠它,想让它回正,翘起的笔尖刺进指甲缝里。看到手指开始出血,我就更加失去理智,趴在桌上使劲把笔尖往手指盖里捅。

就在这时,K回来了。

我没注意他是不是第一个进教室的,直到他轻轻在我旁边坐下,我才意识到有人来了,赶紧趴着装睡,把手藏在头下面。

他坐了一会儿,忽然问:"你吃饭了吗?"

我仍旧趴着,悻悻地说:"没有。"这时的我已恢复冷静,也开始感觉到指缝里的疼。

又过了一会儿,他问我:"你为什么哭啊?"声音很轻而且特别温柔。我本来已经平静下来了,但听到这句话后,又非常委屈地痛哭起来。但我又不好意思说自己在发疯,就借口说笔坏了,下午考理综没笔用了,还把笔尖弯了的笔递给他看。

当时我的本意是让他忙自己的去,别管我了。没想到他把笔接过去,低头在桌子上也用指甲开始压。

我扭过头趴着看他,一边流眼泪,一边心想:"怎么可能修得好呢?不可能修好的。"

然而过了一会儿,他把笔放在我面前,笔尖已经回正了。我看着笔发呆,听见他问:"现在愿意告诉我,到底为什么哭吗?"

那是一个晴朗的正午,阳光从他背后的窗户照射进来。虽然这样形容很俗气，但当时的K，真的就像一束光一样。对他的喜欢，就是从那个瞬间开始的。

我又开始哭，哭得比刚刚还要凶，边哭边抽抽搭搭地说："我记不住减数分裂。"——这依旧是个借口，因为生物书正好翻到那一页——"我努力背了但就是记不住……"

K就把生物书和他修好的笔都拿过去，从减数第一次分裂开始给我讲解。他极有耐心，声音也好听，但他讲的什么我完全没听进去，脑子里只有一个想法："他竟然真的修好了！"

二

因为这件事，因为他，我的状态好转许多，也在新班级交到了朋友。

我对K的关注就是从那个午后开始的，他是普遍意义上的那种好学生，成绩好、人缘好，长相是我觉得超帅但其他同学都觉得正常的高中男生模样。

那件事之后，我们并没有成为朋友。高中以学习为主，大家的确没什么交流。高二开始晚自习，我因为久坐，腰椎不适，每晚都去教室后面背靠着墙坐在地上才能学习。他有一次经过时，问我怎么坐在地上？我说夏天这样比较凉快。

那时候都是单人座，周五住校的同学会早放学一小时，所以会空出一些座位。后来每周五他都会坐到教室最后的空座上，我一抬头就能看见他的后背。

我知道这不是为了我，只是后面人少清静，头顶还有风扇，但心里还是美滋滋的。那时，最期盼的日子就是周五。晚自习的休息时间，我经常趴在窗边吹风，出神地望着远处渐次亮起的霓虹灯，偶尔闪过一个无聊的想法：如果没有他，可能我早就扛不住跳下去了吧。

自从发现我有趴窗户的习惯后，他便常常在休息时间来到窗前，和我一起默默看着远处的霓虹灯，也不说什么，打铃了就各自回到座位上。

我也会暗自好奇，他是真的想看风景，还是在担心这个曾有过"不正常"行为的女同学会做出不理智的举动？

我和K永远是站在照片两端的人，我站在女生最右边，他在男生最左边。

他做的每件事都会让我重新心动一次，让我仿佛又看见数学考试那天的一束光。但我们终究是不熟的。

毕业自由合照时，我很想去找他，但最终我跟每个同学都合了影，除了他。

我收藏了许多与他有关的东西。比如运动会参加同一个集体项目的纪念照，我俩站在照片两端，我在女生最右边，他在男生最左边；比如同学一起聊天时，他提到的一部新电影，我独自去看后留下的票根；比如我跟邻座传字条被老师叫起来念答案，他在背后小声说了一个"C"的那张卷子；比如他修好的那支笔，他写过"初级卵母细胞""次级卵母细胞"的生物书……

高考结束，一帮同学相约一起去游乐园。中途男女生分开去排两个项目，男生先结束去吃饭了，我在群里@另一个男生让他帮我们带几串烤鱿鱼。没想到是K回复的我，他说："帮你们带了。"我把聊天记录截图保留下来，多少年过去，换过多个手机也还存在相册里。

那次游乐园合影，依然是我站在女生最右边，他在男生最左边。

三

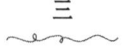

其实青春期的心动啊暗恋啊，很难会有结果吧，一个平平无奇的小胖妹跟双商极高的温柔学霸，本来就不会有故事。

后来，我在北方读大学，他去了南方。可能因为工科大学男女比例失衡吧，开始有不少人追我，但我都婉拒了。

那时QQ有个匿名发消息的悄悄话功能，我决定无论如何都要向K表白。某个周四深夜，我给他发了很长一段文字，删删改改地讲述我曾经多喜欢他，又担心会给他增加负担，于是翻来覆去地重复，叫他不要放在心上，我已经走出来了，只是这份心意想想让他知道而已。

发送之后本想好好睡觉的，没想到他秒回了。还是无比温柔地安慰我，他说他现在还没有女朋友，但是希望找一个不是异地的对象。

我明白的。他好像知道我一定会哭一样，一直陪我聊到两三点，还说放假可以一起玩"狼人杀"。我确实一直在哭，涉及他的事我永远无法控制泪腺。

第二天我们也在断断续续聊天，不过都是插科打诨的话题。他问我打不打《王者荣耀》，然后带着"青铜"的我在峡谷里乱杀。

那天互道再见后，我脑子空空地坐了一会儿，开始收拾行李，室友问我去哪儿？我说我突然想家了。

坐上晚10点的飞机时，我一直在哭。一路哭了几个小时，下飞机，打车回家。敲开门，爸妈还以为见到鬼了。然后我昏睡了整整一天，手机一直关机。回家后，我每天都回高中走一走，其余时间就是不停地睡觉。就这样，我在家从周五待到了第二周的周三。周三开机时，辅导员发消息说，再不回学校就要受处分，我才买了回程机票。

这就是我贫瘠青春里最荒唐的经历了。

因为K提过一句，所以我开始看"狼人杀"视频学习逻辑和发言。后来，跟大学同学玩"狼人杀"，别人都不相信我是第一次玩，其实我只是预演过千千万万次和他一起玩的情景罢了。

《王者荣耀》我也练习了好久，我想，如果还有机会一起玩，不会拖累他太多，他却再也没登录过。

现在K已经有女朋友了，听说，他跟女友是因为做同一个课题，自然而然在一起的，谁也没表白。真好啊，是他的风格。

从将K默默放在心底，至今已经8年多了，我和K永远是站在照片两端的人，我站在女生最右边，他在男生最左边。

我始终记得初中一年级下学期那个六月的下午。

语文老师拿着一摞批改好的作文走进教室，例行地将所有得到"优"的同学的名字念了一遍。她念的第一个名字就是坐在我身后的一个胖乎乎的男生，暂且叫他八戒。八戒从来没有在语文课上得到过这种殊荣，难免很兴奋，这种亢奋的状态让他激动得在后面扭来扭去，笑逐颜开，直到语文老师把所有的名字念完，叹口气说："八戒，我是按照'优'中从差到好的顺序念的，你能平静一下吗？"

后来每次八戒在我背后揪我辫子的时候我都会转过去叹口气对他说："八戒，你能平静一下吗？"屡试不爽。

语文老师打击完了八戒，就开始讲课，让大家齐声背诵文言文。朗朗背诵声中她走到我的旁边，轻轻拍了拍我的肩膀，说："你写得不错，不过以后别想这么多了。"

14岁的我第一次被人评价为"想太多"。

我的确算是个心智有点早熟的姑娘，但是小学老师的评价往往是"心眼太多，很有心机"。

小学老师们不喜欢孩子有想法。她们无法区分善良的想法和恶毒的想法，粗暴地将所有的想法归为同一个贬义词，叫作心机。就像是洪水开了闸，"想太多"这个评价第一次出现在我的生命中，之后就伴随了我十多年。每当我开始讲话，讲到对方无法回应，他们就会说，别想太多。

想太多是我存在的主要特征。这种劝慰就是对我徒劳的抹杀。

语文老师这个冷冰冰的女人有着很多恶趣味，那个六月她出的作文题目也很奇怪——"请谈一谈你升入初中以来的感受"。她说，反正是一个随便的题目，你们就随便写吧。于是这一次的作文我没有选择用张海迪和司马迁这些人在卷面上得高分。那篇作文，我写了另一个女生。

你小学时候一定认识或耳闻过这样的女生：在大型文艺演出中担任主持人，深受老师喜爱，虽然不明白到底有什么出众之处但看起来似乎很厉害的样子，风光是肯定的，跋扈与否要看个性和修养，只是随着年纪的增长，舞台从大队部转移到了排行榜，这种蹦蹦跳跳的文艺骨干也有大势已去的一天。

十五岁

✿ 八月长安

我曾经就是那种女生。

小学同学中有一半左右的人和我进入了同一所附近的普通初中，另一半往往出钱去了更好的学校。刚入学的时候，作为小学时的风云人物，我依旧能够成为大家的焦点。第一次期中考试前，所有人都说我一定能考第一名。

"你一定能考第一名"。这种隐含期待和预言并即刻能够得到证实的夸奖，实在是让人消受不起。这句话的威力在我考砸了后发挥得更加明显。

第一名是一个我以前从来没有留意过的姑娘，她甚至是我的小学同班同学。叫她红球鞋好了，因为她穿着红球鞋走过我桌子边轻轻地敲了敲桌子朝我轻蔑一笑的样子，我真是忘不了。

我写过一本叫《你好，旧时光》的小说，女主角余周周曾经表示过自己很羡慕《灌篮高手》里面的男生们，因为他们敢于说我要打败你，敢挑战的才是青春。

我本人却不这样认为。其实也许每个人都接受过来自他人的挑战，自然也挑战过别人，我们的青春和樱木花道他们所不同的地方在于，无论是宣战的一方还是应战的一方，都无法学会光明正大。

挑战本身充满敌意，然后在生活的打磨中，我们渐渐学会掩饰敌意，却离堂堂正正地宣战和迎战越来越远，更不用提磊落地享受胜利或接受失败。

这才是真正的区别所在。

就像我和红球鞋之间持续了三年的战争。

这三年中，我只有第一次期中考试输掉了。之后的每一次考试，我都会赌气一样看着成绩单，发誓一定要压对方一头。不仅仅是名次上要领先，分数上也要拉大差距。也许只是因为第一次失利之后，对方在我面前的种种炫耀和鄙夷，让我咽不下这口气。

一口气咽三年。

你可以说尖子生内心阴暗行为变态。然而那样低头不见抬头见的逼仄氛围中，没有人有逃离缓冲或者思考的余地。

有人比男友，有人比衣服，有人比文具，有人只能比成绩。

我们都是缺乏坚定内心的人，当时的教育也从来没试图教我们寻找自我。所以我们在比较中找到自己在世界的坐标——比A好一点，比B差一点，喏，这就是我。

那些小小的竞争手段无师自通。

课堂发言，黑板前解题，练习卷的速度和准确率，没有一处不是小型战役；走到彼此桌前时，另一个人都会立刻轻轻掩上自己精心淘来的练习册的封面，绝不会让对方瞄到一眼；即使体育课不小心在长椅上并肩而坐，两个人也可以目不斜视，一言不发。

你尽可以说我幼稚。

有很多小姑娘说我写的小说让她们有共鸣。我想也许这种共鸣来自二十几岁的我终于学会了直面自己当年的幼稚、虚伪和自以为是。

十几岁的虚荣，十几岁的心气，十几岁的战争。

攘外必先安内。班级里的名次稳定之后，我就开始在学年榜单上和其他班的尖子生厮杀比较，仿佛平定了内战之后迅速地开始向美国开炮。

那时候我心里开始有了一种小小的优越感。

看着她，用目光告诉她，我们早就不在同一个世界了，你意识到了吗？

然而很快我就意识到自己的行为是如此病态。当语文老师布置了这样一个作文题目之后，我拿起笔，先写的几个字就是：对不起。

我写自己小心翼翼地在红球鞋面前微妙地炫耀，我写自己拿到成绩很好的卷子时故意大声地在红球鞋面前假意懊恼自己写错一个字扣了0.5分，我写红球鞋联合几个女生说我因为脑子很笨所以只能每天学习到凌晨，我写红球鞋大声地在我面前说她特别崇拜考学年第一名的那个姑娘，比某些人可强多了……我在作文中写：对不起，初中一年，13岁的我成为一个变态。

语文老师摸摸我的头说："你想太多了。"

直到初三的时候，班里出现了一个转学生。

我至今记不起那个男生的样子，他来去匆匆，总共在班里只待了几个月。

然而红球鞋喜欢上了他。

福尔摩斯曾经说女人和婚姻是智力的阻碍，他不需要这种拖累。当时的我对于红球鞋在班里沸沸扬扬的绯闻，感到了一种奇异的"恨铁不成钢"——你的对手是我，我还没彻底击败你，你怎么就这样不玩了。

我觉得难以理解。十几岁时的我是一个早恋激进派，爱情在我看来是如此耽误时间，如此没有结果，如此缺乏意义。红球鞋让我很失望。

关于红球鞋单恋的传闻在四处蔓延，有天我发卷子的时候路过转校生的桌前，他刚醒来，睡眼惺忪地看向自己卷面上少得可怜的分数，懵懂地问："物理满分是多少啊？"

我说："70。"

他说："哦，70分啊，那你考了多少？"

我说："70。"

转校生说："你真牛啊。"

红球鞋听不见我们说什么，但是看见了转校生在笑。这时候我也转过头去看红球鞋，我想我的眼神里面是带有一种女生无师自通的得意——你怯怯地不敢接近，我随随便便就能和他说几句话。

我不是想要赢她。我也不知道自己在做什么，甚至期盼她能清醒点。

我们十五岁，我们初三，我们要考高中了。

红球鞋黯然地转回头去擦黑板了。

就在转校生离开的那天，物理课上到一半，办理好了手续的转校生拎起书包离开教室。

半分钟后，红球鞋忽然站起来，手里紧紧攥着一个包装好的礼物盒。物理老师吓了一跳，红球鞋说："老师，对不起，我要去趟洗手间。"

老师愣愣地点了点头，也许猜到了什么。红球鞋飞奔起来，转弯时候撞了第一排的桌子。我坐得那么远，都看见她的眼泪一滴滴分明地落下来，那么急，都来不及在脸上停留一下。

我想我当时是大脑空白了的。那两分钟我都不知道物理老师讲了什么。她回来的时候已经把眼泪擦干净了，像个兔子一样红着眼睛走进来。

轻轻地看了我一眼。

要我怎么形容这一眼呢？竟然有一丝悲悯。就好像是，她早就从这场幼稚的战争中毕业了，她懂得了人生很多其他的奥妙，而我还死死攥着一张排名表不放，好像这是全天下顶顶要紧的东西。

深陷于爱里面的人从来不求理解和认同，虽然她只有十五岁。

十五岁的我被十五岁的她，彻底击败了。

我人生中唯一一次有自毁的欲望，是在高考前。

我从来没有害怕过高考，我知道自己有99%的把握。但是就在那天晚上，爸妈都出门了，黑黑的小房间里面只有我一个人，我关了灯，也不想复习，脑子里不停地在想，如果那1%发生，会怎样呢？

为什么我的人生要听凭一场奇怪的考试来摆布呢？

会有多少高中三年勤勤恳恳的家伙一朝手抖名落孙山，又会有多少浑浑噩噩的幸运儿进入重点大学，从此拥有了好生活的第一块敲门砖？

原谅我那时候眼光实在短浅。

也许对于漫长的人生路来说，高考只是一座小土丘。但是我从来不喜欢以此来表达对这个小土丘的蔑视，更不喜欢那句"考完了就会发现没什么"。

任何一座小土丘，只要离得够近，也足以遮挡你全部的视线。

在学业上我一直很骄傲，越是骄傲的人越容易被击溃。那天晚上我第一次试着分析这份骄傲的本质，分析方法，研究我的死法。

我当时所谓的自杀想法只是希望时间能够将我冻结，100年后，我的亲戚朋友都不在了，我就能真正地成为我自己了，不再为一个高考成绩所左右——如果我考砸了，我还会被爱吗？

这些问题多幼稚啊——当你明天要去高考的时候，你就知道，幼稚也不是被嘲笑的理由。

成绩好是我被喜爱、尊重和信任的全部理由吗？是吗，不是吗？

1%的失利可能会发生吗？

我想起红球鞋第一次打败我的时候。

我想起十五岁的时候，红球鞋用眼神告诉我，幼稚的书呆子，你根本不懂人生。

那一刻我忽然振奋了起来。

对，我还不懂人生。我所做的一切是希望得到世界的认可，然而我却从来不明白，这个世界究竟是什么。

我想我应该要平稳地度过六月份的，这样我就会拥有未知的七月，八月，九月，乃至新的一年。

新的一年有新的人，新的故事会发生。

在这条路上红球鞋比我走得快太多。

十五岁的时候，我觉得爱情是无意义的，我觉得红球鞋的眼泪是白流，她总有一天会后悔。

十年后的六月，我承认，当年的那一场战争，其实是我输了。

十五岁的时候，我觉得自己孤独、忧郁、悲观、透彻而清醒。

我不羞于承认和面对那时候的自己。

鲍勃迪伦说过，"过去的我是多么苍老，现在的我年轻了。"

你永远不知道自己能成为什么，遇见谁，懂得什么样的感情和人生。

这才最有意思。

痛苦的礼物

✻ 秋 微

"喜欢上一个人",发生在14岁,还是被禁止的。忽然之间,我有很多事要忙,忙着忧郁,同时忙着掩饰忧郁。

就在这种心事重重无法自处的阶段,班主任杨震宇的一个特殊的作文训练,给我制造了一个情绪的出口。那次作文课,杨震宇带来一个画架和几张图片,他把那几张图钉在画架上,图片内容分别是人物、静物和风景,然后让我们随便选一张自己有感觉的图片写一篇作文。

他说:"大家如果看不清楚,可以走过来仔细看,文章写什么体裁都行,散文、议论文、小故事,随你们便,字数也不限。我只有两个要求,一是体现观察能力,二是发挥想象力。"

杨震宇总是这样,他有很多时候都随我们的便。

我因为正处于暗恋中,情感特别丰富,特别需要借题发挥,随便选了那张风景图片,洋洋洒洒地写了篇以"伤离别"为主题的文章。

隔了一周,我的作文被当作范文在作文课上朗读。

那是我人生中第一次听到别人念我写的文字。在杨震宇的声音里,我全身的细胞都像受到电击一样猛然苏醒,让我清楚地感受到它们的存在。

下课之后,杨震宇收拾好教案,离开教室之前,沉吟了几秒,转头叫我的名字,示意我跟他走。以之前的经验,被叫去办公室十之八九不会是什么好事,剩下十之一二可能是好事的,也只属于那些所谓的"天之骄子"。即使杨震宇一次次在我面前打破常规,我也没想过,那些不同凡响的事有一天会与我有关。

我走在杨震宇身后,带着一身的胆怯,跟着他走进办公室。杨震宇带着我径直走到他的办公桌旁,放下教案之后,他在旁边的书架上翻找了一阵,抽出一本书,转身递给了我。

"你可以看看这个,说不定有一天,你也可以写出这样的东西,也出一本书。"

我接过那本书,是一本三毛的散文集。我捧着那本书,手臂抖了抖,无言以对。我抖是因为我没有收到老师赠予礼物的经验。

杨震宇没理会我的局促,继续道:"我喜欢的作家杰克·伦敦有一个特别的写作训练,他会随时随地把他认为有意思的东西记录下来。通过这个方法训练观察能力和叙述能力。我个人认为灵感都是熟能生巧的结果。如果你对写作文有足够的热情,我建议你试试这个方法。"

就是从那天起,我开始写观察日记。杨震宇说:"一定要仔细观察、认真体会,把你观察到的都如实记录下来。'如实'特别重要,就是尽量观察、尽量记录、尽量思考。时间长了,你有可能会发现,你的观察力越来越敏锐了。"一周之后,我把第一次写的观察日记交给他,那一周,我观察的是阳光的变化。

杨震宇把那个本子还给我的时候,在这句话下面写了一个很大的"好"字——"今天的光线强烈,我抬头看了太阳一眼,再低头,看到了世界的底片。"

尽管只有一个字,却正是它启蒙了我对爱的认知。之后,每当谈论"爱",我都认为所有真正的爱,都必须基于对一个人的了解和欣赏。

我的观察日记又持续了几周,从阳光转向植物,再转向每天趴在学校门口的流浪狗。第一个本子快写满的时候,杨震宇又给了我一个新的本子,同时作业也升了级:"从这本开始,写一个你感兴趣的人。"

至此，我从杨震宇那儿得到了一个"偏方"，那些堵在我心里的单恋，伴着对那个人无法克制的"观察"，被我一字一句地写了出来。

我妈看到我经常在房间里奋笔疾书，很高兴，偶尔拿一两样零食进来问我："写什么呢？"

我说："我们老师留的作业。"

她探过来身，刚好看到我正在使用的一个词"宠辱不惊"——成语总是能起到使一个句子变得深奥的作用。我妈很满意，说了句："噢，好好写。"就没再深究。不久之后，我从最初只能写出"今天J迟到了，没参加晨跑"，到后来，在杨震宇的种种启发式的点评下，已经能把J在一个课间10分钟之内的动态写得跌宕起伏。

我越来越喜欢这项写作的训练，除了成就感之外，更重要的是，我内心那些拥挤着的情绪，都借由文字尽情释放出来了。

出于对杨震宇的信任，我对J的单恋在文字训练中一览无余。

杨震宇对我的单恋本身始终保持着距离，从未过问，只就事论事地在每篇文章上圈圈点点。

"有待商榷"这四个字，是我从杨震宇给的评语里学到的。"商榷"这个概念在我的人生中出现，也是从杨震宇开始，他是第一个不用"批判"和"否定"来对待我们的大人。在"商榷"中，我紧绷的心弦渐渐舒展。一个少年，在十三四岁的年纪，有幸把对这个世界的诚实化作文字，练就一种技能，不管今后是否以此为谋生的手段，它都是珍贵的礼物。

没多久，J和另一个女生成了我们班唯一一对公然出双入对的少年恋人，他们瞬间成为全班热议的焦点。杨震宇对此没有表态。不久后，一天的自习课上，杨震宇走到我的座位旁边，轻轻拍了拍我的肩膀，说了一声："来。"

我又是那样，低着头，跟在他身后，穿过校园，跟着他走进一个独立的办公室。

杨震宇示意我坐下，他从柜子里拿出一个干净的茶杯，沏了一杯热茶，放在我面前。

然后他隔着桌子坐在我对面，停顿了一下，说："要是最近不想写，可以先停一停。要是想写点儿别的，随时可以问我。"

我像被打开了泪闸的开关一样，开始对着那杯茶掉眼泪。杨震宇在我面前不远的地方，看着我的眼泪时疾时徐地掉落。他对事情本身没做任何具体的评论，更没有任何肉麻的肢体语言，他的关切自有风格，很淡，可是显而易见。

少年的容身之所其实非常有限，当成长推挤着少年们在父母面前掩藏真实的自己时，学校就成了最重要的阵地。一旦在学校也要背负另外的伪装，时光就会变得难挨。

我的单恋，就有那种在双重伪装压抑之下的难。

还好，在一个透不过气的艰难时刻，杨震宇给了我一份没有批评的了解，好像一个人失足落水后及时出现的救生衣。

很多时候，支撑一个人度过人生中诸多困境的，就是"了解"。

而那些在年少的你受伤时没有加以任何道德的指摘和批评的大人，是真君子。

杨震宇在任由我掉了一阵眼泪之后，转身从他身后的书架里抽出一本书，给我讲了一部他喜欢的作品。他讲的是杰克·伦敦的《热爱生命》。

我记得那天最后他说："上天有时候会给我们一些礼物，有可能是和颜悦色地给，有可能是风驰电掣地给，有时候是令人快乐的，有时候是令人痛苦的。怎么给不要紧，要紧的是你要发现礼物，还要尽力接住礼物。那些礼物，你不接住，或是不及时接住，就错过了，就是暴殄天物，'礼物'是不会等你的。"

我听了他的话，暂时从伤感中抽出身来，为他如此自如地使用这么多成语而折服。

那是我少年时代的运气，在单恋像小船触礁一样断裂沉没之时，杨震宇以君子之姿，告诉我"礼物可能是痛苦的"，这一剂及时的"了解"，送我回到可能痊愈的归途。也正是这个过程带给我一个重要的领悟：每个人这辈子对自己最大的责任，就是要发现自己的那个"我"。一个怯懦或昏聩的人生，是没有"我"的。

直到受到杨震宇那么郑重的肯定后，我才忽然想要问自己一句"我是谁"。为了这个"我"，必须于茫茫人世中，清明、独立、勇敢地走出来，走下去，不论面对何种境遇都不退缩，直至走到天尽头。

含石

❋ 孙振宇

包立志很早就明白自己是个样样普通的学生。高考正常发挥上了西南山城的一所普通院校。有时候他都觉得自己普通到驾驭不了"立志"这么宏大光辉的名字。

高中时,他喜欢在校园各处游荡,找无人的幽暗角落看诗集。他最大的幸福就是没人看到他,把他当成野风、当成飞鸟。这么看来包立志是个哲人?其实他心里面荡漾得很,只是,他也想交朋友或者谈恋爱,但发现自己与别人总融不到一块去,便被动地爱上隐身,把心里所有的秘密都含在嘴里,像含一块石头。

大学报到的第一天,包立志决定重新出发。

办完手续,包立志搬进了5栋宿舍402号房间,校学生会有人来发传单招新,他刚看到,便决心从此迈出主动的第一步。面试新人的那个学姐问他为什么要加入学生会,他把在网上查到的面试词背了一遍,大体是三个意思:为了服务同学、锻炼能力、扩大交际。

学姐笑了:"可以可以,要你了。"

包立志上了几天学,便开始觉得自己学籍虽然属于这里,人却不是。大学里时间空间都很松散,这就更被动加剧了他高中时一个人吃饭、一个人去图书馆、一个人跑步的习惯,日日如此,像一叶浮萍。

那入学这段时间,包立志在学生会有没有完成给自己安排的交际任务呢?

算是有的,他认识了杨思洁,从她第一次和他聊天,他就确认,这是他的灵魂伴侣。

那天是忙碌的开会日,会后,学生会主席安排包立志和宣传部的杨思洁去图书馆选书,帮学校布置图书角。包立志这才有机会第一次认真打量这位女同学:杨思洁的眼睛是晶亮的,鼻子小巧,头发浓密,整个人像一轮圆月。

在书架前,包立志默默选了几本诗集,有鲁米、阿多尼斯、顾城等,都是他喜欢的,杨思洁看着他

手上的书,眼睛亮起来。

"哇!你选的诗人我都蛮喜欢!"她几乎是下意识地喊出来。

包立志觉得很新鲜,他原以为杨思洁是不爱读诗的人,"那太巧了,你喜欢鲁米吗?我超喜欢!"

杨思洁忙应和道:"对,对!"说着她拿起他手中的一本,翻出一页,用手指着:"我最喜欢鲁米的这首。"

阳光从图书馆的落地玻璃窗射入,映在杨思洁身上,她的脸颊透出夏天的颜色。那一瞬间,包立志涌起一种要抓住杨思洁脸上夏天的渴望。

可从图书馆出来时,包立志的三分钟勇气便自觉散去,依照惯性,他想和杨思洁挥手分别,如往常一样独自去食堂吃水饺,却不想杨思洁拍拍他的肩说:"我请你吃饭吧,你怎么这么闷啊,你很可爱啊,喜欢鲁米的人都可爱。"

那是包立志上大学以来第一次和女生单独吃饭,他惊喜地发现,他和杨思洁不仅都爱诗,也都爱水饺。

第二天,包立志鼓起勇气约杨思洁去电影院,杨思洁答应了。

此后他"变本加厉",反反复复找理由约杨思洁去动物园看笼子里的花豹,或者去游乐场玩密室逃脱。

劳动节时,山城的滨江广场搞了一个烟火会,包立志心想不能再拖下去了,他想快些抓住来之不易的夏天,于是叫杨思洁同去看烟火。

二人在密集的人流中钻进钻出,非常尽兴。烟火放完后,他们在江边散步,包立志想说点什么,但踌躇了半天,还是把话憋了回去,嘴里像含着一块粉色石头。

杨思洁随口提了句:"小包,你支支吾吾要说什么?"包立志有些紧张:"我……烟火很好,很漂亮。"

两人分别后,包立志躺在宿舍的床上,一发狠给杨思洁发了条信息:"那个……嗯……我们能在一起吗?"

两小时后,QQ上弹出信息提示,包立志眯着眼,在眼皮的缝隙里看到了回复:"好的。"

包立志立刻从床上弹起,忍不住大喊:"有了!我有了!"

室友被他吓了一跳:"你有啥了?"

包立志闭上眼,在一片黑暗中,他看到烟花像天上的星星。

他伸了个懒腰:"我有星星了。"

可惜这种惊喜的保质期只有两天,他又开始纠结和犹豫,越想越觉得那条"好的"很刺眼,是施舍。

包立志有天问杨思洁喜欢自己什么?

"有趣啊!"

这是包立志第一次被女生说有趣,可他又怀疑杨思洁是不是找不到什么合理的理由,才用"有趣"敷衍自己。

"哪儿有趣?"他追问。

"你再问就没趣了哈。"杨思洁笑道。

"杨思洁,你对别人说过'我爱你'吗?"

"哎哟,太肉麻了,何况我们才刚在一起啊,大哥,你戏太多了。"杨思洁笑得更开心了。

"你不想听我说'我爱你'吗?我现在就可以说。"包立志继续问。

"求你别,这字眼太严肃庄重了,不能轻易讲。"

"就三个字,一秒就说完了,我现在跟你在一起,那我就爱你啊。"

杨思洁忙捂住他的嘴。

从那以后,包立志常会一个人躺在床上复

盘杨思洁的语气和微表情，反复思考"有趣"到底算不算一个人喜欢另一个人的充分条件。

他可以坦然接受杨思洁不对他说"我爱你"，但她为什么连自己对她说"我爱你"也不愿听呢？自己为什么在终于吐出一块石头后，却又总会含上另一块呢？

问题太多，他决定以一种最粗暴的手段求得最真实的结论。

在六月的一个夜晚，包立志踏着步子往女生宿舍的方向冲。一路狂奔，只花了五分钟就跑到女生宿舍楼下，猛吸一口气，像一只未进化完全的古猿，仰头，从灵魂深处发出嘶吼："杨思洁！我爱你！你听到了吗？"

路过的师生都驻足围观，女生宿舍楼里的女孩们，也纷纷扑上阳台看他，杨思洁也出来了，她没有下楼，只是在阳台上皱起眉头，然后冷静地躲进厕所，给包立志打了电话："太多人看了，你先回去好吗？"

包立志也不知道那天是怎么神游回宿舍的。刚踏进宿舍门，他给杨思洁发了条消息："对不起，我想更有趣些……没考虑到你的感受……"

杨思洁回他："不是有趣的问题。算了，你以后别这样了。真的不好。"

此后几天，包立志辗转反侧，实在受不了内心悔恨的煎熬，也迫切想一口气斩断乱麻般的迷思——那些恐惧和羞惭像一块黑色石头被他重新含进嘴里，不吐不快，于是他一狠心在手机里打下："杨思洁……我觉得我们可能……不太适合？"

等了两小时，手机响起提示——"你的意思是要分手吗？"

"对……"

"好的。"

晚上10点，汹涌的痛苦向包立志席卷而来，那天夜里，他再一次梦到夏天，梦里的自己对自己说："包立志你配不上这么好的夏天。"

让他更加确认这点的，是一段时间后的某天，室友在课堂上偷偷给他播报的新闻——杨思洁找了个新男友，叫解凯。虽然是预料之中，但包立志听了大脑还是"嗡"的一声，身体蔫了下去，再没听进老师讲了什么。

"解凯是谁？"

"是男神，好多人的男神。"

4

包立志消沉了半个月，让他又一次燃烧起来的，是学生会准备筹办的一个校园朗诵比赛，他发现解凯也参加了，"杨思洁肯定也会去吧。"他冒出歹毒心肠：他也要参加比赛，只要名次比解凯高一位，就算出了气。

一回宿舍，包立志赶忙上网查了演讲朗诵的资料，准备大干一番。他在论坛里看到一则故事，说是古代雅典有一位演说家叫德摩斯梯尼，年轻时演讲由于口齿不清，多次被轰下讲台。于是他为了改正发音，把小石子含在嘴里朗读，后来，他果然成了伟大的演说家。

他当即就跑到学校人工湖边的草地上选了两块小小的洁白鹅卵石，拿回宿舍冲洗干净，慢慢嵌入左右腮帮子，凉凉的。霎时，石头由普通的白色变成奇异的金色，包立志像战士佩戴了一件钢铸铠甲，心里有了底气。

他奔到宿舍的穿衣镜前，看着自己——还是和以前一样普通。但这次又有不同，他口里含着两块会发光的不普通的魔石，让他整个人都伟岸起来。

在准备朗诵比赛的一个月里，包立志日夜苦练，嘴巴酸痛，就连说梦话也在念。包立志越练越有信心，甚至认为不是石头让自己发出金光，而是因为自己含住了它，它才由普通的白色鹅卵石升华为金色魔石的。

5

朗诵比赛设在学校礼堂，当天下午，观众都

就位了。

第一位选手就是解凯，他上台后，风度翩翩地展示："大家好！我是金融学院的解凯，表演的节目是梁启超先生的《少年中国说》节选。"

众人屏息凝神地聆听解凯的朗诵，其神采让人不觉为之倾倒，以至于连包立志也觉得，这男神就神在这儿呢。

解凯朗诵结束时，人群中爆发出山海般的掌声和欢呼声。

包立志排在后面，心里一直惴惴不安，待主持人叫到他名字，他忙颤抖着走上台去。

"大家好，我是文学院的包立志，我今天是来念鲁米的诗——《像这样》。"

包立志紧张地看着台下，想在台下的人群里寻找杨思洁，但找了半天，只觉得众人面目模糊，都成了一个样，他看到他们如海潮般融合、流动、消退，舞台对面取而代之的是一面庞大的镜子，镜子里映照的，是台上的自己，他像无数次反复在宿舍穿衣镜前演练的那样，和自己对视，朗诵给镜子里的自己听，他把金色石头含进了嘴里——

如果有人问起，

"至美之美是什么样？"

你就抬起你的脸，说

像这样。

当包立志艰难地吐出最后一个字，那面巨大的镜子旋即破碎，露出其后面面相觑的观众，全场只有些稀稀拉拉的掌声。

包立志下了台，继续找寻着杨思洁，他心里盘算，自己这是披着朗诵的皮在表白呢，包立志相信杨思洁一定能听懂，这是她最喜欢的诗。

比赛结果当场公布，不出所料，解凯拿了一等奖，包立志排在末尾。解凯上台发表了一个简短的感言，很诚恳，场下的人又被感染，激动地大力鼓起掌来。

包立志在台下看着，认为如果是自己拿了一等奖，一定会激动得语无伦次，因此杨思洁喜欢解凯是没错的。接着，他终于找到了杨思洁，眼睛直勾勾地凝视着人群中的她，杨思洁却直勾勾地凝视着解凯。

直到解凯下台来，杨思洁给了他一个大大的拥抱，包立志才回过神来，不知怎的，他莫名地释然了，像等到了一个预料当中的答案。

他下定决心，要从此刻开始与世界进行复杂沟通——他认为自己好像与那些轻如鸿毛的至痛之痛握手言和了，哪怕只是暂时停战呢？

即便杨思洁只关注解凯的《少年中国说》，没看到自己的《像这样》，他好像也不那么在意了。曾经他自己瞧不上自己，但现在，他终于能从容而庄严地收好自己的滑稽。他看到坐在观众席角落的德摩斯梯尼和鲁米站起身，在远方向他挥了挥手，从后门走了。包立志心里闪烁过一个念头："这真是自己失败的人生里，最成功的一次失败。"

比赛落幕，人群散去，包立志看着杨思洁，她挽着解凯，身姿轻柔地穿过人流，碰上了包立志。擦肩而过的瞬间，包立志心里怦怦直跳，杨思洁也终于看到了他，但她只对他轻轻点头就转身了。

从礼堂出来时，包立志慢慢地在校园里奔跑起来，他此时还是觉得自己是浮萍，但有些细微的东西却悄然发生着质变。

他不知不觉跑进了田径场，跑啊跑，不知道跑了多少圈。他隐约感到晚风卷裹着那些粉色的、黑色的、洁白的、金色的碎石，灌入他的嘴巴里、耳朵里，直到覆盖了他的整个身体。

石头一边阻碍着他往前跑，又一边帮助着他往前跑，不管怎样，他得往前跑啊！

心脏濒临爆炸的一瞬间，他停下奔跑的脚步，弯腰，双手按住膝盖，在空无一人的田径场，终于把口中含着的石头都吐了出来。

会隐身的少女

❋ 奔放的招财猫

1

湛婉琪第一次听说"小透明"这个词的时候非常震惊，竟然存在这么贴切的一个词可以形容自己，真的，没有比这个更贴切的词了。

她就是一个小透明，无论在生活中、学校里还是网络上，都毫无存在感可言。

譬如，她不如弟弟会讨父母喜欢；譬如，她的学习成绩一直在班级里稳居中下的位置；譬如，她在同学群里想参与一下话题讨论，每次都会迅速被其他发言覆盖，众多消息滚滚而过，没人关心她说了什么。

以至于有天早上醒来，没人能看得见她了。

2

湛婉琪是在等校车的时候发现别人都看不见她的。排队上车的时候，她排在了最后一位，还没来得及迈上校车，车门便关上了。

湛婉琪喊了一声："师傅，我还没上车呢。"

司机师傅转头朝她的方向看了看，露出迷惑的神色，然后就像没看见她一样，发动校车，驶离了车站。

这时，湛婉琪的同班同学陈白姗姗来迟，他嘴里咬着面包，一路狂奔追校车。湛婉琪就站在陈白的必经之路上，眼看就要撞上了，湛婉琪想躲，可是陈白并没有放慢速度，仿佛没有看见近在眼前的湛婉琪。

接着，陈白穿过了湛婉琪的身体！

陈白没觉察出任何异常，继续追着校车跑了。湛婉琪怔在原地，直到陈白的背影消失在街角，她还是没有反应过来。可是事实摆在那里，他看不见她，甚至穿过了她。"我隐身了？"湛婉琪自言自语道。

为了验证，湛婉琪硬着头皮走向一个路人，拦在对方面前，但对方继续向前走，穿过了她的身体。

"我隐身了！"湛婉琪终于确信。

这一刻，她感到欣喜，因为她的生活太平淡了，平淡到所有人都忽略了她。

湛婉琪雀跃地走在街上，反正她一直都是小透明，之前迟到过好几次，但同学和老师压根就没有察觉，有一次她索性旷课了,结果也平安无事。

走到学校门口的时候,已经是第一节课下课了,一些同学正在操场上玩耍,湛婉琪一眼就看到了同班的阿莱。阿莱个子很高,正在玩单杠,他曾经捉弄过她。

湛婉琪来到阿莱身旁,阿莱正在做引体向上。湛婉琪在他耳边怪叫了一声,阿莱被吓得一哆嗦,手一松,跌落在地上。

阿莱四下望去,身边并没有其他人。

"见鬼了!"阿莱站起来,拍了拍身上的土。

"我就是……"湛婉琪阴阳怪气地说道。

"啊!"阿莱吓破了胆,又跌在地上,他站起来要跑,湛婉琪抓住他的衣角,让他感受到了阻力,然后又猛地松开了手。

"救命啊……"阿莱怪叫着飞一样地逃窜,几次险些再次跌倒。

湛婉琪满意地回到教室,看见陈白正在座位上写试卷,他的背后贴着一张纸条,上面写着:吾乃常山赵子龙!

后面的同学一边笑一边交头接耳。

湛婉琪来到陈白身边,把他背上的纸条撕了下来,在别人眼里,纸条就像是自然掉落的一样,教室里又恢复了往常的模样。

一直到放学,湛婉琪都百无聊赖地坐在自己的课桌前,老师、同学都没有发现少了一个人,更确切地说,他们都没觉得少了湛婉琪有什么不同。

不过没关系,湛婉琪已经习惯了被忽略。回到家,她躺在床上倒头睡去,如同以往的每一个夜晚。

3

一连三天,都没有人发现湛婉琪的消失,她有些难过。虽然知道自己是个"小透明",但没想到自己竟然会透明到这种程度,就连弟弟都没有发现自己已经几天"不在家"了。大抵是因为之前一起吃饭的时候自己总是一言不发,吃完饭就回卧室,不怎么出来,也不爱跟家里人交流,他们都习惯了这种状态吧。湛婉琪习惯性地把所有错都归结到自己身上。

反正没人看得见自己,湛婉琪干脆放飞自我,凭着"隐身"去了之前一直想去但是没有机会去的地方。比如鬼屋,她去吓唬了那些扮鬼的工作人员;比如剧场,她溜进去免费看了梦寐以求的《俄狄浦斯王》;再比如电影院,她连刷四场大片,累得在放映厅睡着了。

当湛婉琪睡醒后从影院出来时天都黑了,她觉得很累,头很胀,眼睛很干涩,像是感冒般乏力。她决定回家洗个澡,好好睡一觉。

走在路上时,她还在想,不知道隐身的状态能不能洗澡,或者洗澡有没有效果。她想完这个问题,笑了笑,这个问题好无聊。

湛婉琪回到家的时候,一家人正在有说有笑地吃饭。她直接回到卧室收拾了一番,然后去洗澡。进到浴室后,湛婉琪发现自己手腕上有一串数字——21:54。像是时间,但是怎么洗也洗不掉。之前明明从来没有的,湛婉琪疑惑地从卫生间出来,再次看了看手腕,惊奇地发现数字变了——21:31。减少的数字跟她洗澡用掉的时间相等,这是倒计时吗?

如果是的话,时间走完会怎么样呢?不再隐身,还是会发生其他事情?

突然的隐身、莫名的数字、未知的倒计时,让湛婉琪慌张起来。她无心睡眠,查了一晚上的资料,在一个不知名的讨论组里发现了一条相关的都市传说——没人关心你的话,你将从这个世界上消失。

湛婉琪害怕地合上电脑,又抬起手腕看了看倒计时的数字——16:12。

她想,她很快就要消失了。

4

早上吃饭的时候,湛婉琪试图引起家人的注

意,推动了餐桌上的杯子。在爸妈和弟弟的视角里,那个杯子就在众目睽睽之下自己移动了。

妈妈惊讶道:"它怎么动了?"

爸爸看向弟弟,弟弟微微一笑,说道:"杯子是自己动的,因为桌面不是完全水平,杯子下面有少量的水,干摩擦变成湿摩擦,降低了摩擦系数,所以它就自己滑动了。"

"哇,儿子真棒!"妈妈夸赞道。

不是吧,这也能夸奖到他们宝贝儿子身上,湛婉琪生气地离开。

湛婉琪回到学校,仍旧是铺天盖地的试卷和课间嘈杂的打闹声,大家都有属于自己的世界,而她手腕上的时间也所剩无几了。昨晚看到的都市传说又浮现在她的脑海里——没人关心你的话,你将从这个世界上消失。

如果是这样的话,那是不是只要有人关心就不会消失了?

想到这里,她决定必须找到关心她的人。尽管没人在乎她,她也不愿意从这个世界上消失。

上课铃打响,湛婉琪跑回教室,打开讲桌上的点名册,然后回到座位等待着老师进来点名。她想,这样大家就会意识到,湛婉琪不在,然后老师就会给家长打电话,询问为什么她没来上课之类的,爸妈也就会知道他们的女儿"消失"了。

可是,老师走进教室后归置讲桌时顺手合上了点名册,然后直接开始讲课。

失败!但是湛婉琪没有放弃,她开始尝试吸引同学们的注意——碰倒水杯浇湿课本、在别人的试卷上胡乱写满错误的答案、在老师正在讲课件的时候拔掉多媒体设备插头等等。

然而,这一切并没有成功让大家注意到湛婉琪不在,反倒成了学校里盛传的"灵异事件"。

湛婉琪尝试了更多方法,可是每次她试图写下自己的名字,明确地表达她"隐身了"这件事时,就会莫名受阻。

湛婉琪绝望了,她抬起手腕看着所剩无几的时间,开始慢慢接受自己即将"消失"的事实。

希望通常是从绝望的边界照进黑暗的。最后一节自习课的时候,湛婉琪走到教室后门准备离开,她最后留恋地看了一眼教室,忽然听到坐在最后一排的陈白问一旁的同学:"你知道湛婉琪为什么没来上学吗?"

"谁知道,没人关心这个。"同学说完继续低头偷看小说。

湛婉琪停在门口,一只脚在门外,一只脚在门里,她低头看了看手腕,那串数字消失了!她感激地望向陈白,低声说道:"谢谢你。"

原来自己的"消失"并不是无人知晓,至少有一个人发现了。尽管那个人一直躲在角落,不引人注目,不善于表达,受了欺负也默不作声;尽管在班级里,陈白跟湛婉琪一样没有存在感;尽管湛婉琪对他不甚了解,仅仅只知道他的名字。

放学之后湛婉琪一路跟着陈白,陈白却来到了湛婉琪家门口。他按响门铃,但是无人开门。应该是爸妈还没有下班,弟弟贪玩也没有回家。

5

陈白从背包里拿出纸和笔写了一张字条——湛婉琪几天没去学校了,是生病了吗?希望她快点好起来。

陈白原本想贴在门上,想了想,又收了起来。

湛婉琪猜测,或许是陈白想到她没准儿逃学了,如果留下字条反而会"害了"她。

陈白回了家,湛婉琪一路跟了过去。陈白推开门,湛婉琪闻到一股浓郁的酒味以及食物坏掉的腐烂味道,他伸手打开灯,昏暗的房间立刻亮了起来,湛婉琪看到沙发上趴着一个男人,右臂垂到了地上,手里还握着一个酒瓶子。

接着,陈白打开窗户通风,然后开始收拾杂乱的家,基本收拾干净后陈白又出了门,来到小区附近的菜市场买菜。

刚走到一个岔路口,陈白就被一个穿着花衬

衫的男人叫住,陈白看起来很紧张,但还是跟着那个男人走了。

花衬衫男带着陈白来到偏僻处,开门见山地问道:"你爸在家吧?"

陈白连忙摇了摇头。

花衬衫男一把揪住陈白的衣领,直接把他提了起来,按在墙壁上,恶狠狠地说:"回去告诉你爸,别以为躲着就不用还钱了,如果拿不出钱来你就惨了,为了自己好过点,你赶紧让你爸把钱还了。"

陈白道:"他欠你钱,又不是我。"

"父债子偿,你要怨就怨你有一个这样的父亲,我虽然找不到你爸,但是我能找到你,如果三天后我没见到钱,你们全学校就会知道……"花衬衫男的话还没有说完,忽然被他右边飘起的一只垃圾桶盖子吓了一跳,而且盖子悬停了片刻之后还突然向他靠近,直接扣在了他的脸上。

花衬衫男惊叫连连,一边喊着见鬼了,一边连滚带爬地跑远了。

陈白捂着胸口大口喘气,刚才被勒得快要窒息。稍微缓过来后,陈白看向那个仍旧飘浮着的垃圾桶盖。

"谢谢你。"陈白对着空气惊魂未定地说道。

举着垃圾桶盖的湛婉琪怔了一下,虽然不能表述自己"消失"的事实,但是写无关紧要的文字还是可以的。她捡起一块小石子在墙上写道:"你不怕我?"

"不怕。"陈白道,"没有什么比我的生活更可怕了。"

湛婉琪又写道:"全班没有一个人关心湛婉琪去了哪里,你为什么要找她?"

陈白道:"因为全班只有她借笔记给我这个学渣,其实她不在的第一天我就发现了。"

湛婉琪露出微笑,原来无论自己多透明,也有人偷偷关注着自己。

突然,湛婉琪身上没了力气,手中的石子掉落,然后整个人向着地面倒去。就在她跌倒的过程中,她的"隐身"状态慢慢褪去。陈白被眼前的一切震住了,直到湛婉琪真的摔倒在地他才反应过来,赶紧把她扶了起来。

6

"原来最近学校的'灵异事件'都是你在求救。"陈白从便利店出来后递给她一瓶水。

湛婉琪拧开喝了一口,站在街道边上看着来来往往的车辆和人群说道:"有这样一则都市传说,假如没人关心你的话,你将从这个世界上消失。所以,谢谢你的关心。"终于再次真实且鲜活地存在着,她很高兴。

陈白笑着挠挠头:"没什么好谢的,我就是恰好纳闷你怎么没来上课。"陈白没有告诉湛婉琪,其实她以前帮过他很多次,虽然都是一些小事,小到她自己都不记得了而已。

"总之,谢谢你。"湛婉琪又说道。她也终于明白,要想有人关心、有人在乎,就不能封闭自己,要勇敢地走出自己的世界,与人相处,关心别人。她之前就是太封闭自己了,所以才会被别人忽略。

跟陈白分开后她回到家里,爸妈和弟弟已经回来了。爸妈正在准备晚饭,弟弟在餐桌上写作业。她打了一声招呼要帮厨,妈妈一愣,意外中似乎有些欣喜。爸爸则说道:"你去写作业吧。"

湛婉琪点了点头,但并没有回自己的房间,而是坐到了弟弟对面。

"姐。"弟弟转着手里的笔喊道。

"怎么了?"湛婉琪边拿出物理试卷边问道。

"没事。"弟弟道。

"写吧,不会的问我。"湛婉琪道。

"好。"弟弟继续埋头写作业。

湛婉琪隐隐约约听到了父母的笑声,转头看去,他们的嘴角确实带着笑意。

我再也不是"小透明"了,湛婉琪想着,也发自内心地微笑起来。

查无此岸

* 冷 莹

寄往两年后的贺卡

两年前，路过798的熊猫慢递店，曲清写了两张寄往两年后的贺卡。一张自然是给郑哲，另一张，写给自己。

写给郑哲的贺卡，曲清想了又想，最终也不过落下祝好。能说什么呢，世间情愫，说到底，不过无趣两字。众人的繁花苦雨，说来说去，不过是无二的重复。

在给自己的贺卡填地址的时候，曲清愣了。她发现，自己竟然是一个没有地址的人。两年后她会在哪，她不知道。曲清心里对自己哂然一笑，取笑自己的玻璃心。

心里才说过没什么大不了，下一秒却还是想流泪。

曲清走在北京萧瑟的寒冬里，捏着那张无从寄出的贺卡，哆哆嗦嗦地，裹紧了大衣。

所有偶然，都是必然的流经

曲清留在北京，完全是种偶然。

曲清在北京上的大学，学的法律专业，是妈妈做主选择的，曲清的妈妈和舅舅在家乡合伙开了家律师事务所，在当地颇有名气。姐弟俩早早为曲清打算好了将来，大学毕业后回到所里当一名律师。

乖乖女曲清从小耳提面命惯了，对自己的人生并没有太多想法。她也不会想到，她的人生，从碰到郑哲的那天开始，一切都变了。

她不过是毕业季陪宿舍的女孩去面了个试，又怎会知道，就在那天北京七月烈日炎炎梧桐叶都被晒出香气的一路上，命运已经在她和郑哲之间打好了伏笔。

曲清那天穿了件白色连衣裙，裙子有一侧肩是吊带的。在那家规模不大的广告公司里，曲清坐在公司走廊等舍友面试出来，起身上卫生间的时候，曲清裙子的吊带突然断开，曲清捉着那根细带，一时不知所措。

郑哲就是在这个时候从他的办公室走出来的，手里还端了只咖啡杯。他们人生的第一次相遇，就是以她的尴尬开场。

郑哲站在她的面前，眉毛一挑，笑了。曲清脸红了。"来应聘的吗？"郑哲问。曲清摇摇头，指指面试的那间办公室："等朋友。"郑哲点点头，走了。

曲清从卫生间出来的时候，在走廊上又见到郑哲，他拎着个纸袋子，路过她的时候以不经意的样子伸手就把袋子扔进了她怀里："你拿去换了吧，我给别人买的，别人不要，我留着也没用。"

那天，曲清穿着那条粉蓝长裙回了学校。在舍友叽叽喳喳的八卦中，曲清一路都在后悔，她没有留下他的名字和电话。曲清脑海里，全是那张似笑非笑的瘦白面庞。

舍友没有通过面试。两天后，曲清在那家公司楼下等到了郑哲，他没有收下她给的衣服钱，却问她："我一直没招到合适的助理，你要不要来试试？"

爱的异乡人

那一个点头，是曲清人生的第一次自做主张。

她留在了北京，付出了与妈妈和舅舅意愿相悖的代价。家人都对她不肯回家里的律师事务所，却执意要留在北京一家小公司做一名小助理感到不可思议，一向脾气温柔的妈妈更是在电话里频频大动肝火。乖乖女曲清这次反常地执拗，后来妈妈竟也做出了让步，她在电话里叹息一声：女儿大了，不由娘。那个时候曲清心里一暖，在电话这头湿了眼眶。

暧昧从什么时候开始，曲清回忆不清楚。或许是从一开始，她的心便太清浅，她对他的心意完全无法隐匿，湖光白雪一样清晰映在他的眼里。吃透了曲清的郑哲对她的亲密与疏远信手拈来。

后来，两人开始出入彼此的家中。曲清的心在爱情里沉没得太快，完全来不及计较郑哲一回到公司便面对她的一本正经。

曲清就这样慢慢沦为郑哲的地下恋人，或许连恋人都不算，因为他们之间没有提过任何有关身份的字眼。

一切都依靠曲清的妥协和爱情在支撑。对曲清而言，她不想探究郑哲的心，因为害怕看到不想面对的答案。她只知道，她是为了一个人，停留在这样一个城。她是满心都承载着爱情的异乡人。

一个人的爱是场孤独修行

曲清对郑哲真的没有过期待吗？认识郑哲的那一年，曲清把qq名改成了岸。后来每一次看到那个名字，她就知道答案是否定的。她曾经期盼过的，是他成为她的岸。

两个人在一起的第三年，曲清家里开始追问男友的事情，想要催婚。

迟钝如曲清，也是在这时心中才渐生出委屈和不甘来。他们俩算什么？曲清非常想问郑哲要一个答案。他未婚，她未嫁，他们为什么不能是一对简单明快的平凡恋人？

郑哲没有直接给她答案。他一直言顾其他，避开正题。到后来，他告诉了她一个他隐匿已久的秘密。他把他多年前的一纸诊断书放到了曲清面前，他是一个乙肝患者。他不想连累曲清，这似乎就是答案。

于是曲清自己按图索骥了更多答案：他们在一起，郑哲总是小心翼翼，从不混用碗筷，鲜少接吻，曲清为自己寻找到的那些答案心怀感动。他的一纸病历非但没有成为她前方的障碍石，只让她变得更爱他。

甚至对郑哲在外的暧昧，她也找到了更多理由去劝导自己。

是的，郑哲一直是擅长暧昧的，曲清一直知道。有几次曲清路过郑哲的电脑，也见到过对话框里的煽情字眼。曲清几乎是避雷般地避开了它们，更别提追究。包括最初让他们相识的那条粉蓝裙子，她从未开口问过他，是送给谁而被退了回来。在他们的情感里，她从来就没有成为过一个底气十足的女友，虽然形式上，她显然是。

属于两个人的时光，郑哲是很温柔的。有一天晚上，两人躺在床上看电视，郑哲的手很冰，曲清下意识就把他的手捂进掌心。郑哲把曲清揽进怀里，低声在她耳边说："傻丫头，有你这样地爱着我，我觉得很幸福。"曲清心中一甜。

两天后，曲清看到郑哲放在桌上的手机，微信信息里打开的对话里，正是那句话，一字不差，说给另一个陌生女孩。

这一年，曲清开始感觉到尖锐痛苦，郑哲什么都没有说，曲清的心却在爱和不爱间有了上百次的徘徊。其实痛苦一直都在，只不过以前曲清都选择了刻意麻木。现在，它们猛然全苏醒过来。

痛苦积压得太多的时候，曲清就开始相信，所有的一厢情愿都有耗用完的时候，那时候，爱里的一切都毫丝分明。毫丝分明，不只是郑哲，也包括她自己。

或许是从那个时候，曲清隐隐开始有了接受分开的结局。

郑哲不会知道，那段心路历程，对曲清而言是一场孤独而漫长的修行。

泡沫破碎的声音

随着曲清年岁渐大，家人心中着急，开始在她回家过年时给她介绍相亲对象。曲清总是找各种借口避而不见。

这一年，年三十晚上十二点，曲清躲在房间里打郑哲电话，想第一个跟他说声新年快乐，电话却一直占线。那晚一直等到半夜一点，郑哲的电话也没有再回过来。大年初四的时候，郑哲把电话打过来，问候了声曲清新年好，并没有提除夕晚上的事。

这在郑哲和曲清之间，并不算稀奇事。这些年以来，在北京他们是寻常伴侣，而一旦离开北京，他们便什么都不是，仅仅一对熟人而已。

这个新年，曲清心里突然生出了厌倦来，她厌倦了自己对郑哲内心的无数次揣测，厌倦了这变态的情感模式，更厌倦的，是在这爱情倒影里看见的自己。

曲清鬼使神差地给郑哲发了条短信："我爸妈给我介绍了个相亲对象，让我明天去见。"郑哲很快回了一条："好，穿漂亮点。"曲清的心就在那一刻跌到了冰山谷底。

她握着手机站在阳台上，只觉全身冰凉。曲清开始明白，有的人，真的就像洋葱，你流着眼泪不停剥开他的心，剥到后面，才发现他原本是没有心的。

曲清竟然笑了起来。她无声地对着自己慢慢弯起嘴角，一直笑到笑容无路可走。曲清知道，她没有眼泪可流了。她的眼泪已经在过去的那些年无数次的揣测里流光了。

新年过后，曲清早郑哲一步回到北京，回到他们的房子，把属于自己的东西清理干净。那些私人物品多半都送了在北京的闺蜜，曲清只留下了极少的随身必需品。

离开房子前，因为手边没有笔，曲清用手边一支用过大半的眉笔在房子玄关的镜子上留下两个字。

走了。那两个黑漆漆的字横在玻璃镜上，是曲清爱一个人5年的全部纪念。

对的爱情不会让人低到尘埃里

曲清和网上约的一队驴友一起进藏。一路上她都很沉默，心里的不快乐显而易见。队里有个年龄相仿的男孩很活泼，是大家的开心果。他很关心曲清，经常过来逗她，偏偏他的笑话对她全免疫。

路过青海湖边的时候，男孩看到身边没人，问曲清："你失恋了吗？很不开心的样子。"

曲清不说话。那个叫贺漾的圆脸男孩便自顾自地说："没关系，谁都会爱错人。没有善终的爱情就不是对的爱情。"

曲清沉默了很久，贺漾就陪着她静静地在青海的油菜花海里坐了很久。后来曲清开口了，她说："我不是不再爱他了，我只是不喜欢在他面前的自己。在他旁边，我觉得自己低到了尘埃里。"

贺漾想了想，告诉她："爱情并不会让人低到尘埃里，让人低到尘埃里的，是爱错了人。"

曲清诧异地看了他一眼。她不知道，这个一路上看起来嬉皮笑脸神情清浅的男孩，怎么轻易就说出了她内心的答案。

是的，这答案，其实一直就在她心里。

再见，悲伤的怪物

贺漾也是刚失恋的人。他被女友甩了，然后和曲清一样，因为一个人，放弃了一座城，打包了自己出来旅行。

看着贺漾总是阳光明媚的脸，曲清想起郑哲。她不知道郑哲是否会因为她的离开而哀伤，而他的哀伤又能有多久。曲清想，郑哲，贺漾，其实是一类人，是这世间的绝大多数。他们在爱里尽欢，离别时亦无留恋。世界对他们来说是个万花园，前方永远有无尽春光。他们是花中蝴蝶，翩然翻飞，前方斑斓锦深，永远只觉春风未够。他们才是爱情世界里的主导者。

而她，是爱一个人就想要爱到底的人，是爱上一个人就希望将来同他埋一处的人。她这样的人，是这个世界不合时宜的怪物。

曲清感到深深的无力和悲伤。她无法对抗这世界，亦不想再对抗。她的心中，只有倦怠。

自驾车队走到拉萨的时候，碰上有一个小客栈便宜转让。曲清和贺漾不约而同盯住了告示，最后两人凑了钱，成为这间小客栈的合伙人。

贺漾对曲清很好，他俩的关系也越来越近。贺漾自作主张向别人介绍她是老板娘的时候她不置可否。曲清看得出来，贺漾非常希望确定他们的关系。

贺漾话多，一天自顾自可以说上很久。他问过曲清很多问题，恨不能钻到她的小时候将她从头了解一遍。那是曲清和郑哲在一起从来没体会过的感觉。

但贺漾的问题，曲清多半没有回答，她无从回答，只能对他微微一笑。

贺漾问过她的前男友是一个怎样的人。而曲清发怔，她竟然不知道曾和她生活在一起5年之久的郑哲，能不能算她的前任。曲清感到可悲又可笑，为那没有名分的5年。

贺漾还问她，为什么一个女孩子的网名要叫岸。而那个时候，曲清想：原来，这世间终究是没有岸的。这世界的一切都在变，她却总在车水马龙的急变中寻求一成不变，她又何处有岸呢？

她所有的痛苦都教她修行成为一个如他们一般，不向外寻找彼岸的人。

再见，郑哲

就在他们盘下客栈不久，曲清就在网上看到了郑哲交了新女友。这一次，他大方地把自己和女孩的亲密合影贴在个人主页上，也没有吝啬一些甜蜜语句。

曲清翻看它们，想起自己无数次在郑哲身边看电视看到步步高广告时，心里都会偷偷冒出一个古怪想法：好想有一支步步高打火机啊，爱人哪里不爱点哪里。曲清在回忆里笑了起来。

她自己也有一点奇怪：这个时候，不是应该流下泪来的吗？

曲清知道，其实答案一直就在那里，只是郑哲的不爱，她一直蒙住双目不看它，直到她爱他的心终于被时间耗成一座空城，她由此可以从容睁开双目。由此，可以从容说再见。

一天，曲清正和贺漾一起晒客栈里的白床单的时候，她的手机响了。她没有注意看电视号码，随手接通，用肩膀夹在耳边。声音响起，她正大力拉伸床单的手有一瞬停在了空中。

是郑哲。

他收到了那张曲清两年前从798慢递寄出的贺卡。他对她说："我知道你爱过我，也知道你还爱着我。我后悔了，你回来，好吗？"

这曾是曲清等待了很久的话。可现在，她只轻声同他说："你的女友好吗？其实我一直想喜欢的，是能给爱情善终的你。"

挂了电话，曲清大声对贺漾说："抓住了。"贺漾心领神会地抓牵床单角，隔着一条晾衣绳，四只手同时向上抛去，将床单用力抖出一片平整的清白……

像麦子一样爱过一个人

❋ 陆小寒

六月是麦子的季节。在李皎然的家乡,这个时节宽阔的马路上已经铺满这种收割后的植物,它们沉默、厚重、干燥。车子碾压过后,溢出粮食的清香。这气息根深蒂固,使她在遥远的异国他乡,一到六月,也恍惚闻到这空气中的乡愁。

乡愁沉默、厚重而干燥。

她也曾像麦子一样爱过一个人,长远、温和而悄然。

一如站在桃花面前,她只能是安静的。

在这样六月的空气里,李皎然拆一个包裹,两包方便面,是几年前最便宜的那种。包裹上没有留寄件人的信息,她却立刻知道了是谁。红了眼眶,几乎要哭出来。

那是她从前的感情,好得像从不曾真正拥有,好到要用余生的全部时间来慢慢失去。

他们并肩作战最困苦的时候吃的面,市面上大约已经停产,杜微白费了苦心寻来,用于破冰。

这么一想,原来时间已经过去了那么久。

李皎然第一次见到杜微白还是在大四的时候,那次她作为助手陪影视系主任庄老师参加一个影视投资广场沙龙,中场休息时他过来递名片。在衣冠楚楚的人群中,他简单又随便,T恤牛仔,没有穿皮鞋。他说:"你好,我是杜微白,这是我的名片。"

据说,一个男人如果到了三十岁还没有学会穿皮鞋,那么他不是混得太差,就是混得太好。那一年,杜微白刚好30,属于后者。

他很有名,李皎然也有听说,是大好几届的学长,才华与个性并重,中途因严重缺课被学校劝退,22岁有第一家自己的公司,几年后卖掉,赚了一笔钱。30岁有了第二家公司,做影视,投成了两个项目,在圈内声名鹊起,人生风光快意。

是这样的人,李皎然看着他。他的脸背着阳光,有暗影,像一笔一笔的素描。

她说:"我没有名片。"

"那你可以把你的手机号码写在我手上。"他摊开了手掌。

宽阔,像一面海。

隔了一个星期才收到他第一条短信,喊她下女生宿舍楼。他靠着车旁,对她招了招手,从车里拎出一盒巴黎贝甜的蛋糕。

"去上海出差,那里的姑娘都爱吃这个。我想无锡的姑娘应该也爱吃。"

李皎然不解风情,"我不是无锡人。"

"那美女都爱吃。"他把蛋糕塞进她怀里,踩了下油门,扬长而去。

渐渐有了来往,他带她出去吃饭,参加他朋友的聚会,一帮大老爷们坐在酒吧街的露台,开一瓶红酒醒着,几桶德国黑啤,喝着酒,称兄道弟,谈生意上的事。而生意是只属于男人的话题,无非是赚着几十万的人大谈成百上千万的项目过过嘴瘾。那时候的李皎然,瘦瘦小小的,跟在杜微白身后,被一帮大老爷们起哄,要她喝酒。杜微白像母鸡护雏,截住每一杯递给她的酒，喊来服务员，给她点了一堆果汁。李皎然就着吸管喝果汁，听这帮人吹牛。

他们抽烟也讲究，用一根细铁丝把烟身疏通，插入细细的沉香，再点燃，烟味混着幽香，李皎然凝视着在白雾中微微闭眼的杜微白，心忽然瑟缩了一下，浑身泛起鸡皮疙瘩，又有暖流流过。

汉语中，称这一生理反应为心动。宋词更美一些，是"记得小蘋初见，两重心字罗衣。"

是盛夏，她年轻如饱满新鲜的水果，露着脂白又结实的大腿，脚尖挑着凉拖玩。杜微白拍了一下她的腿，她骂一句，嘴角却是梨涡浅笑。

后来的李皎然不止一次回忆，如果那个夏天的变数没有发生，她和杜微白会怎样。是否会有爱情发生，但也只是发生过，她可能只是他遇到的一个女人，而后移情，而后星散，也不会有后来的念念不忘。

但是命运突然在那里拐了一道，那个夏天快要结束的时候，杜微白的公司突然就一落千丈，从前的拥趸作鸟兽散。几天兵荒马乱，周遭的世界突然就安静了，30岁的他再度回到20岁时的一无所有。

唯一多了一个李皎然，替他应对所有公司清算，工商注销的琐事；把他从酒吧门口扛回来，放到干净温暖的床上；藏起他家里所有锋利的东西，生怕他想不开。那一年的李皎然，不是拯救地球的英雄，只作为他上天入地的女超人。

渐渐地，杜微白也缓了过来，盘算着还有一套房产可以卖了从头再来。他这样的人是不怕失败的，只怕温水煮青蛙磨掉身上所有的锐气。他问李皎然是否愿意留下来帮他。问的时候是忐忑的，他开不出诱人的条件，唯一的筹码，只是从前他对她的好。

李皎然在厨房煮粥，二话没说就答应了，"我们都有一双白手起家的手，怕什么？"

他们做回杜微白最初的老本行，弄了一个很小的传媒公司。七月流火，两个人到处跑着找办公地点，终于在老城区的一个老旧别墅区找到一个合意的房子。里面够破，房租水电都便宜；地理位置适中，公共交通都方便。

然而那真的是一间百废待举的房子，墙体表面大面积脱落，钉子留下的洞眼到处都是，地面更是脏污得完全看不出本来的颜色。只有那个阳台是破败背景中唯一的一抹柔色，阳光透亮，一株高大的广玉兰树，水泥栏杆上爬满墨绿的爬山虎，红色的野蔷薇星星点点。

在后来无数个明媚的午后，当李皎然站在这个阳台上远眺市井里的车水马龙时，她的记忆都会回到那个清晨，她和杜微白拿着用最后所有的钱换来的这把钥匙走进这里。屋内一片萧索，唯有阳光的铺洒带来些许生机。她靠着结着蛛网的门框，看着杜微白走进阳光里。他的背影很坚实，他们就这么一前一后地站着，静默了许久。

那或许就是这座已经老旧的房子里最初始的幸福吧，是一片废墟里开出来的一朵花。

李皎然蹲在地上，拿着一把刷子，把地面擦得干净发亮。

她和杜微白的后两年，可以用一些气味来回忆：六神的花露水，夜深煮沸的泡面，夏天养在茶碗里的洁白栀子，十二月隆冬时晒在阳台上的被褥……

他们后来呢？后来当然翻身了。

第一年，他们就把家搬出了办公楼，杜微白给李皎然找了一个不错的住处。适逢她的父母来无锡探望，他特地问朋友借了辆车，载着这一家三口，宾主尽欢地玩了两天。只这两天，李皎然才恍悟这个待了好几年的城市的美：灵山薄暮时的雾，鹿鼎山的夜景，醉乐堂的桂树，渤公岛的樱，惠山的茶……

她玩得有滋有味，杜微白却心有愧疚。"小皎，辛苦你了。"

李皎然眼睛望着他，"是我自己乐意的。"

他们赶项目进度的时候，没日没夜地熬，李皎然累得趴在地上画设计稿，完成的时候腰几乎直不起来。他连忙来扶她，她穿着他的旧T恤，远远看去，两个人像一对兄妹。

那两年，他们是越长越相像，没有发生的爱情，变成另外一种养分滋生进他们的生命。李皎然有的时候悄悄望着杜微白，心里难过。她知道他们是错过了。那个她跟在他身后，满是啤酒清香的盛夏，永远地过去了。

第二年，公司越来越好，又投了几个项目，杜微白渐渐恢复到从前的样子，还是喜欢那种瘦得像一只蛤蜊一样的女孩。买了一辆车，偶尔带李皎然出去兜风，有一条路，要经过一座很长很长的桥，那里的夕阳特别美，冬天是枯黄的芦苇，夏天则变得笔直翠绿。桥下是温和的湖水，好像人可以开着车，奔入这样温暖而让人平静的怀抱。

他们都不怎么说话，杜微白握着她冰冷的手。那一阵，李皎然的身体出了一些问题，长久的失眠令她脆弱而敏感。她望着窗外的景象，只觉满眼苍凉。她说："杜微白，我还是喜欢你。这么久了，还是喜欢。"

他有些愕然，好像突然才知道她的想法一样，愣了好一会儿，才说："小皎，我们之间已经过去了啊。我视你为一生的挚友，最珍视的朋友、事业伙伴。没有你，也不会有今天的我。"

李皎然侧过头，微微笑了一下，"我知道，我只是想把我心里的话说给你听。"

那个傍晚之后，他们尴尬了几天。之后又相安无事。只是李皎然还是睡不着，杜微白托人在国外带回了一些天然成分的药物给她，第二天她面色好了很多，说："药效很温和，服下后一小会儿就能入眠，还能做到很美的梦。"

那温和美好的感觉，像被那个黄昏温暖的湖水慢慢覆盖上来，像轻轻的被子，像他宽阔的手掌，像那初见时，手心里的那片海。

一个月后，李皎然在单身公寓里，服下了一整瓶安眠药。

"我几次起身要走，而终未走成。但我几次想将你拥抱，却也未能拥抱得成。"

李皎然终于要走了，这么几年，像一条被系在伤心地的孤舟，终于被松开了绳。杜微白送她去国外深造，她选了布鲁塞尔，学习艺术与哲学。

临出国前，他们约好一起吃顿饭，选了一家新开在半山腰的餐厅，他晚到了一会儿，隔着落地窗看着她躺在沙发里，用iPad看电影，穿着一件白色的长毛衣，头发又长长了很多，散在瘦削的肩膀上，杜微白隔着窗户凝视了她很久，心中也难过。想到这几年，他们亦师亦友，如兄如妹，偏偏没有做恋人的缘分。

她扭过头，隔着窗户看他，眼中亦有泪光。

纵然心中缅怀往事，也知道来路不可追。

是隔了好几年，她才有机会告诉他，离别那天她看到的那部电影叫《真爱至上》，里面有一个故事是讲一个男人毫无希望地爱上了一个女人，于是在圣诞节前夕，他拎着一个录音机，放着她喜欢的音乐，用画板对她做了一次无声的告白，而最后一句话就是："我荒废的心会永远爱你。"

他最后握了握她的手，像握着一块冰。天上悬着冷清的月亮，他柔着声音说："上楼吧，今晚好好睡一觉。明早我来接你去机场。"

那晚他也没有走，静静地在车里坐了一晚，也不觉得累，想着这可能是为她做的最后一件事了。深夜下了一场雨，枯叶覆盖在车窗上，他也不知道怎么就那么难过，好像送走的，是一整个青春。

在李皎然走的那四年，他们也联系寥寥，仅止于一声新年快乐或是生日快乐。杜微白也不知道她有没有回过国，只是再没有和她见过面。

古人写茶花谢，落花如斩首，世间情事也不过如此，看似来去如逐轻舟，举重若轻，其实到头来还是这般落花斩首，让人心生苍凉，却硬要说不过世事寻常。

这几年他也有过几段情事，只都没有结果。却渐渐怀念起李皎然，心里像手植了一棵无花果树，从不曾开过花，果子却已悄悄成熟。

如果不是医生说他患上了视力渐退的病，他也不会下定决心联系李皎然。心里就一个念头，趁着还能看得见，想再看一看她的模样。

隔了四五年的见面，李皎然迟到了一会儿。看到杜微白坐在不远处的藤椅里，视力大概衰退了很多，呈现老花眼的症状，所以把手机拿得远远的，一个字一个字拼着。不一会儿，她收到信息，问她到哪了，是否迷路。

她不近不远地望着他，那张二十多岁就装在心中的脸，是一张感情丰沛、动人的脸。

这几年风雨飘摇的委屈，就在那一声是否迷路中，如晨雾，轻轻消散。她走到他面前，轻轻坐下。

时隔经年，该聊些什么呢？

就从他们各自长的第一根白头发说起吧。

愿待天星祝明月

✽ 游溯之

01

我小时候觉得阮时是我见过的最呆的男孩子。在同一个年纪的女孩还在披着床单玩角色扮演,男孩还在挥舞着金箍棒玩泥巴的时候,阮时已经开始抱着一本从我爸那里借的《九章算术》坐在榕树下的大石头上一看就是一整天。

"璧夏,陈叔叔说晚上他回来之前你必须把第二单元的数学题做完。"阮时一板一眼,像电视剧里的私塾先生。

我翻了翻手中的练习册,眼珠一转:"阮时,你想不想去王大妞家看看新买的高级电视?你帮我把第二单元写完,我就带你去。"

我在清水村的孩子群里很有威望,因为陈璧夏是陈校长女儿的名字。所以我带着阮时走进王大妞家时,那些不喜欢阮时的小伙伴没有提出抗议。可没想到,那天王大妞家的电视出了点问题,怎么拍打都换不了台。屏幕上闪烁着我们看不懂的奇怪文字,一个穿着奇装异服的男人站在舞台中央,音乐随之响起。

后来我才知道,这是根据雨果的《巴黎圣母院》改编的音乐剧。一曲歌罢,我戳了戳阮时:"歌词是什么来着?人们企图用……"阮时流利地接道:"人类企图攀及星星,镂刻下自己的事迹,在彩色玻璃或石块上。"

我没想到小书呆子记性这么好,讶异地看了他一眼。我嘀咕:"人类……怎么攀及星星呢?"

和我爸相反,我妈不喜欢阮时。她说阮时和我爸一样"百无一用是书生"。听村里人说,我爸是城里来支教的大学生,本来在这里工作3年回去就能有正式编制,可是我爸不愿意走。

我是不太赞同我妈的说法的。阮时是我见过的最聪明的男孩子,别人绞尽脑汁琢磨的数学题,他看一眼就能推理出答案。

"一辈子待在清水有什么不好吗?"我一边把紫色的苜蓿花插进用柳枝编成的花环里,一边问旁边的阮时。阮时正抱着《天文爱好者》看,我爸每次去镇上都要给他买一本。

阮时突然问我:"璧夏,你的梦想是什么?"我瞅到阮时书中的那一行大字:"星空是人类永恒的梦想之地。"

那段时间我妈心情特别不好,一点小事就会冲我和我爸发火。所以王大妞的举报便成了我妈打我的导火索,她把阮时给我写数学作业的事告诉了我们老师,而老师在周六清早来了次家访。

阮时在榕树背后找到我的时候,我已经哭得像花猫。身上和胳膊火辣辣地痛,让我不禁迁怒于他:"都怪你!"

13岁的阮时已经有了少年俊秀的轮廓,此刻他拿着一袋"雪莲"冰糕,把凉凉的"雪莲"贴在我红肿的手臂上,"这样会不会好一点?"我哼了一声,用手揉了揉酸涩的眼睛,又忍不住掉下一串眼泪来。

蝉鸣嘶哑,沉默片刻后,阮时说:"璧夏,我带你去镇上看庙会吧,好不好?"

02

镇上一年一度的庙会总是很热闹,高跷队正好停在我们面前表演。我目不转睛地看着人群中间那个头上戴满簪花的高跷演员接连跳过前面的演员,带起一阵阵欢呼的浪潮,连脚下的鞋什么时候被踩掉了都不知道。

所以那天傍晚是阮时背我回家的。那个傍晚阮时背着我走了12里地,走坏了他唯一的一双运动鞋。我知道阮时家里条件不好,他年少失怙,和贫弱的奶奶相依为命,我爸也因此对他格外怜爱。

随后的那节体育课上,阮时的运动鞋不堪重负,"不治身亡"。在一阵哄笑声中,我悄悄从跳大绳的队伍里溜出来,跟着阮时的背影进了操场边的菜畦。

阮时正坐在田垄上发呆,破旧的运动鞋张着大嘴,露出阮时的脚趾。

我脑子一抽,突然开口:"阮时,我想好了。我以后要做高跷队的领舞,就像我们上次见到的大姐姐一样。"

我望着蔚蓝的天空,在心里偷偷地说:"我很想要一双高跷演员那样结实的鞋子。然后学着做一双给你,那么你背着我走再远的路,都不会坏掉了。"

初中毕业那年的暑假,我爸偷偷拿了家里的存折,用一笔数目不小的钱送阮时去北京参加天文奥赛。一个月后阮时回来了,他在天文奥赛上拿了一等奖,我爸还在学校给他贴了红榜。

阮时荣归故里,一下课就被人团团簇拥着,投在他身上的全是好奇和崇拜的视线。像是偷藏的珠宝被别人发现了,我那段时间心情一直很糟糕。放学铃响了,我便听到教室门口王大妞亢奋的声音:"阮时,我们一起回家吧,我还有几个问题想请教你!"

我几乎是最后一个走出校门的,却在校门外看到了一个熟悉的身影。阮时看到我,脸上便露出柔软的笑意:"璧夏,我从北京带了礼物给你。"他像变魔术一样从背后拿出一本书,上面写着《巴黎圣母院》。他抿抿嘴,有些别扭地低声哼了一段久违的旋律。那是9岁时我和他在王大妞家的电视机里听到的那首歌。

落日余晖在阮时周身晕开一圈金色的淡光,他白皙的脸颊上是绯色的暮光:"还有,这个给你。"他摊开手掌,掌心上的东西类似于我之前给他描述过的高跷演员头上的头花,"售货员告诉我,这个叫簪子。"

我小心翼翼地从他手心里拿过来,仿佛怕一碰就碎掉似的,它比我所能想象到的一切形容词还要美好,轻盈得像一个15岁女孩的梦境。

03

高三那年对于我和阮时来说很动荡。阮时的奶奶去世了,我爸便把伶仃一人的阮时接回了我家,我妈吵着要和我爸离婚,当晚便收拾行李回了娘家。

阮时坐在我身边,他小心翼翼地问:"璧夏,你怪不怪我?"我摇了摇头。

阮时突然抱住我,把我的头按在他的肩上,就像奶奶葬礼上我对他做的动作一样。他在颤抖:"璧夏,对不起。"

可我真的不怪他。怪我家不够富裕,所以资助阮时之后的捉襟见肘才令我妈愤怒;怪我不够聪明,所以与阮时对比之下我妈才更加失望。

少年的眼泪顺着我的脖颈流到我的心口,他说:"璧夏,你不要怕,以后有我陪着你,我永远都不会走。"

那天的星星很多,也很明亮,每颗都像在眨着眼睛见证少年真心的誓言。

我忍着眼泪跟他开玩笑:"阮时,我现在的梦想很俗很俗,我想赚很多钱。我要做大明星。"那样的话,爸爸妈妈就不会吵架了,阮时也可以随心所欲地留在我身边。

阮时凭借竞赛加分成功考上了北京的Q大,我却只能考入天津的一所二流艺术学校。我去报到那天,阮时特意请假出来,眼下有淡淡的青,笑起来时眼睛却依旧清亮。

阮时接过我的行李,带着我出了站。尽管穿着朴素,他的气质似乎已能和谐地融入繁华而现代的城市中。我下意识地把破旧的挎包往身侧藏了藏,手背偶然与阮时的手碰在一起,片刻后,他的指尖滑过我的掌心,又紧紧地握住了我的手。

我讶异地抬头看向他,阮时正视着前方,一本正经地说:"这样就不会走散了。"他通红的耳朵藏在鬓发间,我的笑容忍不住爬上了脸。

阮时一有空就会来天津看我,来见我的时候,总是挂着两个黑眼圈。傍晚我送他去火车站,他进了入站的通道,上一秒还在冲我摆手,下一秒就身子一软,倒在了地上。在病床前枯坐到阮时醒过来时,我艰涩地开口:"医生说你是太疲劳了,你要多休息。"

我知道阮时为什么这么拼命。艺术院校学费高昂,阮时总是背着我,偷偷给爸爸钱。

04

那年生日,阮时带着礼物来后街找到我的时候,我正在给客人洗头。

我没想到他为了给我惊喜,会一声不吭地来学校找我,室友告诉他,我在学校后门的理发店兼职。

给客人洗完头发,我有些局促不安地走出来,阮时第一次对我发火:"陈璧夏,就算钱不够用,你又何必这么作践自己?"几个月积攒的委屈就这样爆发,我的声音尖锐得不像自己:"我有教授请我去实验室工作吗?有家长要我去给孩子辅导功课吗?我就是这么差劲啊!"

阮时在门外站了一会儿便走了,下班时经理递给了我一块蛋糕,还有一个小盒子,我打开一看,里面是星星吊坠的项链。那晚,我坐在理发店门口,混着眼泪吃完了蛋糕,等不哭了才给阮时打电话:"对不起。"

"没关系。"阮时说,"你吃晚饭了吗?"我的眼泪又一次落了下来。

阮时托导师给我找了个线上文字录入的工作,我终于不用在寒冬腊月把手在水里一泡就是近10个小时。兼职的工资我用来给阮时买了生日礼物——一个水晶的天文望远镜模型。

可生日那天,阮时恰巧要做大学生创新实践优秀项目的汇报,我下了高铁,自己坐地铁去Q大。礼堂早已人满为患,我坐在食堂看电视里的直播,阮时清秀的面孔出现在屏幕正中央。

阮时之后上台的是他的导师,老教授脸上写满了骄傲:"这是我的得意门生,不久前刚刚收到曼彻斯特大学的录取通知。"

我紧紧地抱着怀中的礼物盒,指甲几乎嵌进了纸板。一辆盖着红布的小车被推上台,教授掀开红布,里面是一架天文望远镜。"这架望远镜上镌刻了你的名字,期待着你能站在前人的肩膀上,继续探索神秘的宇宙。"那一刻,所有人都在看着阮时。他站在舞台中央,聚光灯下,仿佛天生就该被万众瞩目。

阮时出现在我面前的时候,食堂里的人都在偷偷看他。我不动声色地把脚下的盒子踢得更远,把手掌攥成拳放在他面前:"猜猜我给你准备了什么礼物?"

我松开手,把手掌印在他的手上,笑嘻嘻地开口:"对不起,只能送你一团空气啦,我真的很穷嘛。"

他的表情还是那么温柔:"你来了就很好。"

我把积攒了许久的喜欢放进他的掌心,它那么轻飘飘的,却是我做了这么多年的一场梦。

05

阮时出国那天,恰巧是我参加的一个选秀节目决赛的时间。那或许是我这么多年来离梦想最近的时刻,可是我所有的梦想都和那个少年有关,他要离开,我无论如何都得去送他。

阮时进安检之前,我叫他:"阮时。"他垂眸看我,眼睛映着机场大厅莹亮的光。尽管他从未想过丢下我,但是我知道,放他高飞才是最好的选择。

阮时读研的第一年,为我定了一张飞往法国巴黎的机票,说要带我去看巴黎圣母院和巴黎天文馆。我怕误飞机,提前一天就去了机场大厅坐着,却在第二天早上接到一个陌生号码打来的电话。挂了电话之后,我平静地给阮时打电话,说我妈出车祸了,我要去照顾她,不能去巴黎了。阮时在电话那头温柔地安慰着我,还说我们下次再见。

但是我们没有下次了。因为我突然意识到,我真的没有必要再强行闯进属于阮时的那个世界了。

阮时曾做过许多傻事。

比如,为了用电脑而跟着陈叔叔学习天文;比如,在饭店洗了一个月的碗只为了买一支簪子;比如,疯狂兼职,只为攒够一张从中国飞往巴黎的机票。

他想带她看巴黎圣母院和巴黎天文馆,想问问她,到底有没有喜欢过他。但是她说:"对不起,阮时。请你一个人往更高处走吧。"

2019年4月10日,天文界发布了人类历史上首张黑洞照片,那是5500万光年外的一个正在消亡的世界。

2019年4月15日,巴黎圣母院起火,有着800多年历史的尖塔在火灾中轰然倒塌。

阮时想,这个世界上或许没有什么不可能,也没有什么永恒。但他永远感谢天文学为他带来了光,而那个女孩为他带来了天文学。

星球过客

*田密

1

偶然想起年少时喜欢的人，心里便柔软得一塌糊涂。

那时的我还是个十七八岁的少年，可爱的她住在前面街道的第三户人家，于是我每天清晨早早地起了床，整理出最好的状态，便骑着自行车到她家那条街。她可是个懒孩子，总是会起晚，急急忙忙地叼着豆浆袋向学校跑去，我这时就赶忙骑车超过她，冻了半个小时的身体暖和起来，不知道是因为运动还是因为她。路过时对她轻声问上一句："要不要我搭你？"

起初是纠结许久才问出来，后来发现她总会以为这是我的玩笑话，便真的就当玩笑话说了，到最后我甚至忘了最初的目的。

她嗔笑着打我一下，我便骑快些，但总还会在路口等着她，默默地陪她走完这一路。伴随着她的一路，便是我一天快乐的开始。

2

她是班长，刚刚上任时没有经验，偏偏我们班主任还是个喜欢让孩子自由成长的人，对班里的事不管不问，出了事情便指责她。我看她在探索中走了偏路，同学们对她厌恶至极，也不知道是谁，在她不在时突然喊了句："她又不是班主任，凭什么管我们？"

同学们纷纷附和，让她卸任的呼声也越来越大，于是便有人拿笔出来开始写下名字，联名上书，希望班主任撤掉她的职位。

他们叫我也写上名字，甚至说出"不签名你就不是我朋友"的话。我犹豫许久，终于还是摇了摇头。

事情并不如同学们的愿，班主任对她印象很好，她办事麻利，甚至很多班主任做不到的事情她都能做到，所以班主任将那张联名上书交给她，叫她放学后去办公室找她。

下午还有两节课没上，我偷偷看着她，她的眼睛慢慢变红，为了不叫人看见便闭上了眼。当时上课的老师，我们叫他"睡神"，因为他最爱抓睡觉的学生，我害怕她被误会，一颗心都提了起来，但幸运的是那天"睡神"并没有四处查学生睡觉，她恍恍惚惚地挨到了放学。我不知道班主任和她说了什么，她终于哭出声来。安安静静的走廊，只能听见她压抑的呜咽声。我想要靠近，可她的朋友们来了，我只能默默地远远地跟在她们身后。

她不停地用手抹眼睛，我跟她说过这样的习惯不好，可她从来不听。

到了拐弯处，她和小伙伴分开，我赶忙走到她身边，拉拉她的辫子。她不回头，只是哽咽着轻声说："我今天好难过，不和你闹。"

也不知道哪儿来的勇气，我告诉她："你可以跟我说说。"她有些错愕，像兔子似的眼睛瞪得大大的，良久却还是点点头。我默默跟着她，听她讲今天所发生的事。

我劝她做不了就放弃。她摇摇头否定我的说法，眼神坚定地和我说："我不能放弃，如果现在退出不就是怕了他们？我要告诉他们，除非我自己不愿意做，不然谁都不能逼我放弃。"

凉风习习，小城的下午出奇地美。

 3

从那以后，她的工作越做越好，却还有讨厌她的同学向她桌肚里扔字条，在她本子上画画，甚至在她捡来的纸筒上写一些污秽之言。我看她隐忍许久，终于还是告诉了老师。我一阵心疼，却还是没说什么。

在一起回家的路上，我问起她这些事，夕阳的光影照在她的脸上，晚风吹拂，人间温柔，她的头发被风带着微微扬起，她笑了，一边单手扶住车把，一边递给我一颗糖，说："哪有那么多不开心的啊，和之前比起来我已经很开心了！"

我把糖剥开，糖纸偷偷藏在兜里，也笑了："是啊。"

说起我喜欢她的那么多年，大抵就是从这里开始，小小的心思得到自己的确定。那个时候，好像岁月漫长得到不了边，悠长的岁月里，我最勇敢的举动就是请她在篮球赛上给我送水。

记得我当时紧张得把脚趾蜷曲起来，嘴上却故作洒脱，说："别的男生都有水，我没有也行，但我觉得你会不忍心。"她听完，笑着捶了我两下："当然不忍心。"

那次比赛，我投出了整个中学时代最完美的三分球，接到她送来的水时，我觉得我是整个球场最引人注目的人。

不夸张地说，那一个月我都因此而开心，并且不下五次梦见这件事。

 4

我们最后一次说话是什么时候呢？

在我记忆中是那次她邀请我去看她的汇报演出——她是舞蹈艺术生，在学校舞蹈队做领队。学校在每年快结业前都会为特长生们办一场汇演，以此来激励学生们来年继续努力学习。

汇报演出的舞台不同于其他表演舞台，那是学校最大的活动，一般在大礼堂举行，一场表演的观众是三千余人。

我答应好要去，可是当真正到了那一天，我却没有赴约。

因为很多人在传她要转学，可是一起回家的路上她从未和我说起。直到班里另一个男生跟我说她告诉了他，并且和他道别，我开始怀疑，自己真的这么不重要吗？

当时我不知道是怎么想的，就准备赌气，虽然知道自己生闷气她也不会发现，可是还是忍不住生气，于是干脆放了她的鸽子。

后来想起，总觉得那时的自己有点儿傻，她把那场表演看得那么重要，每天愿意晚一个小时回家，在练功房练习舞蹈动作，我却轻易地选择不去观看。

演出结束后的第二天早上，她进班后并不像往常一样开心地和大家说"早上好"，而是气势汹汹地问我："你怎么没来？"

我故作冷淡，板着脸说："睡过头了。"

她顿住，本来瞪着我的眼睛似乎失去了力气，眼皮慢慢垂下，良久，她叹了口气，说："我马上就要走了。"

我没有回答，她也没有继续，而是转身回到自己的座位。没过几天，她转了学，十多年来我们再也没有见过。后来，良辰美景仍在，只是我和她分别在地球的一隅，再也不见，只剩下那张糖纸。

见过书里说："每个人都是一个星球。"

我想，在我意气用事之前，我曾闯入过她的星球，但我们的结局告诉我，我只是这个星球的过客罢了。

少女的祈祷

✻ 程慧玲

2022年的大年初一,明薇和几个朋友约好,夜里驱车去找空旷的地方放烟花。

南方冬雨连绵,不彻骨,但让人分外怀念晴日。远处的烟火蹿上天空,砰的一声,亮灿灿如流星般散落。一行人嬉笑着点燃手中的小烟花,明亮刺破了沉沉黑夜,风吹起阵阵硝烟味。欢声笑语间,眼前的火花亮起又消逝,好像在提醒着每一个人,这是旧年的结束,新年的开始。

明薇晃神,去年和这几个好友一起放烟花的场景仍历历在目,真如白驹过隙,一晃眼的工夫,这一年,就这么过去了。

其实发生了很多事,到一个陌生的城市实习,第一次租房子住,学做饭、学做家务,在工作之余准备考研,考研之后准备各种考试和找工作。

在失去了学校里的评分制度之后,明薇发现,生活好像变得不痛不痒,如车轮一样匀速地、一成不变地向前,没有目的地。这一年,没有人再会提醒她,你是时候努力了,没有人告诉她该怎么做,明薇因为自己的惰性错失了很多机会。她麻木地上班下班,回到家打开书本,好像摸石头过河一样看着,不知道目的,也不知道结果。

实在不能算是很好的一年,明薇想,但要说这一年发生的最好的事,也许就是钟声。

他们没有上同一所大学。明薇学期结束要去往实习地,钟声还没放暑假,于是她偷偷买了去看钟声的票,出发前才告诉他。她喜欢制造一些小惊喜。

几小时后抵达,她拖着重重的行李箱走到机场外的马路上,一回头却看见钟声正被她身后一扇不能打开的玻璃门挡住。他在机场里找了一圈,才发现明薇已经走出去了。

明薇没经思考,转身就跑,原来几个月不见,她真的会紧张到想要躲起来。跑了几步觉得不对,跑掉算怎么回事,戏剧得像没有水晶鞋的灰姑娘,于是停在了四四方方的柱子旁边。

钟声绕着柱子转了一圈,终于拎住了她的书包。她头也不抬,垂着眼,转身跑开,坐上了出租车。钟声也没再说话,只是不时转过头看她。明薇的手机弹出他的消息,她转过头笑着打他:"就在旁边还给我发信息。"

他递给她一个袋子,说:"我把超市里面所有种类的橙子都买了一些,你看看哪个甜。"

明薇最爱吃的就是橙子。

她二十一岁,小时候有过懵懂的感情,看过很多言情小说和青春电影，可是直到钟声出现在她的生活里，她才明白什么是恋爱，明白什么是喜欢和爱。

窗外夏日的白光晃得明薇眯起眼睛，车开得飞快，她听不见蝉鸣，耳边却响起了杨千嬅的那首歌。

"沿途与他／车厢中私奔般恋爱／再挤迫都不放开／祈求在路上没任何的阻碍／令愉快旅程变悲哀。"

三

明薇印象最深的是他们第一次一起去看电影。

她是很爱电影的，有些精彩的台词她甚至能背诵下来。可是那次，别说台词，整场电影下来，她只记得是一部动漫，导演是新海诚还是伊藤智彦？她不记得了。演的是什么？她不知道。

她被钟声牵着走过漆黑的过道，像是踩着蓬松甜蜜的棉花糖，落座以后，她轻轻地呼吸，想说些什么又止住了。电影白幕反射的光影印在他们脸上，眼里有光在闪烁。

一个吻落在明薇的嘴唇上。

轻轻地一触，像西村由纪江的钢琴曲一样温柔。

明薇爱吃小龙虾，电影过后，钟声点了一大盘小龙虾，耐心地一只一只给明薇剥。扭掉头、剥掉坚硬的壳、抽掉虾线、蘸了蘸料汁、塞进明薇嘴里。

"你怎么不吃啊？"

"我海鲜过敏。"

"那怎么还点这么多？"

"你喜欢吃嘛，来，张嘴。"

那天，那个工业城市的街道上，路边的紫薇花透着黄色的路灯，浅紫和粉白，风卷起热浪，明薇紧紧攥住了那只也是汗津津的手。

四

这一年，明薇辗转于学校、家、实习地，每一个都相隔千里，她逐渐对远行产生厌倦。确切地说，她好像对很多事都感到疲惫和麻木。

下午下班之后，明薇有时候会坐在院子里，看隔壁人家二楼的蓝色玻璃窗反射到墙面的太阳光。

院子里有一棵蜡梅，一棵膝盖高的茶花树，绿油油的茁壮的叶片，还有很多未经修理的竹子，遮了半个院子的光。明薇总想着什么时候该修剪一下，逐月过去，也没有动剪。

明薇在小花坛里撒过一把超市送的小葱种子，她很惊喜，没几天就真的长出来了，细细的茂密的翠芽。可几个星期过去，它们就停格没再长过，现在看过去，伏在土面上，倒像是一丛杂草。

只有隔壁人家种在墙边的月季，她初以为是玫瑰，漂亮喜人，然后看见它枯萎了不久又生出嫩粉色的花苞，她一搜才知道认错了花。

因为不能常常在一起，明薇和钟声也产生了一些矛盾。

那天吵完架，钟声坐上半夜的高铁，出现在明薇家门口。他们沿着古城的河流，走了很远很远的路。宽阔的河面上波光粼粼，倒映着桥上仿古长亭的灯火，还有很远很远的圆月，像是一幅工笔古画。

白色石雕围栏边，他们谁也不看谁，眼泪被宜人的风吹落。说了很多很多的话，关于从前，关于将来，关于告白和告别。

"太戏剧了，我们现在好像在拍电影。"明薇吸吸鼻子，"但是为什么我很喜欢这种感觉。"

"你这个没良心的，竟然喜欢这种情节。"

"完了，有人走过来了。"明薇把脸躲进他的影子里。

钟声抹开眼泪打趣她："你还害羞啊，女明星竟然怕别人看见哭。"

"你不害羞，那你把脸露出来嘛？"

他们俩相视，哈哈大笑。

凌晨他们都困得迷糊了，走也走不动了，坐在马路边的石凳上休息很久。八点钟声要参加集训，他要赶紧坐车离开，将明薇送到家以后，他们深深地拥抱。

虽然说了很多告别的话,可是他们知道,他们不会分开。

其实明薇很喜欢和他手拉手压马路。她不喜欢看路,喜欢看路边随风簌簌的紫薇花,喜欢看枝繁叶茂的香樟树,喜欢看路灯,喜欢钟声在她耳边絮絮叨叨,讲很多她不懂的政经新闻。她不懂,但她愿意听。

李维菁在《老派约会之必要》里写:

我们要散步,我们要走很长很长的路。

约莫半个台北那样长,约莫九十三个红绿灯那样久的牵手。

要不设核心相亲相爱,走整个城市。

六.

考研这一年,明薇常常失眠。很多人失眠是睡不着,她不是,她是醒得很早,有时候睡眠时间竟不足五小时。午休也没办法入睡,脑袋里像是有一根弦绷着一样。

查了百度和书,才知道这也算失眠的一种。睡眠不足让明薇疲惫,常常在午后焦躁地起床,走出寝室去透风。

钟声于是给她讲睡前故事。即便不能每天在一起,也会一直记得。开学了各种事情繁杂,有时间的时候呢,就打电话,一直絮絮叨叨讲到她睡着。没时间的时候,钟声会记得下午录好一个小故事,关于小兔和小老虎,也可能是小狐狸,发给明薇。

不久明薇手机里竟然存了不少这样的小故事。

失眠没有太多的缓解,可是每当明薇点开那些小故事,听到熟悉的声音,就会觉得很安心。

刚在一起的时候,明薇也像很多女孩子一样,爱反复问到底为什么喜欢她。她明白很多时候情不

知所起,但她就是想试图弄明白。

钟声有些笨嘴拙舌的,一点也没有他当着那么多人主持演讲时候的样子。他说了很多,最后分享给明薇一段话:"我喜欢你并不是一定要和你在一起。只是希望今后的你在遭遇人生低谷的时候不要灰心,至少曾经有人为你的魅力所吸引。曾经是,以后也会是。"

"可能你自己没有发现,你是很有感染力的女孩子,和你在一起很开心。"钟声说。

后来钟声在回答这个问题的时候,并不这么长篇大论了。明薇问,他就答:"是因为你漂亮啊,我就是被女明星的美貌迷倒的。"

明薇小眉毛一挑,假装愠怒,钟声连忙说:"还有聪明可爱勇敢,最重要的是,心地善良。"他摸摸明薇的头发。

"怎么学得那么油嘴滑舌呀。"明薇这么说,脸上的笑意却藏也藏不住。

一次明薇和钟声旅游,傍晚打车回酒店时突然下起了倾盆大雨。

那边在施工,新建地铁,路不通,司机就把他们先放在路边。他们没带伞,下车以后钟声牵着她跑到一家店门口躲雨,半天雨也没有停下来的意思。

钟声不知从哪找到一个纸板,遮在他们的头上。他们相视一眼,一齐冲向雨中。

雨瓢泼而下,裤腿已经全部被打湿,贴在皮肤上,那块纸板的作用聊胜于无。路上打着伞的行人,路过商店里的店员,都转过脸来看他们,钟声和明薇跑着跑着笑了起来,"没想到这么狼狈。""哈哈哈我也没想到。""还蛮有意思的。""真的会很难忘,怎么会这么丢脸还这么开心。"

他紧紧攥着她的手,明薇抬眼看着纸板外的世界,她祈祷雨快快变小,祈祷不要有车经过溅他们一身泥,祈祷不要感冒,祈祷她能和他一直这么走下去。

吃中饭时,张秋安问颜夏家住哪里。

翠溪路。她答。

秋安抬头说:"这不是个城中村吗,我记得可破了。"

颜夏惊异地看她,说:"那里一点都不破啊,规划很好。我爸妈在文化局,同期分的房子都在那边呢。"

秋安冷淡地"哦"了一声,漫不经心地笑笑,低下头接着吃碗里的盖浇饭。

颜夏没想到自己认真的反驳会得到这样的回应,仿佛一拳打在棉花上,再续击反倒显得自己纠缠不清。于是她也低下头去咀嚼,只觉得有什么东西堵在胸口,饭粒再没半点滋味。

颜夏是在九月随父母的工作调动来到南城的。秋安是她在一中的同桌,也是她在这里认识的第一个人。秋安讲话带南城特色的儿化音,乍一听让人觉得很亲近。最开始颜夏把她当依靠,在这座陌生而庞大的都市里紧紧抓牢。可没过几天她就察觉到秋安作为老南城人的优越感。高高在上的气息深入血液,不受遮掩和控制,在某个细节不经意地满溢,溅了颜夏一身洗不净的酸腐气。

世界变成一座高塔。她曾以为她们并肩依靠,其实秋安站在塔顶将她俯观。

仰望着秋安模糊的面孔,颜夏想要抗争。

每每这时颜夏都如鲠在喉。在锦城时她是众星捧的那轮月,处处高别人一等,哪里受过这种委屈。夜里父母回到家,大家一起吃餐厅打包的饭菜。她没忍住诉苦,爸爸却付之一笑:"正常,祖辈都生活在南城的人就这样;再说,兴许这里之前就是城中村呢,这边发展的历史又不长。"

颜夏有些失望。她不懂爸爸为什么不与自己同仇敌忾,也不懂老南城人这个身份怎么就能把秋安的优越感变得理所当然。

妈妈问了她,秋安父母在国企的工作,然后叮嘱她要和秋安多交流。可现在一想到秋安,颜夏的脑海中就浮现出她讲"城中村"时那淡淡一皱眉一撇嘴的样子,她无心交流,越想越心烦。

似乎察觉了她的心事,妈妈告诉她不必多想。

但颜夏忍不住去想。她可不甘被轻看。她听话地"哦"了一声算是答应,可第二天放学后还是没忍住在小区里转了两圈。这里高楼崭新,治安良好,附近有花园和市场,住起来很舒服。她细细观察,没发现城中村的气息。

还好,颜夏只会偶尔在与秋安对话时感到被蔑视的不适。更多的人待她友善。班里被孤立的另有其人——是一对双胞胎,哥哥叫李如松,弟弟叫李如柏。他们长得像一个模子里刻出来的,又穿相同的衣服,只是弟弟更高些。

名次表垒起的高塔里,他们埋在最下方,接受众人俯视。

高塔 ✻ 顾一灯

大家只暗地里说他们脏和笨，但不敢公开作对。原因是他们的爸爸少了一根手指，由此引发了众多真真假假的传说，其身份的跨度从便衣警察一直延伸到黑道大哥。奇幻的流言里不变的是这样的标签：不好惹。

听了这些故事后颜夏常忍不住仔细打量他们。她只觉得他俩胖乎乎的，有股憨劲儿，倒是没觉察出暴力的气息。不过他们确实不整洁，颜夏在看到他们桌套上的好几块墨渍后不由得皱紧了眉，下定决心远离。

肮脏是颜夏的雷区。她有轻微的洁癖，兴许是受家庭影响——毕竟父母都是连陶瓷水池壁上的水都要擦得一干二净的人。家里的桌子总是浅淡的米白，用了许久仍不留痕迹，光洁干净得如同全新置装的一般。

一次吃饭时，颜夏对妈妈说班里有对双胞胎。妈妈很激动地说那真好，眼睛里都放着光。颜夏知道，妈妈喜欢小孩，路上看到了都忍不住要去逗弄几下的那种。

妈妈追问："他们家里是做什么的？"

这当真问住了颜夏。她所知的只有那些不靠谱的传说。于是第二天她向秋安抛出了问题。老南城人有这点好处，消息灵通得很。

"嗨，摆小摊儿卖包子的。"

说这话时秋安没停下做习题的手，眼珠转转，嘴角向下牵扯。

包子。

这让颜夏想起了在锦城的时候，公交站旁有个卖包子的摊位。深冬的时候它冒着诱人的白汽，周围格外暖。她特别想尝尝，甚至都想象出了皮的柔软和馅的鲜香。一次颜夏终于鼓足勇气征求了爸爸的意见，爸爸果断地拒绝，绘声绘色地向她描绘这种没执照又没卫生证明的小贩做出的东西有多脏。慢慢颜夏也就失去了兴趣，把包子和某些不干净的东西联系在了一起。

联想到双胞胎圆润的身形，她觉着他们的妈妈做饭应该挺好吃，而且是不同于饭店或者食堂的那种好吃。她吃厌了那些正规的餐厅，可父母奔向塔尖的忙碌让她的饭食始终局限于此。他们在高塔里为她搭建了一个单调的小房间，在其中她安全健康却食之无味。

不过这念头只闪过一瞬。

那晚父母都加班，在电话里说给颜夏订了必胜客，又叮嘱她高一了更要抓紧些。进入南城后，父母的下班时间严重地推迟了，颜夏渐渐习惯了一个人在家的日子，像大多数南城孩子一样。她应声好，然后挂了电话。

自然，她没再跟妈妈提起昨天那个问题的答案。

颜夏心里明镜似的：妈妈不会对包子铺有任何兴趣。

不知不觉地，来到一中已有一月光景。颜夏仍同秋安走得很近，当初的反感少了许多。其实大部分时候秋安是个不错的朋友。她熟谙南城好吃好玩的一切地点，又有南城人共性的好口才，和她一起绝无冷场的可能。

只是，她还是从不掩饰自己的优越感。

秋安把这大大方方摆上台面昭告世人。见得久了，颜夏甚至总结出了秋安眼里世界自上而下的层级：老南城人——二代"移民"——外来打工者。很不幸，身处高塔中端的颜夏就是她轻视的对象之一。

秋安对什么都不设城府，颜夏可以轻而易举地窥探到她的内心。秋安喜欢同班的齐秋澜，这是颜夏最近知道的一桩事。

计算机课上，颜夏电脑突然挂了。秋安已经做完了当堂作业，颜夏便去借她的机器。

"密码多少？"她问。

"I love 齐秋澜，全拼。"

颜夏压抑不住震惊的眼神，而秋安自顾研究着计算机课本上的流程图，依旧是一脸的漫不经心。

哪怕对待这种危险的情愫，秋安都毫不遮掩。慢慢地班里许多人都知道了，时常拿这事打趣，她也不以为意。仿佛这一向被视作禁忌的喜欢，对她而言就像吃饭喝水一样平常。又仿佛她就是要让这消息为人所知再传到齐秋澜的耳朵里去，再看被爱慕的大班长会做出怎样的反应。

齐秋澜怎么会不知道呢，可他沉得住气，遇见秋安依旧坦荡地打招呼，似乎那所谓喜欢不过是挂在口头上的笑话，又似乎其实什么都没有发生过。他越是这样，班上的同学对他越多一分信服和尊重。他一向有这样的能力，男生女生都愿意听他的话，以至于在他因某件小事被暂停了班长职位的两个星期里，大家对代职的女孩都满是不服。

或许因为这份个人魅力，班上的女孩子大都对齐秋澜有好感，这其中也包括颜夏。两人只隔一条过道的距离，颜夏时常掉了笔而不自知，他便帮着捡起来放回她面前，反复数次，极具耐心。

光是和齐秋澜说谢谢，再听他回一句不客气，都足以让颜夏一颗心怦怦跳许久。她是那样羞涩而内敛。至于像秋安那样爽朗利落地讲出自己的喜欢，她怎么敢呢，想都不敢想的。

有时她羡慕秋安的坦率，不知道是不是老南城人的身份给了她足够的底气。

莫名地，颜夏想和秋安比一比，在对齐秋澜的追逐里，究竟谁能胜出。她要颠覆秋安的世界里高塔的标准，让她心服口服。颜夏没把这心思表现出来分毫，只是暗暗憋着一股气埋头在书本里，想着用期中的好名次吸引齐秋澜的注意。他捡笔的次数多了些，因为她时常故意把东西碰掉，然后抓住机会和他展开礼节外的对话。颜夏会把齐秋澜的幽默放大十倍并回之以大笑，余光隐隐瞥到秋安的黑脸，心里有些得意。

期中的大榜下来了，颜色鲜红可爱。齐秋澜高居榜首，颜夏紧随其后。秋安排在二十余位，隔得远了些。在众人的惊羡中颜夏飘飘然起来，她清楚在学校，成绩总是硬道理。可一转头她就看见秋安在自己的座位上与齐秋澜讲话，眉飞色舞神采飞扬。

他们的对话掺杂着颜夏听不懂的东西，应该是南城的老方言，那些奇怪的词汇触动了他们的笑点，两个人前仰后合笑得欢快，不给颜夏参与的机会。

颜夏遥遥地看着，似被一瓢冷水骤然浇了脑袋。她像个奋力向两人间的沟壑里填土的小人儿，眼看着要成功，所有努力却被秋安这个巨人一脚踏平成为虚无。

秋安高居云端，颜夏踮起脚伸长手臂，费尽周折仍够不到她分毫。

她终于承认，有段距离是生来注定。

李如柏拿了试卷想问颜夏问题，她头一甩，背离刺目的红榜径自走远。

她恨恨，却无能为力。

4

颜夏消沉了几天，再没和齐秋澜搭话。她以为心里那盆火已被彻底浇熄，却不料残余的火星又因为新的契机烧了起来。

不知道是不是受减压政策的影响，大课间被规定为舞蹈学习时间。上午十点钟人潮哗啦啦涌进了操场，体育老师站在高台上高举着大喇叭喊：各班按身高排队，一男一女成一组。

周围一团乱哄哄，颜夏已经开始悄悄点数。自己和齐秋澜都是各自队伍里的第十七个，她惊喜地察觉自己还是喜欢齐秋澜的，因为发现这一点后她的心又跳得厉害起来，嘴角也忍不住地上扬。

没想到男生一队前面突然插进来个人，于是颜夏盘算好的格局天翻地覆。身边站的成了李如松，而齐秋澜则与秋安一组。大家冲颜夏身后的两人起哄地笑，偶尔也有人向她投来同情的目光。颜夏偏移了视线仰望天空，试图把不在乎三个字涂满了脸。

老师开始在高台上教授，第一步就是男女同学手拉手。李如松在一旁憨笑，怯怯地伸出手来。颜夏不由自主地想到他桌套上的污渍，又看到他手上钢笔水的痕迹，暗暗叹了口气，只挑起了一根小拇指。

"喏，这样就可以了。"

她昂着头，脖颈修长而白皙，像只高傲的天鹅。

大课间往往是大家趁机说闲话的好时候，对于队伍中段身处班主任视线外的同学尤甚。颜夏常听见秋安和齐秋澜的窃窃私语或偷笑，心里很不是滋味。

对李如松她可没有说话的兴趣。可李如松总是没话找话，两个星期后更是偷偷塞给她一个塑料袋，里面装了只包子。

"我吃过早饭了，谢谢。"她礼貌地试图拒绝。她记着爸爸的话，没卫生证、东西脏、吃了会生病。

"这是我妈做的，很好吃的。中午用学校微波炉热下就行。"他说得真诚，又把包子放回到颜夏手里。

某种被压抑已久的欲望忽然又冒出头来。颜夏的触角伸出了爸爸为她砌下的禁忌围墙。在这个冬日里，曾经寒冷中对屉笼里包子的幻想和渴望，又逐渐从破碎拼接成形。

看四周没人注意，她将包子迅疾地揣进口袋，轻声说了句谢谢。

那个中午颜夏等到微波炉前没人了才去加热，然后躲在学校后院的角落里，悄悄吃完了这个包子。她起初狼吞虎咽，可吃到最后几口觉得不舍得，把速度放得极慢。包子皮不薄但是松软，混着酱肉喷香的馅儿，在寒风里满足了颜夏好久尝不出滋味的嘴巴。待到最后一点面皮送进嘴里，她竟觉出了意犹未尽的伤感。

下午大课间，颜夏问："你妈妈在哪里摆摊？"

李如松反问道："怎么了？"

颜夏讶异于他语气中的戒备。"不怎么，我买包子。"她淡淡地说。

周六颜夏独自去上奥数课。到了地方她发现时间还充裕得很，便穿过几条街道去了李如松上次告诉自己的地方。虽说早上吃了面包喝了牛奶，可总觉得嘴里少些什么。

包子摊的生意很红火，不过老板娘动作利落，倒也不用排很久的队。她一直注意观察着推车、蒸屉、覆着的布，连带着老板娘。其实阿姨只是穿得土气了些，但衣服和那一双手都干净整洁，全然没有爸爸描绘的脏。

她要了个酱肉包，捧着站到人行道上吃。这次她学会了慢下来，先掰成两半，再一小口一小口地咬。颜夏喜欢包子烫口的感觉，烫给人感官上的刺激，而面皮的柔软、肉馅的咸中带甜和酱料的浓腻，则要忍着囫囵吞咽的冲动慢慢咂摸才能品出滋味。

一个奶奶同老板娘聊起天来，说的是口音相近的地方话，浓重到颜夏听不明朗，只隐隐懂个大概：老板娘要赚钱回去盖新房子，给娃们娶媳妇用。她觉着有趣而亲近，不同于听南城话时的疏离感。

吃到末了颜夏听到有人叫她的名字，远远地看到两个复制粘贴过一般的人影，一个比另一个高出一些。颜夏庆幸有这种差别，能让她避免分辨不清的尴尬。她自然地挥挥手，看着他们走到面前，咽下了最后一口包子。

阿姨见他们相识，已经开始热情地问她的名字。然后意料之中地，颜夏受到了一通真挚到有些激烈的夸奖。"闺女学习好啊，上次家长会就听柳老师表扬你，真是一点都不让爹妈操心，不像我家这俩，学习上咋整也没辙……"

兄弟俩觉得不好意思，躲避着对比，带着颜夏到了路的另一头。

这里没什么认识的人，大家都比平时自在得多。颜夏甚至可以自然俏皮地打趣："你们现在就在考虑结婚的事情了？"

他们摸不着头脑，颜夏朝那边扬扬下巴："刚刚听阿姨说的。"

李如松不好意思地挠挠头："肯定是说哥哥，不是我们。我们还得再过几年呢。"

再过几年听起来是那么近，而结婚在颜夏的日程表里还格外遥远。

她问:"那你们不上学了?"

"成绩不好,考不上。而且没有南城户口,没法在这高考的。"

李如柏轻轻嘀咕了一句:"其实我挺喜欢上学,就是考不出分。"

李如松摇着头:"我一点都不喜欢这里。他们总嘲笑妈妈就是个来城里打工的。原先妈妈在学校旁边摆摊,他们一伙人去笑话我们。后来,妈妈才换了地方。"

颜夏终于理解了那个下午李如松敏感的反问。

她发现父母苦心经营的房间外全新的世界。那是高塔的底层,花哨却洁净,杂乱有生气。她怀着好奇心还想继续探寻,却突然意识到今天的正事是奥数。

告别时李如松说:"以后你要是想吃这里的包子,我可以上学的时候带过去。"

颜夏心动了一下,但旋即预想到同学们奇异的眼神。她介意那些东西。于是她说:"不用了,我也不是每天都要吃,有空自己来买就行了。"

深知这话有多违心,她刻意地避开视线,没勇气直撞上那真诚的目光。

颜夏觉得自己一定是上瘾了。周一早上她又开始心念包子无法自拔。她说服了爸爸不要送自己,又去了包子摊。可是顺着路走了一个来回,也没看到摊位的影子。

本以为阿姨又换了地方,想着大课间问下李如松。可是直到第一节课下课,两兄弟都没来。她捅捅秋安的胳膊,悄声问:"他俩怎么没来上学啊。"

秋安讶异得好像颜夏是天底下被蒙在鼓里的最后一个人一样。"你不知道?南城昨天搞大行动清理流动摊贩,再也不让那些人来了。他俩肯定跟爸妈回老家了。"

那节语文课颜夏一个字都没听进去。她第一次向陌生的世界探出脑袋,过了一夜却发现通道被铁门紧封。

那厚重让她无从逾越。

颜夏还有许多问题,却没人解答。她不知道喜欢这里的弟弟会不会难过,表露厌恶的哥哥是否开心,阿姨朴素的愿望又该怎么实现。她的走神一直持续,跳舞时险些踩到齐秋澜的脚——忘了提,跳舞的队伍有了变化,他们终于被分到一组。和李如松全然不同,齐秋澜整洁清爽,掌心干燥温暖,让颜夏能放心地把手交递过去。

她却没当初想象中那般欢喜。

她想自己也许没那么喜欢齐秋澜。当初那点隐秘的心思,只是因为不服气秋安高居塔顶的优越罢了。

现在她没了气力。曾经与秋安辩驳的、争抢的昂扬斗志,全部瘫软然后分崩离析。她只想未来去那个脆弱又迷人的世界兜兜转转。至于颠覆秋安的三层塔,那与她无关。

午饭时颜夏觉得嘴巴空空,听说酸汁味重,便买了一碗。她尝了一口,觉得腐坏的味道很恶心。结果秋安用一顿饭的时间向她反复强调本地人与外地人口味的差别,最后还要附一句真情实感的质问——你们怎么就不懂我们小吃的好呢?

颜夏没有反驳。

她的思绪回到进入南城前的自己。那时她心中的世界并非高塔耸立的模样。她将心中纵向筑起的高塔推倒复归横向,于是进入别的世界如同邻里串门,自此泾渭不复分明。

她盘腿坐进瓦砾堆仰望腾云驾雾的秋安。

秋安面孔模糊言辞不清。

颜夏气定神闲怡然自得。

秋安看到颜夏脸上洋溢的笑容。她有些气,不知道自己的话哪里可笑。

可颜夏笑得那样放松,坦然又真诚。这状态前所未有。

秋安竟看得呆了。质问的话语,尽皆卡在喉咙。

大象、波斯菊与粉色的云

云 宽

Chapter 1

"当时,它忽然出现,在我头顶一米高的空中飘啊飘!看上去又柔软又轻盈,是粉色的,特别梦幻。"

阮茗正在讲的是她暑假的奇遇,一朵从天而降的粉色的云。她站在讲台上,踮起脚,伸长手臂比画了一个高度,强调那朵云离她有多近。

"可惜我不够高,摸不到,不然我一定要试一试云的手感。"

围在她身边的男生女生们互相看看彼此,交换一个微妙的眼神,确认不是自己一个人觉得这故事像天方夜谭。

云怎么会忽然掉下来,又怎么可能离地面这样近。她编故事的水平真是拙劣啊。

"云里是不是走出来一个神仙,说要接你回天上?"看热闹的人里不知道是谁这样问了一句,话一出,有人扑哧笑出声来。

问话者的嘲讽之意已经是司马昭之心,可阮茗偏偏毫不在意,这样的目光与口吻她不是第一次见了。

她露出有些遗憾的神情,说:"我知道你们不信,但是,没能亲眼看见是你们的损失。"

话音刚落,班主任的咳嗽声响起,教室里立刻安静下来。

一名男生跟在班主任身后走进来,他身材颀长,头发乖顺地垂在额前,一双眼睛如秋水长天。

班主任说:"今天来了一位新同学,大家欢迎。"男生面朝大家鞠了个躬,自我介绍道:"我叫萧止,喜欢尝试不同的事物,也做过很多不同的兼职,未来的一年,还请多多指教。"

这是高三开学第三天,萧止来得晚,只剩最后一排阮茗的旁边还有一个空位了。

"你好,很高兴和你成为同桌。"萧止微笑着。

阮茗闻声侧过身,同样友好地回应道:"你好,我叫阮茗。"

打过招呼,萧止坐下来,打开书包,拿出一个好看的纸袋递给她,"我早上刚买的,要不要来一个?"

阮茗认得那个纸袋,是学校门口一家很好吃的铜锣烧店的包装袋,她去吃过几次。

"谢谢，那我不客气啦。"

她一边说，一边撕开纸袋，咬了一大口。于是，萧止很自然地说："以后我们就是朋友了。"

然而，下一秒，阮茗咽下嘴里的食物，瞥了瞥萧止，说出口的话却是："以后，我们还不一定是朋友呢。"

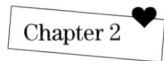

亦舒说过，人生在世，最难是找朋友。

阮茗看过许多本亦舒的小说，唯有这句话记得最牢，大约是因为长到17岁，她还没有过真正意义上的朋友。

不是没有接收过善意，但都像露水一般短暂，不知何时便消失得无影无踪。起初她感到莫名其妙，自己分明什么都没有做，为什么会被疏远？后来有一次，她不小心听到别人的议论，说她总是说"奇怪的话"。

"她经常自言自语，我觉得有点吓人。"

"她还喜欢编假得不能再假的故事呢，哗众取宠罢了。"

可是她没有骗人啊，她说的都是真的，却没有一个人相信，更糟糕的是，她也无法自证。

人人都在寻觅知己，可被人理解是这样难的一件事。想明白这一点，阮茗不再在意他人的目光，也不再将朋友视为人际关系的终点。

朋友，并不是想要就能成为的。

她对萧止说"我们不一定是朋友"，并非出于敌意，而是陈述自己的看法，所以她语气轻松又随意，一双黑白分明的杏眼中甚至透出天真与坦诚。

萧止原以为她是开玩笑，没把她的话放在心上。相处了几天，他发现，比起他本人或其他同学，阮茗似乎对他桌上的动物摆件更感兴趣。

那是一只正在奔跑的黑豹，她给它取名为小黑，还把自己的长颈鹿和大象摆件也带来，与小黑摆在一起。

她特意将塞满课本与习题册的桌面清理出一小块角落，并向萧止宣布："以后这里就是它们的大草原了。"萧止沉默不语，但也很配合地小心维护着那一小块角落。

与阮茗不同，萧止擅长记人名，不出一天，便记住了班上所有人的名字，又过了一个星期，便与大家打成一片。

阮茗时常看见他抱着厚厚一摞练习册，与课代表说说笑笑地往办公室走，或是和卫生委员一起抬着又臭又重的垃圾桶去倒垃圾。

第一次月考后，萧止的人气到达巅峰。作为新晋第一名，每到课间都有人找他借笔记或是问问题，这天早自习，萧止还没来，阮茗正在背英语单词，一名女生走到萧止的座位旁，在一摞笔记本中自顾自地翻找起来。

她似乎不是第一次来翻萧止的东西了。阮茗看了她一眼，忍不住问："你在找什么？"

"英语笔记，昨天有道例题没有抄完。"

"他让你自己来找的？"

女生顿了顿，说："我抄完就还给他，就借五分钟。"

阮茗微微蹙眉，一只手压在萧止的笔记本上，完全不退让。"等他同意了你再来借吧。"

女生被她激怒，正要和她理论一番，萧止出现了。女生好似见到救星一般，又向前迈了一小步，离萧止更近了一些，问道："我想借一下你的英语笔记可以吗？"

两分钟前，萧止站在教室后门外目睹了全过程。

此刻，他仍然笑着，嘴角微微弯起，说话不疾不徐："抱歉，昨天的例题我也没抄完，你去问问课代表吧。"

女生碰了一鼻子灰，有些丧气地离开了。

他心情愉快，偏过头对阮茗说："谢谢。"阮茗没有回应，专心背单词，仿佛刚刚什么都不曾发生。片刻，只听她学着蹩脚的粤语腔调说了一句："做人，不要太善良啦！"

萧止愣了一秒，"那你刚刚的行为叫什么？"

"行侠仗义而已啦。"

阮茗真正承认萧止是她的朋友，是在一个雨天。

阮茗和萧止都没有带伞，和其他几名同学一起留在教室里等雨停。

萧止解了两道数学大题，再抬头时，教室里已经只剩下他和阮茗两个人，空气潮湿而安静。"你还不走吗？"他问阮茗，她正趴在桌子上摆弄着大象摆件，比平时恬静许多。"我、我再等一会儿。""一会儿雨又变大了怎么办？"

阮茗仍旧趴在那里把玩着大象，没有说话。

萧止将没做完的试卷收起来，背上书包，还没来得及迈开步子，左手的衣袖往下一沉，被人拽住了。他顺着那力道回头，正对上阮茗哀求的目光。

"哆啦A梦，你的神奇口袋里有我需要的东西吗？"

萧止一头雾水。三分钟后，他终于弄明白，原来她需要的是一包卫生棉。

十分钟后，他从学校超市回到教室里，身上是秋雨淡淡的潮味。

"谢谢。"阮茗红了脸。

等她回来，萧止已经替她收拾好东西在等她。他脱下自己的校服外套，说："先穿我的吧。"

他比她高出一个头，外套穿在她身上又宽又大，刚刚好盖住她的难堪与尴尬。

他拉过她的手臂，替她挽起过长的袖子，贴心地换了话题："刚才为什么叫我哆啦A梦？"

"你那么爱吃铜锣烧，可不就是哆啦A梦。"

他低下头，看向她清澈的双眼，故意逗她："现在，我们是朋友了吗？"

阮茗歪了歪头，说："暂时算你是好了。"

第二天，阮茗送给他一幅肖像速写作为答谢。画上寥寥数笔，却很好地勾勒出他的神韵。画画用的纸很特别，巴掌大小，淡淡的黄色，有凹凸不平的纤维纹理，摸起来柔软极了。

萧止的眼神瞬间亮起："想不到你还有这一手？"

"当然，真正的大师可不会轻易外露。"她眉毛扬起，有些得意。

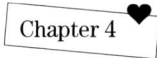

成为朋友并未给两人的相处带来什么改变，萧止偶尔给阮茗带一个热乎乎的红豆铜锣烧，阮茗时不时同萧止分享一些有的没的。

"隔壁理科班的班长生物又是满分，好厉害！"

"我上一次和别人说起黄蝴蝶的时候，就有一只黄色的蝴蝶刚好从眼前飞过去了。"

"原来我们学校这些黄嘴、黑羽毛的鸟不是乌鸦，是乌鸫。"

有时，她也会在做题的时候突然来一句："我能看到快乐的形状哦。"

他已经习惯了，故而很配合："那我的快乐是什么形状？"

"你的快乐是云的形状，我就不一样，我的快乐是跳跳糖的形状，是噼里啪啦的。"

落第一场雪的那天，萧止给阮茗的"大草原"添了一头狮子。是一头趴在地上的雄狮，鬃毛厚实而富有光泽，目光锐利，威风凛凛。

阮茗很高兴。

但在萧止的想象中，她本该立刻拿起长颈鹿、大象和黑豹，安排一段狮子王的情节才对，可她却只是把狮子放在桌角上，埋头研究起藏在桌洞里的那本书。

萧止不禁好奇，伸长脖子瞄了几眼，见那上面印的都是些植物，似乎是园艺之类的书。他蓦地联想起前些日子阮茗曾说起植物学家的话题。

"原来是你要做植物学家啊。"

"不是我，是胡风。"她连眼皮都没掀，明显有些心不在焉的。

"胡风？"

这还是他第一次从她口中听到另一个人的名字。

下一秒，阮茗恍然意识到自己话太多，说漏了嘴。她猛地合上书，头一甩，一脸严肃地盯着萧止，一双杏眼直勾勾的，不发一语。

萧止明明什么都没做，却被她盯得有些心虚，不自觉地缩了缩脖子。

"算了，看在你是我唯一的朋友的分上，告诉你好了。"

她勾勾手指，示意萧止凑近些。"胡风，就是隔壁班的班长，他想成为一名植物学家，我准备送他一盆植物……还没想好送什么，但是我以前养过盆栽，都被我养死了，所以想研究研究绿植的养护技巧。"

难怪，她喜欢的分明是动物，怎么会想做植物学家？萧止在心中笑自己傻。

沉默几秒，他无私分享了自己的养花秘籍。"我有一个秘密武器，看在我们是朋友的分上，等期末考试结束，我带你去找。"

时间有时对每个人并不公平。期末前的两个星期，对萧止而言如弹指一瞬，但对阮茗而言却仿佛度日如年。

寒假第一天，萧止终于按照约定带阮茗去找种花的秘密武器。走出地铁站，映入眼中的却是市动物园的招牌。

南方的冬天阳光和煦，室外气温不算太低，动物园的入口处排队检票的队伍排成长龙。

"你不是说找秘密武器吗，怎么到这儿来了？"

"秘密武器就在里面。"萧止故作神秘，不肯公布答案。

可阮茗一心要找秘密武器，在一旁问个不停："到底是什么？你告诉我我也好和你一起找呀。"

萧止无奈，只好告诉她："是大象粪便。"

"难道我们要去偷大象粪便？"

"偷什么偷。"萧止拜服于她的脑回路，轻轻敲了一下她的额头，"是大象粪便做的有机肥料，待会儿我们去纪念品商店买一袋，在那之前，只要好好玩就可以了，明白了吗？"

"原来如此，你早说嘛。"阮茗笑得眼睛弯成了月牙。

解开了关于秘密武器的疑惑，阮茗迅速切换到春游踏青的模式。她每年至少要逛一次动物园，对这里的动物如数家珍。她拉着萧止从熊猫山逛到獐子坡再到猫科动物馆，一路上又学狐猴又学细尾獴，最后在大象馆前流连忘返。

围场中的大象正用鼻子卷起干草送进嘴里，夕阳金色的光芒落在它灰色的皮肤上，有一瞬间，阮茗差点儿以为自己真的置身于非洲大草原。

他们赶在闭园前来到纪念品商店购买有机肥。

"话说，你是怎么知道这里有大象粪便有机肥的，难道你来过？"

"是啊，这家动物园很有名，从管理方式到饲养方式、笼舍建造都是业内模范。我爸喜欢种花，他用的就是这里的有机肥料。"

"怪不得，我之前都没有注意到。"在萧止的指引下，阮茗找到了货架上的有机肥，她拿起一袋，又转到另一处货架前，挑了一叠信纸，轻轻朝萧止抖了抖，"我只买过这个，大象粪便造的纸。"

萧止走近一些，那淡黄色、纹理清晰的纸张似曾相识，他问："你送我的画也是用的这种纸？"

"对啊，因为是限量售卖的，平时我自己都舍不得用呢。"

"既然如此，我再给你分享一点经验。新手推荐你种波斯菊，容易成活。不过现在太冷了，一定要等春天来了再种。"想了想，他又补充了一句："祝你成功。"

他是真心的。

春节过后，气温开始回升，阮茗迫不及待地将波斯菊的种子种了下去，浇足了水，撒上大象粪便做成的肥料，放在阳光充足又温暖的地方，虔诚地等待发芽。

如同初次掌握种植作物秘密的原始人类，她充满期待又忐忑不安，格外关注花盆里的动静，每隔几个小时便查看一次。

五天后，那个奇迹的时刻终于降临。那是二月底，寒假开学前一天。一大早，阮茗睁开眼第一件事就是去阳台上看一看种子的发芽情况，熹微的晨光中，一棵嫩绿的芽顶破土层冒出了头。

她立即给萧止打电话，邀请他来家里一同见证这个时刻。

两个人脑袋挨在一起，凑近了观察那棵小小的绿芽。

"恭喜你，种花计划已经完成了百分之十。"萧止为她开心。

"哎呀！"阮茗像是突然想起什么，低呼一声，"我是不是应该再给它浇点水施点肥啊？"

"不用，波斯菊耐旱，水和肥太多反而不容易开花。"

"真的？"阮茗狐疑。

距离这份礼物送出的日子越来越近，阮茗也越发紧张起来。她担心一盆绿植不足以表达自己的心意，也担心胡风不能完全明白自己。思来想去，她决定再给他写一封信。

很多个夜晚，她枯坐在书桌前，翻了好几本诗集，写废了无数张纸，终于寻找到满意的措辞。她把那封长长的信认真誊抄下来，塞进信封。

四月底，第一朵波斯菊终于绽开，花瓣娇嫩而舒展，肆意迎接它的第一个春天。阮茗将它紧紧抱在怀里，带去了学校。

她一走进教室，萧止一眼就看见了那粉色的花朵，还有阮茗灿烂的笑容，她的嘴角简直要翘到天上去。

他还没来得及说点什么，她已经放下花盆，一把抱住他，"谢谢你萧止，没有你，这盆花肯定种不成。"

少女猝不及防地撞进他怀里，他的心跳猛地漏了一拍。

慌乱之中，萧止随口问道："你准备什么时候送给他？"

"今晚放学。"有些沸腾的神经倏忽平静下来。

胡风习惯在放学后留在教室里写一会儿作业再走，阮茗等人都走得差不多了才去找他。

春天的空气带着微微的燥热，走廊里的声控灯捕捉到脚步声静默地亮起。阮茗站在隔壁教室门口，喊了一声："胡风。"声音细细的。

胡风应声抬头，确认叫的是他，随后放下笔走了出来。

"有什么事吗？"

阮茗将盛开的波斯菊与信封一起交给他，脸上泛起淡淡的潮红。

"听说你的志愿是成为一名植物学家，所以我亲手种了这盆波斯菊，希望它带给你好运，希望你梦想成真。"

末了，又补充一句："这封信你可以回家再看。"她掀起眼帘迅速瞥了一眼眼前的男生。胡风微笑着接过来，说："谢了。"

那一晚的月色清透如水，整个世界仿佛沉入水底，四周寂静无声。失眠的人们辗转反侧，如游鱼拨起阵阵涟漪。

Chapter 7

阮茗无论如何也想不到，那封信所造成的后果堪比蝴蝶扇动一下翅膀。

不到两天，"阮茗有奇怪癖好"的流言在年级中传播开来。

"怎么会有人钟情于屎尿屁这种东西啊？"

"用大粪做的纸给别人写信，她是想恶心别人吧！"

"她平时就很古怪啊，会做出这种事来也不意外。"

大家的议论从不避讳她这个当事人。

从他们的只言片语中，阮茗拼凑出了事情的原委。

知道她用大象粪便做成的信纸写信的人，除了她自己，就只有胡风，连萧止她都没有告诉。

她以为胡风会理解她，会像她一样珍惜这特别的纸张，所以才在信的末尾特地作了说明，没想到竟变成他反手刺向她的利剑。

说起来，她对胡风的特别关注起源于很久之前的一次升旗仪式，他在演讲中说："自然，是人类感官的延伸，而植物，比任何金钱与物质都更能抚慰人心。"

因为这句话，她将他视为同类。但这么久以来她其实一直在远远观察，从未真正认识过他。

那个美好、优秀的胡风都是她的想象。阮茗的指甲用力掐进掌心。"啪"，字迹被水洇湿晕开。萧止的眉头紧紧拧在一起，一道题读了三遍，还是记不住条件。风暴将海水搅得浑浊不堪，他在乱流中亦失去了方向。

他很想站出来说点什么，又怕将阮茗拖入更糟糕的境地，想安慰她，又没想好如何开口。焦躁不安之际，她的眼泪就这样落了下来。

"够了！"萧止愠怒，一声低吼，吵吵嚷嚷的教室立刻安静下来，大家从未见过他如此生气，连阮茗也有些愣神。

他抽了一张纸巾递给阮茗，而后，拉起她的手腕，带她从后门溜出了教室。

他们并肩坐在操场上，阮茗将下巴放在膝盖上，双手环抱住自己。

"你想不想体验一天大象饲养员的工作？"良久，萧止这样问道。

阮茗果然渐渐停止哭泣，转过头来看他。他浅浅地笑着，目光清澈而柔软，仿佛夏日阳台上晾晒的白色衬衫。

操场上有人在跑步，有人在踢球，阮茗听到簌簌的风声，她干瘪的心随之鼓胀起来。

她的睫毛上还挂着泪珠，吸了吸鼻子，问他："怎么体验？"

两天后是五一假期，市动物园利用这个机会举办开放日活动，报名成功者可以体验饲养员的工作，每天每个场馆开放两个名额。

萧止抢到了大象馆的名额，于是，他和阮茗又去了一次动物园。

他们换上厚厚的工装与胶鞋，跟随工作人员一起为大象准备草料和新鲜的水果。为了使它们保持一定的野外生存能力，这些食物通常不会放在它们轻易够得到的地方。围场中央还挖了一方水塘，最近雨水不足，需要人工补水进去。当然，也少不了清理粪便。

才半天，套在工装内的T恤便被汗水浸透。

萧止趁工作间隙去小卖部买回两瓶冰水，贴心地为阮茗拧开瓶盖，又递给她一张纸巾让她擦汗。

这时，一直负责给他们分配任务的工作人员走过来说："走吧，带你们去参观一下象粪造纸的过程。"

阮茗满脸惊喜："不是体验饲养员的工作吗，原来还包括参观造纸？"

"按规矩是不包括的，但是他说你很喜欢象粪造的纸，一定要去看，我们园长才同意的。"

阮茗闻言看向萧止，他笑着，阳光落进他棕色的瞳孔中，如油画一般。

"我只是随便一问。"

阮茗心中忽地飘起一千朵蒲公英，不知道从什么时候开始，他已经这样了解她了。

造纸厂离动物园不远，步行十分钟就到了。园区左手边的地上是球状的大象粪便，在太阳的炙烤下，它们由绿色变成深棕色，难闻的气味渐渐消散。

充分暴晒的大象粪便会被运进厂房，依次进行清洗消毒、打浆、上色、过筛成型、晾晒干燥的步骤，一张纸就制成了。

工作人员带领他们细致了解每个步骤，阮茗时不时惊奇出声。最后，他们来到一处水槽前，长长的水槽被均分成大小相同的四个部分，每个水槽里是颜色不同的水，有蓝色有粉色。

"这一步是过筛成型，槽里是按比例混合好的水和纸浆。"工作人员介绍。

萧止与阮茗对视一眼，仿佛猜到了她心中所想，问："我们能试试吗？"

"可以啊。"

他们一人拿起一个矩形筛器浸入槽中，轻轻筛动，静待纸浆均匀分布，然后平行于水面将筛器抬起，纸浆便铺了薄薄一层。

回家的地铁上，阮茗有好一阵儿没说话，萧止问她："累了吗？"

阮茗点头，随即又摇了摇头，说："累，但还是很开心。"

"那我也开心。"

正值日落时分，天边堆积着美丽的云霓。阮茗指着车窗外粉色与蓝色交织的天空问萧止："看，像不像我们过筛的纸浆？"等了一会儿没有等到回答，她转过头，只见他近乎贪婪地注视着她盈盈带笑的眉眼，一时忘言。

阮茗的双颊被云霞映成粉色，她收回视线望向窗外，一路上都没敢再看向右手边。

Chapter 9

五一假期之后，胡风不知怎么良心发现，主动来找阮茗道歉，手上还捧着一盆波斯菊。

"阮茗同学，我向你郑重道歉，对不起，给你造成了困扰。"胡风鞠了个躬，接着说，"我养不好绿植，这盆花还是还给你比较好。"

说不上原谅，但有些人和事仿佛伴随着那一天的汗水一起挥发掉了。

她回到座位上，开门见山地问萧止："是你让胡风来道歉的吧？"

"是。真心要交给能懂你真心的人，胡风他不配。"阮茗的心如一块黄油，渐渐融化。她知道，他说的对。

距离高考只剩下一个月，流言引起的风波仅持续了两三天便告平息，大家的注意力重新回到高考复习上。

阮茗发挥得很好，查到成绩的那一刻她兴奋地跳起来，随即给萧止打电话分享这个好消息。

电话另一端，萧止的声音也跟着快活起来。他说："既然如此，我有个礼物要送给你。"

"什么礼物啊？"

萧止不肯说，约她在动物园门口见面。

阮茗抵达时，萧止已经等在那里了。"到底是什么礼物啊？"阮茗惦记着。

萧止打开背包，拿出一个小小的笔记本，封面是一只灰色的大象，内里的纸张有蓝色有粉色。

"我拜托工厂把我们两个亲手做的纸单独留出来，做成了笔记本，写信、画画、折纸，你想做什么都可以。"

阮茗低头轻轻翻着这个特别的笔记本，那天的纸浆、云霞与大象，这一年来她和萧止相处的点点滴滴，都在她脑海中——闪现。

在她尚未察觉的时候，萧止已然成为她最信任、最亲近的人。她一直在寻找同类，他就是她的同类。

"你为什么要对我这么好？"她心跳剧烈，仿佛在期待着什么，却又害怕自己的期待再次落空，"从来没有人真的把我当朋友。"

"谁要和你做朋友啊。"萧止又好气又好笑，说话时口吻却格外笃定，"我对你好，是因为我喜欢你。"

喜欢你，所以你所有的与众不同都是可爱的闪光点。

面对突如其来的表白，阮茗扑哧笑了出来，她一时间有些不知如何回应，只是笑着，任由心中的喜悦不停地溢出来、溢出来。

幸好，她无须回答，萧止已经接收到答案了。他很贴心地开启了一个新话题，"你知道吗，动物园有一头母象怀孕了。"

"什么时候的事，我怎么没听说？"

"已经三周了，上周饲养员才发现的。"

阮茗喜出望外，"走走走，我要快点去看看！"她说着，自然而然地牵起萧止的手，拉着他直奔大象馆。

"不过，你的消息也太灵通了吧？"

"因为我爸爸在这家动物园工作。"萧止坦白道，他不动声色地将牵手的方式变成十指相扣。

惊奇中，少女黑白分明的杏眼睁得圆圆的。记忆的胶卷迅速回退，一些不易察觉的蛛丝马迹悄然浮现，难怪他对这里的一切了如指掌。

一年前，萧止跟随父亲工作的变动转学来到这里。开学前的那个暑假，他常常到动物园里帮忙。

工作间隙，他喜欢观察游客，第一次见到阮茗就是在大象馆前面。

来动物园的都是结伴出游，只有阮茗是独自一人。她站在围栏边，一阵风将她的帽子吹起，掉落在围栏里。

她环顾四周，想找工作人员求助，正无措，围栏中的大象竟用灵活的象鼻卷起帽子举至她眼前。

她拿回帽子，开心地摸了摸象鼻子。

萧止擅长记人，就这样记住了这张天真烂漫的脸。只是他没有想到，有一天还会和她成为同桌，甚至被她吸引而喜欢上她。

Chapter 10

在一起之后的一天，阮茗心血来潮，上网查询。

波斯菊的花语是，怜惜眼前人。

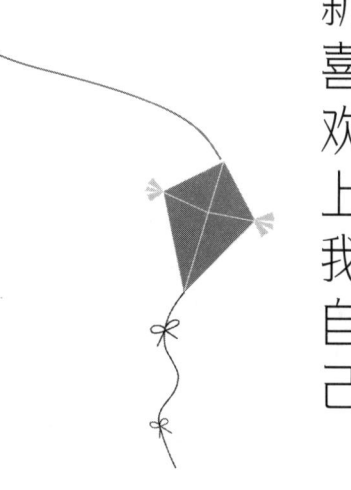
我要重新喜欢上我自己

在我成为井井有条的大人之前

✱ 闫晓雨

夜晚，是免费的时光机器。

凌晨两点，洗完澡吹头发到一半，突然想写点什么，索性不顾明日要早起出门工作，打开了笔记本。

我搬家一个月了，这段时间特别特别忙。是充实的，心无旁骛的理想状态。短短几十天里，真切感受到北京季节过渡的温差，偶尔坐在新家露台上看日落、吹风、发呆，更多时间要出门采访见客户看场地举办活动。

怎么说呢，我的身体里汹涌着一定要征服点什么的热情与冲动，是来自内心深处的一个声音。

叶子变黄的那一天我又看见你的脸。

是16岁在教学楼后踩着厚厚落叶等待喜欢的人的忐忑面容，是数学课上和朋友交换梦想的对视一笑，你剪着齐刘海，稚气得可爱，是你在日记本上标记出每个想去的城市，一遍遍写下"去远方"，那支大头娃娃的圆珠笔和课桌上的自拍，还隐藏在你的非主流空间。

我已经很少想起你了。

城市里的人呀，很少惦记年少的自己。

很长时间，我不敢回头看你，怕你失望，没能成为你想象中那样厉害的大人。

但我想告诉你，你身上那些"毛病"我都没有改掉哦！

我还没有丧失那种毁天灭地的勇气。

仍相信童话、爱情和理想，人总要怒放一场。

对我来说，这一年许多珍贵的东西失而复得——我在工作中重新找回了自己的成就感，认识了许多新朋友，开始做个人的小小IP，在微风娇嗔阳光热烈的胡同里和可爱的灵魂聊天。

我真切活着，更深刻地理解了阅读、友谊与分享的快乐。

十一假期结束前，芳芳和小小来我家吃饭，买了酒，百香果味儿的香气弥漫在空气里，电视里播放着《请回答1988》的背景音，那是我最累最疲惫的一段日子，整个人都说不出话来，我看着她们的眼睛，比超市里卖的阳光玫瑰葡萄还要明媚。

那些俗气的苦痛压根儿配不上我的朋友。

长大以后，真的很奇怪。

我们会为一部电影哭，会为别人的故事掉眼泪，可事情真正发生在自己身上时，反而感觉不真实，我们都冷静得可怕。

记得芳芳第一次来我家和我聊到深夜。

盛夏，我还住青年路，她坐在床上帮我叠衣服，那种收纳的手法，我从来没见过，一件连衣裙能被折成一本书的样子——她的神奇恰恰在于此，对于人生独特的方程式解法，任何棘手的、乱糟糟的事情到她手里都能找到方法。

那个晚上，我们聊到彼此的原生家庭，聊到各自成长，聊到"如此不会生活的我"和"怎么会有这么会生活的你"，打破许多尴尬的小秘密。

晕晕乎乎进入梦乡前，才知道她刚失恋不久。

但北京不允许失恋。

失恋也不允许人沉沦超过三个月。

三个月，对北京来说，是一轮试用期，是一本书的黄金营销时段,是一家创业公司能否生存下去的关键。

悲伤,在这座城市是很奢侈的事情。

连怀念也是。

残忍吧,我一个写青春文学的作者都很少有空写碎碎念的日记了。

"走一个走一个",闷头喝下去,日子还要过。

吐槽着,放肆着,又归于平静。

昨天下午,我去见了妍紫姐姐。

她是一位资深出版人,我在北京的灵魂密友。不常见面,每次都聊得痛彻心扉。

"我们今天的目标就是别聊哭。"

她坐在我对面,点了杯冰拿铁,笑容温暖,秋日的阳光漫进咖啡馆,我俩感慨起日子飞快。上次见面,已是前年的事情。

这两年我们身上都发生了许多变化。对于职场,对于自我,努力探索。变的是看事物的视角和能力的迁移跃进,不变的还是我们的爱憎分明。

这也是我在经历过许多后,得出的结论:我想我永远都没有办法变成一个八面玲珑的人。

我天生反骨,无法与众人同路。

我必须走那条危险又迷人的小路,同行的是一小撮戴着鸭舌帽的同频猎人。

别人是在丛林中厮杀,而我们是在丛林中寻宝。

我在很久之前就放弃了成为一个人见人爱的人。深知自己并无周旋能力,也不屑于讨好与妥协,不妨就带着一身的棱角和傻气,做个痴人吧。

希望自己每一次的大哭大笑,都是为值得的人生。

我对这世界的爱,是一种情不自禁。

我就是喜欢鲜花,喜欢漂亮的裙子,喜欢每一天发生在我身边真实的故事,甚至喜欢压力和焦虑。

明亮的地方就迎上去,黑暗的地方我也不退缩。

我没有比此刻更庆幸"成为自己"了。

成为一个不太懂事的大人和偏执所爱的小孩。

这两年我见了太多摇摆和失去自我的人,他们之中,大多出类拔萃,很有能力——但正因为太优秀了,反而无法接受自己就是一个普通人的事实。耀眼的是平台的光环,漂亮的是过去的学历。褪尽所谓的社会角色价值后,仅仅作为一个人,你的存在意味着什么,这才是普通人真正长久生存下去的内核。

这个时代并不缺乏成功的人,遍地都是珠玉,难得的是,一块角落里的石头努力打磨自己,直至发光,仍没忘记自己是石头时的初心。

他山之石可以攻玉。

某种程度来说,疫情是一次筛选。

大自然对人类的筛选,市场对企业的筛选,自我对自我的筛选。

你究竟想成为什么样的大人?

你到底要不要成为大人?

如果没有成为世俗意义上的"大人",你是否有构筑壁垒的勇气和能力,为自己的野性和自由,开辟出一处秘密花园。

真正的快乐建立在去条件化的满足中。

毕业工作几年后,生活中真正重要的事越来越少,不必惶恐于失去,要把你的精力放在创造上。

今天的这篇文章标题来自我无意中听到郭采洁的一首歌。

就叫《在我成为井井有条的大人之前》:

在我成为井井有条的大人之前,让我再潦草一遍。

在我成为随遇而安的大人之前,让我再偏执一遍。

在我成为一笑而过的大人之前,让我再疾恶如仇一遍。

我真的特别喜欢这段歌词。

生活总会逼着我们长大,但人生是我们自己的。

没人逼你要成为什么样子。

我所理解的"少年式抵抗"并不是一味反叛这个时代,不是否定、挣扎和玉石俱焚。而是一种自我尊重与重新思考,是你在全员追逐热点时悄悄捧起一本书,是在手捧花丢过来时选择接或者不接,是老板做了个愚蠢的决定时你是否尝试提醒,是在全世界教你要顾全大局时,你还要不要在流言蜚语中坚定走去。

最后。

只要你愿意。

你就可以成为一个简单又真诚的人。

踏踏实实地讲讲故事、写写日记,就很好,愿我们多一些眉清目秀的热爱,少一些哗众取宠的期待。

迷茫的时候更要动起来

*Z姑娘

1

去年秋末去广州，最快乐的一天并不在行程计划里，甚至连那一趟旅程都是临时起意。

那段时间我一直怏怏的，虽然也没遇到什么印象特别深刻的倒霉事儿，但整个人都被笼罩在乌云下，正巧好友发来消息："你现在时间自由，可以来玩呀，住在我这里。"我几乎没有犹豫，就不客气地答应了。

那一秒，我想推动自己的生活，但事实是，我只是换了一个自在点的地方睡觉和吃饭。因为之前去过广州，基本的景点早已看过，我的备忘录里只有几家古董小店等我去探，我懒散到隔一天才出一次门，出门也是在下午四五点钟，还只逛一家店。

这样的状态越发让我觉得自己像一块很稀的烂泥，于是某个深夜我迷迷糊糊打开小红书，电光石火间被华南植物园的葱郁惊醒。

该怎么描述呢？我想说，如果迷茫到完全不知道该做些什么，就去接近大自然吧！

那是我极少体会到的极度快乐的一整日，仿佛心越来越轻，被洁白云朵温柔包裹着。可能是工作日的缘故，偌大的园区空无一人，连鸟鸣都寥寥，但被树木包裹着，我只觉得身处于热闹的生机中，反正没人看见，我开心地在林间蹦蹦跳跳。

一直奔到温室区，"嘭"的一下，那些小小的奇珍异植烟火般在我心里绽放——炫彩的花像蝴蝶已经过了平庸，有的枝干像龙的利爪，编着彩色麻花辫的枝条在水幕里摇曳。一边走，我的脑海中一边情不自禁开始播放一个童话——小美人鱼化为泡沫后并没有消失，她顺着河流来到了热带雨林，在那里种植奇珍异草的巫师用古老的秘术救活了她，于是小美人鱼变成女战士，沙漠的仙人掌是她驱赶敌人的鞭子，澳洲斑斓的花树是她的首饰盒……

沉浸在自己的小剧场里边走边看，到长日尽头。植物园连夜晚都是清新美好的，彩灯小火车驶来，我以为自己穿越进了童话。

虽然走了一天已经很疲惫了，但我依旧脚步轻快。迷茫的时候只要动起来，遇见什么都是超大的惊喜。

··· 2 ···

那天回程的路上，我一口气安排好了之后7天的行程，兴致勃勃跟珂珂分享。她在画画，过了一会儿才回我："我学画画就是这样误打误撞开始的。"

我认识珂珂还是高一分班后，虽然只是好一点的普通班，但我学习起来还是跟小马拉大车一样根本拉不动，于是听不懂的数学课，我就趴在座位上偷看小说，有次突然心里涌起做贼心虚的感觉，猛地转头看教室后门的玻璃，确定无恙后，听到一声叹气："妈呀，吓我一跳！"

我一转头，珂珂在画漫画。那时候的她已经开始给杂志固定画漫画了，她笔下的少女有老漫画的青春，也有新漫画的高级感。和她走近后，我最爽的事情就是成了她那部少女漫的第一读者，而我看着她的作品，脑袋里只会跳出"有天赋""得天独厚""水到渠成"这样的词来，以至于我理所当然地以为，珂珂会画画是天生的。

但珂珂说，她只是初二开始就学不会数学，又深知数学对学业的重要性，和三角函数死磕数日无果后，在学校门口接到了一张艺考宣传单："其实之前我都没画过画，但都那么迷茫了，总得给自己找点事做吧！"

知道自己要去哪儿的人才能有空歇一歇，因为总有一天能抵达目标。还没找到路的人，只能看见路口就迎上去走一走。

突然想起小红书上的一个up主，她是那种猛一看让人感觉好普通，但视频里一听谈吐就知道是有阅历和能力的人，她比珂珂还厉害，能从一个爱好探寻到另一个爱好。

up主说自己上大学时，室友都去参加学生会、社团了，她没兴趣，整天无所事事，但觉得总要做件事吧？于是她看起了美剧。美剧不仅让她练习了口语，那些外国人的发型还让她对脏辫产生了兴趣，反正也没什么事做，她直接当了学徒，赚了钱就去旅行，又多了许多拍视频的机会，衍生出更多可能性……一路走过，花路一程又一程，没有断处。

反而是放空的时候，更容易发现生活的可能性啊！

··· 3 ···

后来跟堂姐聊天，可能是比我年长一些，已经踏进了社会的她神情夸张地说，简直不知道有多喜欢迷茫的时刻。

她拿出一本厚厚的漂亮手账跟我炫耀："这上面全是我平时想做没法做的事儿，一迷茫我就彻底放空自己，按照上面的顺序完成，不到迷茫的时候，一心都是事，我都没法静下心好好享受这些事物。"

光是听她这么说，我对迷茫的恐惧都减去了三分。

偶尔听"过来人"一席话，胜读十本书，堂姐笑，把手账本递给我，一页页翻过，竟然没有我想象中跳伞潜水之类的大项目，全是看书和长跑这种简单得不行的事儿。

堂姐说："其实很奇妙的，做这些情绪以外的事儿，一般都能得到答案。"

好像的确如此，电光石火间，我想起很多个瞬间——有一次我不知道该不该继续和一个朋友相处，心烦意乱地狂奔到满头大汗，那一瞬间浑身积攒起力量，脑袋里突然冒出"就选想做的事吧"这样的话；我情绪激动时就会去读亦舒的书，对于刺激到我的那些事物，书里总有答案；甚至没有写故事的灵感时，走出门触碰第一缕刮过发丝的风，脑袋里就呼啦啦冒出许多想法……

多奇妙，这些似乎是世界给予我们的馈赠。

其实迷茫很可爱的，因为看不清方向瞪大眼睛，像新生儿般面对这个世界，暂时无事可做很美好，因为能心无旁骛地做一件事了，能去偶遇未知的答案，也无比令人期待。总之，迷茫的时候更要动起来。

别停下，更美的世界在前方

✱ 潘云贵

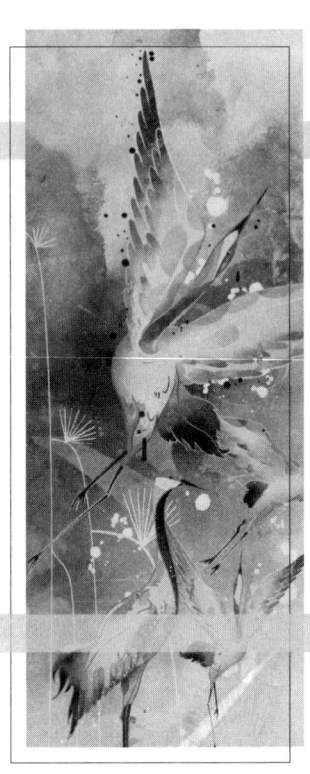

我在 8 岁时就懂得一个道理，爬得越高越能见到更大的世界。

那天吃过晚饭，在我哥的带领下，我试图爬上后院的槐树，再跳到屋檐上看月亮。我哥身材精瘦，身手敏捷，瞬间便由树上跃至屋顶，而我还紧紧地抱着槐树的枝干，腿脚哆嗦，不敢动弹。

而后，夏夜的明月升上来，我哥的眼前没有任何遮挡物，清澈皎洁的月光像溪水一样浸过他的全身，他像住在月亮上的男孩，有月亮一样皎洁的色泽。而我这边，横七竖八的枝条的影子投射在我身上，暗影夺走了我身体一半的领地。我羡慕我哥，那时，他让我知道一个勇敢的人所看到的世界，是那样辽阔，又那样明亮。

17 岁的一天，我面对学校的一面白墙发呆，日影西斜，每个时刻，影子在上面挪动的位置我都清清楚楚。我太熟悉自己身边的一切了，昨天仿佛跟今天一样，而未来大概也和此刻没有多少差别，我太害怕停在原地的感觉了。我真想勇敢一些，离开家乡，到世界的其他地方去看看。

后来，填报高考志愿时，我不顾父母的反对，选择去离家 3000 公里的外省上学。大学期间，我认识了一个东北朋友，叫老哈。他其实跟我年纪一样，但他喜欢装老成，还经常穿一身复古范儿的衣服，也不知道是从哪儿学来的。

老哈很有本事，刚满 18 岁，就轻轻松松拿到驾照，没事就载着朋友四处兜风。他胆子也大，有一年冬天，在冰天雪地里开车，载我去抚远的乌苏镇，我们一下车，呼出的气瞬间如一股烟散去。

老哈不怕滑倒，穿着厚实的衣服跑到前方一块石碑前，招呼我过去。等我走近，才知道他激动的原因是走到了界碑前。"潘，你知道江对面是哪里吗？"他问。我摇摇头。老哈瞬间得意起来，跟我说："是俄罗斯在远东最大的城市——哈巴罗夫斯克。你不知道吧，你现在正站在国境线上呢！"我被他一提醒，也欣喜不已，眯着眼睛望着乌苏里江对面的风景，努力想从大雪覆盖的对岸找寻特别的景致。

"你是不是傻，这大雪天里又隔着老远，看不清的，别费力了。"他继续说，"我每次来这里就特开心，你知道为什么吗？因为如果把国家当成一个世界的话，我们现在就走到世界尽头了。"

我一边听老哈说着，一边用羡慕的目光看着他那张被冻得通红却绽放着笑容的脸，要知道，不勇敢的人可到不了这么远的地方。老哈身上仿佛有永远都使不完的力气，拥抱着这个世界。

人生海海，素履之往。

2

后来，我硕士毕业，来到一所独立学院工作。与公立院校不同的管理体制以及生源情况，常让我手足无措，并耗损了我的大量精力。从那年开始，我频繁熬夜，脸色变得暗沉，早起时枕边掉落的头发一抓一大把。

那一年，我常在嘉陵江边发呆，身旁友人渐少，只有一个名叫孤独的朋友在我身旁。两年后的一天夜里，我凝视着镜子里那个眼白上布满血丝的自己，再无少年时的模样，我大吼一声，蹲坐在潮湿的地板上，对自己说："这不是我想要的世界，我不想过这样的生活了！"这句呐喊一直在我耳边回荡，我下定决心，不管怎样都要离开这里。

次年春天，我递交了辞职信。身旁的同事惊讶地问我："你想好了吗？这里这么稳定，很多人可都想来呢，而且领导挺喜欢你的，还想让你出国交流，你就这么放弃了？"我回答道："我打算考博，继续读书，我想过自己向往的生活，那是我追求的世界。"同事停顿了一下，说："佩服你，真有勇气。"我是一个很少会被人夸勇敢的人。那一刻，我笑着跟同事说了声谢谢。

后来，我奋力备考，迎难而上，在南方的城市间辗转，也足足花了一个月去准备能够证明自己实力的材料，我像个推销员一样努力推销自己。四处奔波的日子在飞机降落于故乡机场的那一刻才告一段落。

还好，后来的结果并不差，我拿到了心仪院校的博士录取通知书。

3

在我前往大学的前夜，多年不联系的老哈突然给我打来语音电话，说他大学毕业后被家人安排进一家银行做文秘，没胆再在雪天开车到边境线上了。他顺便问我"博人一笑"的"博"字如何写。我答道："是博士的'博'。"接着，我告诉他我辞职去读博的事情。

老哈在电话里笑得很大声，然后吸了下鼻子，叹了口气，说："没想到这么多年过去，当时死活赖在岸上不敢下来跟我在冰面上走的人，现在这么有本事了！"我一边听着他说，一边也因为往日自己胆小的样子莞尔一笑。我发觉老哈的声音已变得沙哑、混浊，再也无法跟过去那个意气风发的少年联系起来，老哈这下真的老了。

时间是一双既温柔又粗糙的手，将世间万物悄悄塑造。

此刻，我正和新朋友往学校的山顶攀登，据说在那里，可以望见海峡广阔的海面。上山的路很陡，朋友在岩壁一侧，朝我喊道："别往下看，勇敢点儿，跳过来！"8岁时，我也听过这句话，当时我哥从树上跃到屋顶上，转身就对我这样喊。那时的我，手脚瑟缩着，放不开，被恐惧牢牢钉在了树上，只想哭，对他说："哥，我怕……"

现在，走过了那么多凶险未卜的路途，度过了那么多孤立无援的时刻，还怕吗？我从一块岩石上跃起，风呼呼地从山顶灌下来，迎着它们，我跳到朋友身旁。"你做到了！"朋友竖起拇指对我说。

我想成为一个勇敢的人，但这并不容易，或许要用上一生的时间。在这个过程中，每个人都在以自己的姿态成长着。我从不害怕去探寻这个世界的边界，我真正害怕的是世界就停在自己脚下，这是我从17岁时就想逃脱的处境。

站在山顶往城市的边缘望去，引力如同命运，牵引着这片蔚蓝色的海水，起起落落。岛屿之外似乎有一个新的世界在等着我，我知道自己又该启程了。

人生海海，素履之往。

相信时间能给予我们信心和可能，慢慢来，只要在走，自己就能拥有世界。

考砸了，生活也不会被毁掉

*李尚龙

1

在去西安的路上，我挤进人群熙攘的火车站。

正逢端午假期，人多到让我感到麻木。我听着音乐，一点一点往前挪动。

忽然，我感觉背后的包被人打开了，我惊了一下，下意识地一巴掌朝着后面打了下来。这一巴掌，打到了后面那正在偷我钱包的妇女的手臂上，一个东西从她怀里脱落，径直奔向地面，我定睛一看，竟是个孩子。

我吓了一跳，立刻蹲在地上，伸出了双手。好在我反应快，要不然这孩子，就被我打到地上了。

我冒出一身冷汗，瞪着那个女人，怒喊着："你干吗？"

那个女人这才反应过来，从我手上夺走孩子，喊着："你打我孩子。"

我刚准备解释，旁边一位穿着西装的男士看不下去了，说："都当妈了，还做这种事，要不要脸？"

那个女人恼羞成怒，喊着："要你管！"

我把包背在前面，立刻检查东西，钱包还在，我继续瞪着她，没说话。

她又嚷嚷了几句，抱着孩子，跑了。

我没有报警，因为我害怕把她抓了，孩子没人照顾。

到了候车室内，我打开手机，开始刷微博。

巧了，那天，是高考的第一天。

我愣在原地，看着熙攘的人群，他们接踵而至，他们的眼睛里充满归乡的喜悦，而我，想起那个差点掉在地上的孩子。

当他长大了，这个世界会怎样对待他？他能否脱离那个家庭？他能不能离开自己所在的环境？他有没有办法不要成为他母亲那样的人？他可能实现圈层的跃进吗？如果有可能，具体应该怎么

————————————祝每个孩子都可以健康成长。
——————————————高考加油，生活更要努力啊。

办呢？

前一段日子，我正在读日本作家三浦展的《下流社会：一个新社会阶层的出现》，我忽然想起书里的一句话："父母阶层较低的高中生，往往有较多的人自认为在学习之外能力较强。"

这孩子，会不会长大后，更容易学会偷盗？

在未来，等待他的，将会是什么？

在思考中，我的思绪穿越回了我高考的那一年。

我是在2008年参加高考的。

那年高考制度混乱，我们大院里几个考试成绩长期在三百分的人，他们的父母找关系，拿到了体育特长生的名额，最后考上了很好的学校。

我家里没有关系，父母从小告诉我，我只能靠自己。

但直到今天，我才知道父母的良苦用心。因为靠自己，永远是最靠谱的。那几个靠着父母进入大学的，挂科的挂科，重考的重考，又不得不再一次求助父母。

我们那一批，没有背景、没有关系，就是靠着努力学习参加高考，考到大城市。其中实现命运转变的人不在少数。

的确，高考制度有很多问题，但从某种角度来说，这个考试很公平，因为就算取消了高考，也会有其他考试来代替它。当你无法改变一件事情时，努力适应并爬到最高处也是一种能力。

出成绩那天，我们在座位上看着成绩单，老师在讲台上看着我们。

那天，几家欢喜，几家愁；几人欢笑，几人泪。

我清楚地记得，三个从农村来的同学拿到成绩单时的表情，他们的脸上，表露出了从未有过的希望。

后来，他们跟我一起去了北京。

直到今天，也就是十年后，他们一个成了飞行员，一个在华为成了高级工程师，另一个出了国，在哈佛大学拿着全额奖学金读博士。

而他们的父母，你敢相信吗？他们曾经还面朝黄土背朝天，十年过后，他们都被接到了大城市里。

追溯到十年前，是高考，改变了他们的一生。

但是，有人欢喜，就有人愁。

高考是个分水岭，把一些人留在岸上，而另一些人，还在河里。

每年，都有学生因为高考失利跳楼自杀。我们那年也有。

我们隔壁学校有一个复读生，从二十层的高楼一落而下，失去了十九岁年轻的生命。

我曾经对比过美国教育和中国教育的不同，思考过为什么美国的高中生里很少有人自杀。原因是，无论是SAT（俗称美国高考）还是托福、雅思，一年都可以考很多次，你考不过，下个月再来，你的机会足够多，只要过了线，你就可以上学。这样，一个孩子就不用孤注一掷，当一个孩子不用一年一年地孤注一掷时，他就不会痛不欲生，更不会轻生。

但我们国家的人口太多，资源有限。

我曾多次在演讲中提出，希望中国的高考制度可以改革，不要一考定终身，如果可以，要多给大家一些机会，别把这些青春的孩子弄得太绝望。

但，我还要说回来，无论高考制度有什么问题，这也不是一个人自杀的理由。

因为，生命是理想的载体，没了生命，什么理想都荡然无存。因为有血、有肉，所以有灵魂、有爱情。

生活中还有很多次考试，一次考试失利，千万记住：没有关系。你还有一腔热血，你还有热烈的青春，这些都能让你做梦，能让你有所成就，能让你远望，能让你遇见不一样的人生。

只要人在，总能逆风翻盘，谁也阻挡不了你去飞翔。

我想起2008年的那天，拿到成绩单时，有几位同学的脸色很难看，甚至充满着对未来的绝望。高考的失利，让他们觉得生活不再有意义了。

这其中，就包括我的一位好朋友。我们拿到成绩单的那天，下了一场大雨，他偏不打伞，在雨里咆哮，制造出一种悲凉的感觉。结果大雨淋了他一个小时，第二天他也没发烧，自己给自己加的戏，没了剧情。而我因为陪着他，感冒了。

之后，他约我吃大排档，我在六月份穿着羽绒服陪他吃烤串，他说了一句我此生都忘不掉的话："考砸了，生活也不会被毁掉。"

他报考了一个当地的二本学校，选了一个一般的专业。但是，他的生活并没有被毁掉，他知道，高中结束了，大学才刚刚开始：竞争还在继续，生活还要持续，梦想还要延续，青春还有后续。

大一那年，他就过了大学英语四六级的考试。大二他参加各种竞赛、考各种证书。大三他参加托福和GRE（美国研究生入学考试），一次考不过，他就考两次；毕业后，他被加利福尼亚大学伯克利分校以全额奖学金录取。

现在，他在迪拜的一家驻外公司工作，一个月的工资有两万美金。

前一段时间，我们组织高中同学会，我去得特别早，仔细了解了同学们的发展：

有些人高考成功，现在却混得很差；

有些人高考顺利，现在也不错；

有些人高考失败，现在过得也不怎么样。

但他是例外，当年他高考失利，现在却活出了自己的模样。

那天，我们聊了几句，他就回去加班了。我想起在高考后、在那场大雨后，他对我说的那句话："考砸了，生活也不会被毁掉。"

因为人这一生，是要持续奋斗的，是要终身学习的，是要永远前进的，一次失败不算什么，持续奋斗、终身努力，才是自己的超级英雄。

请记住，一次考试，决定不了你的一生。

没有到不了的明天。就算你前一天晚上哭得痛不欲生，第二天这城市依旧车水马龙。

决定你一生的，是你看待自己的眼光，和是否有持续进步的决心。

回到之前讲的那个故事。

安妮特·拉鲁在《不平等的童年：阶级、种族与家庭生活》里提到，在美国，不同阶层的家庭会采用不同的教育逻辑，最后孩子们获得了不同的文化资本，这塑造了孩子们的未来。

我们改变不了自己的家庭，但能通过学习改变自己的未来。

如果那个孩子长大了，大到能听懂我的话，大到开始明白自己的生活圈出了问题，大到想要做些改变，那么我想跟他说两句话：

"第一，请一定拼尽全力，准备考试，这是能让你打破现在恶性生活怪圈的最佳方式；第二，就算考砸了，也别忘了终身学习，这个方式比最佳方式还要好。"

祝每个孩子都可以健康成长。

高考加油，生活更要努力啊。

我要成为女侠,仗剑走天涯

＊莉莉鲸

念小学的时候,有个同学叫礼。

有一段时间,我们是形影不离的朋友。不是因为有多兴趣相投,只是因为我们都是老师和同学口中的"坏小孩"。

在学校里,没有人愿意跟我做朋友,而礼不被喜欢的原因是,她穿衣打扮像个大人。

有一回,礼穿了一件极其鲜艳的红色半身褶皱裙,就是现在看来也十分时髦。结果那天下午,没有出处的流言传遍了教室的每一个角落:"礼故意对着男同学撩裙子,真不要脸!"

从此,除了学校要求穿校服裙的日子,礼再也不敢穿裙子。但"不要脸"的标签,一直到小学毕业,她都没摘掉。

为了向别人证明自己没有不正常,所以我跟礼抱团走到了一起。

中午放学,她用零食诱惑我。

"你早点来接我一起上学,我妈妈给我准备了肝子,我们一起吃。"

那时候我家里条件还不好,总以为"肝子"是什么没见识过的新鲜零食,六月的天,连午觉都没睡,绕着城中心很远的道,找到了礼妈妈的门市。

结果"肝子"就只是一副卤的鸡心肝罢了,又苦又臭。

冒着炎炎烈日前往学校的路上,我一直在后悔,干吗为了这一块"肝子"牺牲那么多。

因为嘴馋栽跟斗,这已不是第一次。有一回爸爸从成都开会回来,给我带了一把大白兔奶糖。20世纪90年代,对有些家庭来说,大白兔奶糖还是个只存在于电视广告里的稀罕物。我带了三粒去上学,只敢一点一点舔。刚塞进嘴里还没尝到味,就被老师点名了。

嘴巴里的糖被勒令吐进垃圾桶,剩下两粒被没收,还被请了家长。以至于后来我长大了,再吃大白兔奶糖,还是觉得嘴里没味。

我知道,味觉是有记忆的,它只是被吓到了。

作为"坏孩子"名单上的头号分子，我很多无意都会判定为故意。

我很羡慕那个娇小可爱，声音如同百灵鸟一样的女孩，每次学校重大节庆日，都能站在大礼堂的聚光灯中心，接受全校几万师生的目光怜爱。

百灵鸟唱歌唱到高潮，我手中的乐器不合时宜地发出一声"尖叫"，那是绝对不属于乐谱上的一部分。

音乐老师嫌恶的白眼，百灵鸟不耐烦的蹙眉，永远刻在了我的心里。

我跟礼中午一点十分出发去学校，结果还是迟到了。那天逮住我们俩的数学老师，带着怪异的笑容掐住我的肩膀，说："你们真是坏孩子。"

于是我被罚在教室最后站了一节课。我是罚站名单上的常客，礼却站在旁边哭泣。见她哭起来，我也没办法不哭，真是一点办法也没有。

而昨天和前天两天，放学前一起誊抄布置的家庭作业。

因为视力不好，爸妈不给我配眼镜，我只能照着礼的誊抄，翌日又被当着全班批评。立典型，站在黑板边一整节课，理由是作业没做完。

原来礼誊抄的作业没誊抄完，我照搬她的，自然也没做完作业。

似乎越是孤独，越是觉得被全世界厌恶的时刻，自己的表达欲望就会变得很强。

礼比我先学会了用想象去稀释难熬的时光。每到放学的路上，她会给我讲故事，讲的都是她编造的故事。

我很讨厌礼暗自里的强势，不可一世；讨厌她说个不停，而我只能旁听，不能插嘴；讨厌她做事慢条斯理，永远不急。

我最讨厌的是，她编故事编到我最喜欢的《美少女战士》，她说地球王子地场卫其实有一个更爱的前女友，那个前女友不是月野兔，而是更遥远宇宙的公主。比水冰月更漂亮、魔法攻击力更强。

她一集一集地编下去，俨然一部几百集的动画电视剧。

故事通过我的耳朵进入大脑，我的大脑拼命抗拒。才不是这样呢，地场卫最爱的只有月野兔，这份感情神圣不可亵渎。

可我嘴笨说不过她，天生有种宁愿息事宁人也不起争执的怯懦。礼路过学校对面的婚纱店，连忙把话题岔开了。

我们隔着玻璃窗看着玻璃另一面世界的晶光璀璨，呆呆地发愣，每天都会驻足五分钟。婚纱是纯白无瑕的，好像什么肮脏不堪都能被这份白给掩盖。

我们告诉店员把我们各自挑中的婚纱留下来，等我们长大以后回来买。店员嗑着瓜子，一边吐壳一边笑，手指甲上涂着鲜红的指甲油，指尖处已剥落了好几块。

礼十岁时只有我一个朋友，她许生日愿望，告诉我她想成为大明星，让每个人都喜欢她。

我十岁生日时，没有朋友陪我过生日，妈妈给我买了一个足有脸盆大的大蛋糕，上面是丑了吧唧的裱花。

那个蛋糕我足足吃了三天，吃完以后胖了六斤。

然后看着镜子里肿胀的脸，梳着大马尾的自己，又好像做错了一件事，惴惴不安。

在拆开生日蛋糕透明塑料壳子时，妈妈问我要不要点蜡烛许愿。我摇摇头——家里只有我和妈妈两个人，爸爸又出差没在家。

我泄愤似的往嘴里塞蛋糕时，心里在想：我要成为女侠，仗剑走天涯。

其实我和礼，再装得满不在乎，也都想要别人喜欢自己。

小学六年级的时候，我还在看动画片，看《棒球英豪》《灌篮高手》《犬夜叉》，礼已经开始看港剧。

她突然像换了一个人似的，抛弃掉不切实际的愿望，不再想做明星，而是想做一个真正的都市丽人。

"早上在大楼下买一杯咖啡，坐电梯到位于几十层的办公室，脖子和肩膀间夹着电话，一边打电话一边敲电脑。"

她的床头故事由漫画变成师太小说，画在作业本上的涂鸦变成开司米披肩、午夜飞行淡香水。

她曾把师太小说塞给我两次，后来都被我扔进厕所压草纸。

后来她再也没提过，只是指了指我的漫画书说，你早晚要被这些东西给害了。

其实礼跟我都很清楚，我们一直都不算是朋友。

度过小学那段"坏孩子"时光，上了初中，一切竟重新洗牌。

有志同道合的朋友，成绩不好不坏，因为毫无存在感，在老师那里也没有什么记忆点。

初一第一次军训时，因为饿，我也会拿着碗跟别人抢饭。晚上睡觉时，一个同学拿着饼干爬过来，跟我一起睡，一起偷偷吃饼干。吃到一半，她对我咬耳朵：高高有病，是个怪小孩。我咬了一口的饼干卡在喉咙里，却没有勇气替高高辩白。

高高是我们班同学，长得又高又壮，也不知是什么缘故，一开始是有一个人不喜欢她，突然就变成全班同学都嫌恶她。

而那次军训分房，高高刚好睡在我床下。

她铁定是听到了别人咬耳朵的闲言碎语，突然生气，蹲在床上跳，用头拼命撞我的床板。

"我听到你们说什么了！"

那天晚上，她蹦了一夜，又像哭又像笑。她的丑事，传遍了整个学校。

而听到传闻只言片语的人一见到我，便向我求证那天晚上高高的失态。

如果听到的只是一句，就跟传言中的一样，没什么特别的，眼中当即流露出失望之色。倘若有心人为博别人关注，添油加醋地说上两句，一群人眉开眼笑，笑得群魔乱舞起来。

经此一役，爬床和我一起吃饼干的女孩青成为我在初中的第一个朋友。

她父母常年不在家，手上有大把的零花钱。她用这个钱买周杰伦的磁带、买可乐，也请我吃麦当劳。她跟礼一样，暗自里的强势，不可一世。

她喜欢跟我说她和她男朋友的事，而我只能旁听，不能插嘴。每次请我吃麦当劳，她嘴里的男朋友又换了人。

我不吭声，只埋头吃东西。可我真的觉得开心吗？我好像也并没有为此欢欣鼓舞，我的眼里不只有麦当劳了。

我跟青的友谊短暂得就像王菲唱完一首《天空》，她是突然从我的生活中抽离的。

等我察觉到青突然消失时，她正和校外的高年级学长打得火热。我站在教室外的阳台上，看着她满头发卡的头，突然想起了礼。

仿佛两个平行时空奇迹般地对折——听说礼在初中低调得只剩成绩榜单上名列前茅的名字，礼逐渐变成八中学子眼中不可多谈的传说。这种决绝的形象令我想到"断裂""巨变""转折"。

好在，坏孩子终于变成好孩子，被目光追逐着，被人羡慕着……

听说，人生大多数时候，让你不舒服的时候，正是你在成长的时刻。

成长固然藏着天生的自私和冷漠，总之，适合生存。

回想起十岁夏天的心情，或许，有点烦恼。

或许也是未开化百般回避的温柔。

或许好像是无论怎样度过都会被浪费。

未来一直来，过去一直去。

如果很苦，说明还来得及

✽胡姚雨

一

高三刚开始的时候，生过一场意义特殊的病。

那时，老师说得最多的一句话是："之前没学好的，现在跟上，就还来得及。"话虽如此，当无数复习资料扑面而来，再怎么赶，也总是慢进度一拍，一次次月考，排名也不见得能回升多少，心里越来越没底：这样下去，会不会来不及啊？

焦虑之下，跟风加入了开夜车的队伍。

在床上"假装"努力过的都知道，开夜车是件多么吃力不讨好的事。效率低不说，还把自己弄得格外疲惫。明知不对，又很难说服自己。特别是我这种基础不扎实的，无非是通过这种"刻苦"实践，来给自己一些虚幻的安慰：至少我也为高考拼命过了啊。

就在这个节骨眼上，身体突然开始不配合了。一个夜晚，低头看到腿上莫名多了一块褐斑。先是蜕皮，掉下许多花白的皮屑。抹了几天药，一直不见好，但也没往心里去。直到有天腿上发痒，随手抓了几下，一夜醒来，整个小腿居然红遍了。大片皮肤呈现烫伤般的暗紫，异常可怖。

连忙请假去医院，医生说是过敏反应，建议我不要乱涂药膏，只吃抗过敏药。可药吃了一周，红斑仍不见消退。换家医院再看，也是同样的结论，真不知道该怎么办了。这时妈妈提议，去乡下看。她知道一个开诊所的土大夫，一家世代专治皮肤病，特别灵。

心里老大不情愿。一方面是不愿相信，自己会得上这么难治的病；另一方面，复习都来不及，还得花时间去乡野求医问药，可谁让身体这么不争气呢？

只好死马当活马医吧。

二

土大夫是个中医。在那间小小的诊所里，他为我把了脉，看了舌苔，问了一系列关于睡眠、做梦、出汗的问题。最后得出结论，我没有过敏，而是因为作息不规律，免疫力降低，在皮肤上表现出了肝脾失调的早期症状。他一边说，一边在纸上龙飞凤舞。最终，给我开了够喝9天的中药。

听说要喝中药，我整颗心都悬了起来。我还记得，小时候有段时间妈妈身体不好，也经常在家煮中药。那时候，她把黑漆漆的中药倒进碗里，先不喝，而是剥一颗大白兔奶糖，在近手处放好，再仪式般地端起碗，一饮而尽。一时间五官扭曲，像受了大刑，饿鬼似的把糖塞进嘴里，然后愁眉苦脸地去洗碗……一系列反应，让我对中药早早存有印象：这世上，没有比中药更苦的药了吧，也一定是真得了很要紧的病，才不得不天天受这种苦。

结果，怎么就轮到我了呢？我不太能接受，甚至开始怀疑医生的专业性。赖在座位上，挣扎着说："……别的医院都没说我的肝脾不好……"

"西医是这样的，"医生脸上露出一个中医特有的骄傲，"等西医检查出问题，代表你的身体已经发生器质性损坏了，那时候再治就晚了。你现在是早期症状，靠中药调理，就还来得及。"

这句话，让我悬着的心顷刻落了地。我才知道，这么多年,我都误解了中药的意义。中药很苦,却不意味着绝境,甚至恰恰相反。

后来,在妈妈的监督下喝第一包中药,我坚持不要吃糖,好像吃了,就对不起医生的用心良"苦"。

"苦不苦啊,你都不苦吗?"妈妈惊异于我能忍受那么重的味道。苦啊,当然苦。我心里喊。也不知道说的是药,还是高三。

回到学校后,我不敢再为所欲为了。

每天按时打水、热药,熄灯后也绝不开夜车,要把亏损的身体慢慢补回来。心里很是无奈,无穷无尽的题海摆在眼前,以前来不及,以后更来不及。

所以,就算上床时间变早了,脑子里有事儿,入睡依然艰难。就在这个当口,学校里发生了一件不大不小的新闻。

隔壁实验班的一个同学,很突然地,在高三开始的第二个月,决定从理转文。整个早习,大家都在窃窃私语。这个男生虽然不拔尖,但在实验班里也处于中上游,绝不是因为学不好才走的。有人说,他从一开始就对文科感兴趣,不过是迫于压力才选了理科。老师们都反对他的决定,但他铁了心要走,谁也拦不住。

其实,我也不止一次有过学文的念头,只是为了方便大学选专业,不得不硬着头皮和物理化学死磕。这也才有了今天,无论怎么复习都捉襟见肘的尴尬。走廊上,我曾和他打过无数次照面,却从没发生过交集。如今,真想找机会跟他说几句话啊。

那天,他一个人坐在角落吃饭,我想都没想,就坐到了他对面。几句寒暄后,我问他:"你高三了再放弃理科,不会觉得很亏吗?"

"哪里亏了?我去学自己喜欢的课程,明明是赚了啊。而且三年下来,把文理都学了一遍,我还赚大了呢。"

我对他的乐观感到不可思议,只好说:"这样一定很辛苦吧。"

"辛苦是辛苦,但不算太晚,还来得及。"

这句话,让我的心又跳了一下。原来,青春一场,有时候就跟看病一样,苦是很苦的,但也意味着我们的人生还有治愈的希望。

别人高三从头开始,都不怕来不及。我又为什么要一个劲儿地担忧,还把身子弄得狼狈不堪呢?

这件事以后,我再也不想给自己找借口了。

而是不留余地地反复问自己,题目来不及做,是真的来不及吗?为什么别人能做完,你就做不完?

是因为效率低吗?是不是上课时神游天外、做题时东摸西摸、上个厕所也能磨蹭半天?

是因为不会做吗?是不是常常卡在半路、钻牛角尖,把时间虚耗了不说,做错以后又不知道及时整理、总结经验?

当我试着用积极、批判的态度和自己对话,发现所有的问题都有根源,所有的来不及,其实都来得及。

只要讲究方式方法,很多事情白天都能做好,根本不需要开夜车。只要心中有清晰的目标和规划,夜里也根本不必胡思乱想,那些不成问题的问题,每天都有的是办法去解决。

渐渐转变了学习生活的节奏后,我的成绩有了起色,发挥越来越稳定,信心也越来越足。一个不经意的低头,我发现,腿上的斑痕,已经淡了许多。

后来,我又去了一趟医生那儿,医生看看我的腿,说:"再吃一阵巩固一下,但可以给你减少药量了。"

这一次,我再也不怀疑医生的判断,甚至觉得他真的挺厉害。躲在这个小地方给人看病,有点屈才了。但回过头想,也只有像他这样小隐隐于野的人,才能给那些迷失于日常,不知道怎么办的人,做出准确的诊断。

高考结束,我考到了一所211院校。对于在理科班里一直磕磕绊绊的我而言,已经是皆大欢喜的结果。斑痕早已消失,但仔细观察,还是能瞧见腿上残留的印子。我不觉得这个印子有多不好,反而很高兴它能伴随我一生,因为它,我会永远记住:人这一生,总会有日子像喝中药那样,苦到一丁点儿回味的余地都没有。但事实证明,如果很苦,正说明一切都还来得及。

格外长的那个夏天

✢ 赵 鲤

01

十五岁时，我在一篇周记里藏了一句私货。

"他们总以为小孩子什么都不懂，用故作幼稚的话语跟小孩子套近乎。殊不知拙劣的伎俩早已被洞察，当他们审视着小孩子时，他们也被审视，小孩子对他们报以如同看小丑般的讽刺。"

青春期除去学习，暗地里对抗大人是永远的主题之一。这段狂言被埋没在1200字的好好学习、积极向上的文章里，竟如漏网之鱼逃过了清洗。文章被语文老师推荐给了语文组组长，最终被刊印在了校报上。

一时间，我春风得意，并暗自侥幸，当同龄人还站在十字路口茫然四顾时，我却已经执笔为刃，抽刀见血。那是我自以为是的英雄主义。

不过，绝大多数人并没有看透一篇豆腐块文章里的弯弯绕绕，唯一一个看透我小心思的是L学长。

有一回我在大礼堂里和L学长一起排演校庆节目，排练间隙，L学长对我说："我看过你那篇被大家吹嘘得很厉害的文章。或许你觉得你是英雄，可其实你真的很幼稚。"

我整个青春期最讨厌的就是L学长，没有之一。

02

L学长是学校里的风云人物，比起我铆足了劲要上校刊，他是校刊的常客。他是老师和校长的骄傲，是一中最拿得出手的名片，是所有家长都想克隆出的儿子。他经常被提起、被羡慕，也被讨厌。按理说不应该这样。

只是，L学长太用力了。年轻的肢体蹩脚地学着大人打交道的语言，毫不遮掩的野心写在笑容里。明明荣誉已经多到一页纸都写不下，保送毫不意外，但在一次全国物理竞赛的初赛选拔上，L学长硬是把自己唯一的好友给刷了下来。

传说中，L学长是为了让保送万无一失才这么做的，因为那位好友刚好是保送名额的有力竞争者。

让人一言难尽的事可不止这一件。真正让他从神坛跌落的，是他与Y学姐的恋情。

Y学姐是学校里有名的校花，人美心善。那时候，学生谈恋爱，在学校、老师、家长眼里简直罪无可赦。

有一天，L学长和Y学姐的恋情不知被谁捅到了明面上。接下来便是请家长、写保证书。这件事本来可以很轻易地翻篇，最终却因为Y学姐的不肯就范闹得尽人皆知。

事发以后，女孩子的一腔热血跟男生的冷漠撇清，形成了鲜明对比。故事以L学长的"我们没有任何关系，只是说过两句话的普通同学"落幕。

没过多久，Y学姐转校了。转校第二天，L学长作为优秀学生代表接待了省里来视察的领导，并站在台上发表了一番慷慨激昂的演讲。

他的履历表上又将添上浓墨重彩的一笔。不知道有多少人在那一刻想起了Y学姐。人群中，有人骂他薄情寡义。过分的，是在他下台的那一瞬间，传来一声很清亮的"马屁精，臭显摆"。

L学长连腰都没有弯一下，脸上依旧带着笑容。

03

自那以后，L学长谦虚的微笑也让人越发憎恶。他的故事开始被翻出来反复咀嚼，再次加工，不断送到不同人的饭桌上。

标签贴了一张又一张，直至恶浊污秽彻底覆盖光鲜与荣耀。但L学长依旧是那个学长，只一头扎进去做着"正确的事"。即便是在运动会上，L学长也不肯给周围的人让步，摔断腿也得争个大满贯。他躺在地上抱着腿疼得脸色苍白，满头大汗。大家似乎一直在等待这一刻，一点点细碎的喝倒彩声，像碎珠子一样散落在空气中，紧接着形成山雨之势。

L学长一贯我行我素的脸上出现了一丝崩裂的神情。一种"清算"的快感，从周围人的心底滋长，幸灾乐祸的话语像无数巴掌抽在他的脸上。

他杵在不怀好意的目光里，扶着同学离开现场的样子几乎可以用"落荒而逃"来形容。可掌声没有停下来，L学长无处可逃。他看了一眼周遭的嘲笑者，泪光一闪而逝。

从那以后，L学长低调了许多，一个人独来独往。嘲笑者依然兴奋，仿佛联手打了一场胜仗，为Y学姐出了一口恶气，却忘了我们不过是躲在幕后的施虐者。到底是出于义愤填膺，还是为自己的嫉妒埋单，只有自己知道。

但一个热点很快就会被另一个热点覆盖，随着特立独行的新老师的到来，L学长的落荒而逃似乎已是上辈子的事。

■■■ 04 ■■■

张老师是从北京某高校聘请来的英语老师，跟其他老师不大一样。

她从不说那些冠冕堂皇的话，性格火暴直率，经常借由上课时间跟大家讲自己上大学时的故事，玩乐队、喝酒喝到深夜两点、交不靠谱的男朋友，也曾三个月突击司法考试上岸。在幼稚的我们眼里，张老师敢于突破传统、追求自我。

我们爱她，爱她口中的自由。但她只待了短短半年就要走了，学校里谣言四起，说张老师私生活混乱。

大家因为张老师的离开而痛彻心扉，计划在晚自习时逃课去给张老师送行。天下没有不透风的墙，正当我们兴奋地为第一次逃课做准备时，L学长却拿着一套试卷出现，把我们锁在教室里做题。

当有人按捺不住找借口离开教室时，L学长厉声呵斥："别犯那个傻，你们对她没那么重要。"我们当时恨L学长恨得咬牙切齿，结果第二天听说，隔壁班学生为了支持张老师而罢课，带头的那几个学生因为严重违纪被记了过。

再次在校门口遇到L学长时，我躲无可躲，只得垂着头道谢。他没有邀功，没有挑衅式的反讽，只是对我回礼般点了点头。

我发现，曾经的伤害没有在他心里留下什么疤痕，以至于我心生内疚，又想道歉。但他总是能轻易看穿我的心思，只摆了摆手："你对我也没那么重要。"

看着他离去的背影，我突然觉得，他才是那个仗剑走红尘的孤独英雄，不指望别人能够解读。

■■■ 05 ■■■

后来我经历了很多挫败，花了很长时间才明白，L学长这样的人有多酷。

他比我们更早地熟知象牙塔外世界的丛林法则，明白自己对很多人而言，根本没那么重要。

所以，他从来只做对的事。或许他的只做对的事，在那时的我们看来，是不对的，青春年少爱恨情仇才是对的，老成持重是不对的。可是真正到了面对大是大非时，我们却自乱阵脚，暴露出过家家的本质。

有的人早已学会了以温柔克制之力力挽狂澜，有的人却在浑浑噩噩间与危险擦肩而过。但真正的英雄，从来都是在纷乱的世界守住内心的秩序，在蛮荒面前保持优雅的那个人。自以为洞察世事，却后知后觉自己根本是个没长大的小孩，也难怪L学长会嘲讽我们幼稚。

那件事后不久，L学长再也没来过学校。他最终还是走了保送之路，从学校跳了出去，淹没在广阔的天地间。

那些校园里发生过的荒唐、热血的故事，都随着时间的推移风干了。留下的，只有知名校友这块闪闪发光的招牌。

我和几个同学曾幻想着L学长最后会创造一个空前绝后的传说，比如放弃保送，参加高考。当然，我们都知道那是不可能发生的，L学长也从来不会去做我们这些傻孩子会做的事，我们却忍不住畅想。

或许幻想始终是幻想，但夏天总是格外长。烈日下的绿叶嫩得发慌，青春至死不渝。

谁又说得清楚呢！

每个少年都能成长为英雄

十步之内,必有芳草;百名之内,必有顶寇。

※ 琦惠

聊起夏天,很多人都会想起田间的麦穗,会想起夜里的雨声,会想起冒起气泡的可乐,会想起用勺子挖出一个心形的西瓜,当然,许多人也会想起高考。只是,也有些人会是例外,他们的高考从冬天就已经开始,比如我。

由于是美术生,我比同级的其他同学提前半年就进入高考这场战役。怎么形容这场战役呢?它是一场非常考验演技的战役!十几个手握画笔的同学挤在一间不足70平方米的教室里较量画艺,还要同吃同住。那场面有些像战国时期的百家争鸣,大家虽是彼此竞争却又相互欣赏;也有点儿像三国时期煮酒论英雄的感觉,每一个同学都会想方设法地试探其他对手的能力,以防自己是那个"画界小丑"。只不过,这其中并不包括我。因为我很有自知之明:"画界小丑"正是本人。

我在那个培训机构里,确实是奇葩一样的存在——我画的素描人像永远是形态不准的,毫不夸张地说,他们的五官拼凑在一起是不同型号的阿凡达;我画的人物速写也永远是线条不流畅的,他们衣服上的褶皱基本上都被我画得像毛毛虫;至于水粉画,基本上我画的花瓶不像花瓶、盆子不像盆子,只是随意涂涂颜色而已。

不止一次,培训机构的老师拿着我的作业,皱着眉头,不解地问我:"你为什么想学画画呢?"我听出了弦外之音——老师只是不好意思说,这位同学,你真的不适合走此路,放弃吧。

那好吧,我放弃。初雪那天,我提着行李再次回到学校。我的美术老师老田在见到我的一刹那,整张脸上写满了疑惑。从业这么多年,老田早已习惯了自己的学生不相信他的能力,非要跑到北上广"镀镀金",再去参加高考的戏码。我突然打道回府的确是一件令他感到意外的事情,但他最终还是什么都没有问,只是上下打量了我一下,说:"你直接回美术教室,还没吃饭吧?你在教室里等老师一会儿。""嗯。"我轻声应答。

我看着外面的世界，若有所思。有那么一瞬间，我感觉自己就像在雪地里迷路的小羊，不知道接下来要去哪儿，也担心前方根本无路可走。正当我焦虑得想哭时，老田推开了门。他朝我晃了晃手里的塑料食品袋，说："老师给你买了个鸡蛋灌饼。但如果你想吃的话，必须先跟老师同时画一幅水粉白菜。""我不画！"我第一反应确实是拒绝老田的提议。毕竟对于画画这件事，我已经产生了排斥心理。无奈，我实在是太饿了，也就只能是想一想，然后撇着嘴撑起了画架。

我的画笔开始在纸上沙沙作响，渐渐地，老田的声音开始环绕着我。他宛如一台复读机，一边画着白菜，一边唠唠叨叨："中黄加中绿加白，是白菜叶；群青加白加柠檬黄，是白菜暗部……"我本就是个"学渣"，老田既然报出了答案，那为什么不抄呢？我在老田的各种重复中，手忙脚乱地找相应的颜色，接着调颜色、上颜色、涮笔……

等我画好水粉白菜时，鸡蛋灌饼已经凉透了，外面也不再飘雪，天空中挂着几颗星星。而当老田每天都以请我吃饭为由，把我"强行"扣下画水粉白菜且画了厚厚一沓之后，已是寒假前夕。

为了庆祝放假，在正式参加高考之前喘一口气，我决定和同学出去吃火锅。既然当天不吃鸡蛋灌饼，那我也就不用再在放学后画水粉白菜。我很开心地与老田道别，又在要迈出门槛时，收住脚，回过头。

"老师当年就是靠着画水粉白菜考上了大学，老师的诀窍已经教给你，你放假后就别再回来了，继续去学习吧。"老田低头收拾着自己的画具，没有看我，仿佛是在自言自语："你记住，高考有时考的是意志力，而且，你的色彩感天生是适合画画的……"他始终没有抬头，似乎在与空气对话。我看了看老田，紧接着，望向了窗外的太阳。

不可能的。

放假之后，我不可能不回来的。每天放学后，

我早已习惯了站在靠窗的位置，与老田较量。每每那时，都会有落日的余晖洒在画纸上，它们让整幅画都有了生机，让我因画画而冻伤的手逐渐痊愈，也让我的心里不再长出苔藓。更何况，我是在这间教室里才修炼出了"武功秘籍"，培养了耐力，还得到了肯定。我不仅会再回来练习画画，还会把老田说的那句"高考有时考的是意志力，而且，你的色彩感天生是适合画画的……"当作可以成功的咒语。

这的确是一句咒语。它在我参加艺考的那天发挥了作用。在考场上，我默念着这句话，想着那画了一沓的水粉白菜，很自信地画下了第一笔、第二笔……它在我准备文化课时，也依旧是一句咒语。那曾让我严重偏科，继而不得不去学画画，令我头痛、流泪的数学，我在面对它时，竟也会情不自禁地告诉自己：你很适合学习数学，你可以学好。高考那天，看着散发出油墨香味的试卷，我想起的不再是寒冷冬夜，而是雪后的太阳……

我比以往更有信心去打好这场仗，也确实打赢了。这都来自老田对我日复一日的训练，源于父母在我灰头土脸从培训机构回家后的包容与鼓励，更源于我自己心态的调整。

毕竟，提前经历了高考和真正经历过高考后，我明白了——十步之内，必有芳草；百名之内，必有顶寇。

英雄，并不是用距离、名次来衡量的，而是要以独特的气质、卓越的品质、超强的意志力以及自我信念来评判。也是高考让我看到——越来越多的少年都成长为英雄，他们在面对这场战斗时，有勇气、有信心，也有毅力。他们也都知道——高考不仅是通往大学这个梦想殿堂的必经之路，也是人生的重要转折点，更是事关自我锤炼的一次考试。无论结果如何，只要我们在这个过程中尽力了，便无悔；只要我们成长了，就已经胜利通关。

我高中的最后一小时

※ 刘墨闻

我高考的那年,学校做了一件非常有趣的事,让学生在离校那天的最后一个小时,去见最想见的人,说最想说的话。

作为全市的重点高中之一,同时也是问题最多的高中,我们学校的情况极为复杂。学生的组成除了依靠自身实力考进来的学霸,还有领导和富商们的豪门子弟,也有体育美术加分进校的特长生等等。所以学校里自然而然地形成几个大的团体分级,竞争便自然而然地产生。班级与班级之间除了学习成绩要比,每年一次的篮球联赛、足球联赛,还有艺术节大家都憋足劲想要赢别的班级,好像年轻时总有用不完的力气和好胜心。

竞争自然就会产生碰撞,学生多但资源有限也会产生矛盾,打架闹事便是家常便饭,不仅同年级的打来打去,年级与年级之间也经常互殴。比如高二(1)班和高二(2)班正在酣战,突然听说高一或高三的人来挑事,那么大家都会放下暂时的仇恨一致对外。

学校对于打架事件除了三令五申,也没有别的办法,因为参与打架斗殴的除了一些豪门子弟,还有一部分学霸。往往他们参与的打架,学校只会往下压事,不会扩大去处理,所以他们也有了放肆的理由。原来我们班打架最凶的几个男生,也是学习成绩最好的男生。

后来学校为了管理我们这种行为,干脆砌起了围墙,从高一到高三,都在不同的楼里上课,划分彼此活动的区域,学校也就有了三个超市,六个食堂。高三的学生没有操场可以玩球,公寓也是在校外重新圈了一块地盖起来的,明明是一个学校,却分了三块自治,年级与年级之间没有沟通。

情况的确有所好转,群架事件减少,但打砸事件变多,尤其是高三,每年快毕业的时候学生都会在学校里发泄压力,而且每年高考离校的前一天下午,我们都要把教室布置成考场的样子然后才离校,彻底结束高中生涯。那一天是高三学生的"末日狂欢",因为他们已经拿到了准考证,也不再是学校的人,他们可以为所欲为地享受在边缘的权利。比如占领球场,把高二高一的学弟们清走,如果不走,就直接动手,他们已经不再受学校管制了。或者在学校里一边大声骂人一边寻找教导主任,当然此时的主任早就躲了起来。也有的学生在学校里拉横幅,被保安追。总之每年高三的最后一天,都像世界末日般的荒诞,像是一个传统,高二看着高三怎么闹,第二年他们就怎么闹,当成是高考前的最后一次释放,学校对此无可奈何。

但是在我高考的那一年,学校却意外地做了一件事情,我们在教室里整理好书包,脱下校服,换上最轻松的衣服,准备享受狂欢的时候,教学校长却在广播里对所有学生说:"今天是高三学生的最后一天,确切地说是最后一小时。一个小时

后我们将封闭学校,进行考场最后的检查和打扫。每一年的这一个小时我和所有老师一样,都过得胆战心惊,因为怕你们出事,怕你们发生意外而没有办法参加考试。就好像一年的收成被暴雨摧毁,没有人比我们更心碎。我知道这三年大家非常辛苦,甚至连放弃和选择的权利都被剥夺,但是我们来到这个世界本身就不是为我们所选择的,如果必须被推上一条路,那我也希望尽量把它走好,因为毕竟这是我们自己的人生。这最后一个小时,我希望你们好好利用,你可以再看一看母校,去和学弟学妹们分享一些经验。也可以去和最喜欢的人表白,不用怕被老师知道。你们唯一要注意的就是尽量保护好自己,同样保护好别人,这里的人都是你的同学,来年他日你们再被一群陌生人包围的时候,会无比怀念身边的这群人,希望你们保护好自己的同学。从现在这一刻开始,去吧,孩子们,去享受你们最后的一个小时,再次祝你们高考顺利。"

广播到这就停了,我们所有人愣在座位上不知所措,班主任走来说:"不要去发泄,不要去攻击,自由因为有限而珍贵,希望你们别留下太多的遗憾。"

就这样静了一会儿,老师就走出了教室,那是我最后一次见班主任。

老师的脚步声还没走远,忽然有男生站起来平静地走到另外一个女生面前说:"我想和你考同一所大学,去同一个城市生活。"

忽然教室乱成一片,有尖叫声,有嘘声,但里面包含的都是真诚。后来有人在教室里拥抱,失声痛哭,我走出教室,每个班级都和我们班一样,楼道里全是人群,他们极力搜索着自己的对象,高一和高二之间的围墙铁门全部打通,学校再一次联成了一体。

有高三的学姐在楼上对小鲜肉说:"我在大学等你。"也有小一点的学妹对高三学长说:"你可别回来了,我不想再见到你了。"连拒绝都这么浪漫。总之那天好多人在老师面前堂而皇之地牵手,也有人在教学楼前接吻拍照,在那个年纪这是我见过最"疯狂"的事。如今看来,真是金子一般闪耀的回忆。

我想我可能一生都无法忘记这一个小时,这没有人压抑自己,在楼里奔跑、大声哭、大声笑的一个小时,那一天我没有看见有人打架,也没有人在学校里闹事,那是我学生生涯中印象里最浪漫的一天,它简直太珍贵了,以至于每每回想起来都觉得不可思议。

或许是受高考信息的影响,前几天我做了一个梦,梦里我回到高中,同学们在我身边来回奔跑无比年轻,他们身上没有被生活苛待过的痕迹,也没有压抑的表情,他们只是拥抱,讲话,高兴或者难过,我醒来后没有感伤,相反我感觉非常幸福,因为我知道我的梦曾经成真过,它只是幻化成一种回忆,让我重新怀念,让我重新想起。

度过青春 以恰如其分的自尊

※ 沈十六

▶▶ ——— 1

学生时代自卑的人，很容易把看到的人简单粗暴地分成三种，第一种是比我优秀、比我成绩好、比我好看的人，可以统称为天之骄子；第二种是比我受欢迎的人，可能很幽默，是班里的开心果，可能擅长沟通，消息灵通，总之他们都有某种"特殊"技能；第三种，也是自己身处的那类，普通、透明，可以或容易被忽略的人。

如果仔细回想，大多数人都曾在青春期的某个时刻短暂自卑过吧。身高、外形、成绩、受欢迎程度等等，皆可能成为自卑的原因。而我，初中时经历的自卑期，是因为觉得自己太普通。"觉得"是一个非常主观的词语，往往后面跟着评估和判断。

那时的我，是扔在校服堆里会"自动消失"的存在，成绩中游，长相一般，没有特长，连要好的一个朋友也跟我一样平凡。我不太敢跟特别耀眼的人讲话，一方面是不知道该讲什么，另一方面是怕对方察觉到我的胆怯。这比围着操场跑10圈都难。

可能待在无人关注的角落太久了，也会自然地惧怕被看见。有一次，我们班要讲英语公开课，校长将会和其他班的老师过来听课。英语老师提前说好了上课的内容，让我们做好预习，而我心里想着老师肯定不会提问自己，所以准备得马马虎虎。

等到正式讲课那天，教室后面坐了一排人，班里的气氛明显有些变化。我怎么也没料到的是，英语老师让我们读新课文，点了一排人，一人一段，每个人都要读，而我所在的那一竖排刚好中奖。前面的几位同学，读得都挺顺利，轮到我要读的那个段落，有几个生词。我拿不准发音，紧张得手心出汗，等真正读完，心里冒出的第一个念头是：为什么我没有好好准备？虽然最后没有出错，但表现顶多算普通，难道我这辈子就只能"普通"了吗？

那是我第一次主动意识到这个问题，开始用不自卑的思维去想事情。因为一个自信且思维正常的人，当他在做的某件事受阻后，第一个想法不会是逃避、后退，而是去想其他办法解决。

在我正好想着做些改变的时候，市里要举办古诗文读写竞赛。我平时在古诗文方面的积累还不错，所以就主动报了名，最后老师选了我和另外两个同学去参加比赛。那个时候，我除了吃饭、睡觉、上课，其他时间都用来准备那场竞赛了。整天又背诵又默写，感觉晚上做梦都能出口成章。我怕老师给的资料不充分，便自己跑到书店里买了一套四大名著，里面有许多耳熟能详的诗词，我怕万一考到了，而自己却没提前做好准备。

或许，因为真的用了心，至今我还能记得最后一道题目是完整默写《诗经·蒹葭》，反而记不清楚最终的成绩了。从那之后，我明白了，不由自主的紧张来自无法应对的慌张。当我做好准备，就能抵挡一部分忐忑。只要我慢慢做得到、做得好，也就慢慢接近了优秀，脱离了普通。而我也从另一个朋友那里学到，当我们察觉自卑的苗头时，要学会向别人寻求帮助，并做出改变。

▶▶ 2

朋友初中时成绩很好，但高二那会儿突然不再努力学习了，我特别不解，问她原因。她说，因为刚开学那段时间，数学老师加快了学习进度，自己跟不上节奏，之后又接二连三地考砸，自信心严重受挫，陷入极度的自我怀疑，想自暴自弃。

我觉得这是因为前几次的失败，放大了她内心的脆弱，借着"不学习才没考好"的壳，躲避"可能是我太笨了，怎么学也学不会"的自我设定。但因为不想读书，就无法进入学习的状态，成绩一落千丈，进入了一种恶性循环。

我听后大惊，立刻拉着另外几个数学成绩同样惨淡的同学跟她说明——不是你的问题，是数学本来就不容易的问题，大家都很头痛！

大概因为听到了学渣们的心声，有了一定的心理准备，她决定寻求父母的帮助。没想到已经成为职场精英的他们也说，自己曾经同样被数学困扰，也是苦学之后才找到了方法。这么一顿操作下来，朋友忽然有了一些信心，因为她发现被数学困住的不止自己。

如果别人能后来者居上，那她也应该试试。差不多就是从那时候开始，朋友在学习上变得积极了，认真听课，勤奋做题，遇到不会的地方开始向同学、老师请教。

过了一个学期，她的成绩就跟上了。

 3

当然，跟少年人复杂幽微的自卑不同，成年人的自卑多半来自实质性的打击，或是感情，或是工作，或是家境，是在巨大差距中感知到的失落。

上周六，我去上海参加了一个社群品牌五周年的活动，有一个年轻合伙人上台分享了自己一路走来的经历。我原本听她讲过一次自己不自信、压力大、面对别人说你不行就内心崩溃的阶段，但再次听到还是特别戳心。那种状态很难熬，可也只能一个人走出来。

她从大二开始接触社群，做了很久的无薪助理，大学毕业后，投奔了在社群认识的小伙伴。但跟毕业前的小打小闹不同，进入职场后，每个员工都需要为企业创造价值和带来业绩。同时，也要在处理事情的过程中，不断冒着暴露自身缺点的风险，迅速清醒和成长。哪怕一件事做得不错，也极有可能听不到表扬、得不到肯定，因为那是普遍存在的现象。

我问她有没有搞砸过什么事情，她笑着说，当然有。凯凯的问题在于神经大条，经常丢三落四，所以很容易忽略某些细节。但她个性幽默，擅长沟通、活跃气氛，天生适合做社群运营，也在这方面做出了成绩。

凯凯说："人要先认识自己。有些事情，就是你再怎么努力也只能做到别人的60分。但我们要学会找到自己的长板，再通过实践不断验证和强化它，知道自己能做到什么、做出什么，然后慢慢积攒成内在的力量，让自己经受住挫折和考验。"

三毛说，一个不欣赏自己的人，是难以快乐的。而我想说，一个自卑的人，是难以成长的。

没有勇气改变现状，用自欺欺人的方式躲避真正的问题。很多人局限在一个只做不会失败的事情的小圈子里，在困难面前，紧张、犹豫、闻风丧胆。但真正的自信，就是通过一次又一次的小进步、小成功而获取的。哪怕某一次事情被再次搞砸，也会因为曾无数次做成功过，而相信自己能够找到正确的节奏，继续往前，得到好的结果。

著名心理学家阿尔弗雷德·阿德勒说过，"过去的经历并不会决定我们现在的人生，真正能决定我们人生的，恰恰是我们看待过去的方式。"

希望我们都能告别自卑，学会接纳和向前，不要自我设限，懂得人生最重要的是享受成长和变化，理解自我的局限，拥有恰如其分的自尊和自信。